2008

中国新闻出版

统计资料汇编

新闻出版总署财务司　编

中国统计出版社
China Statistics Press

（京）新登字 041 号

图书在版编目（CIP）数据

中国新闻出版统计资料汇编.2008/新闻出版总署财务司编.—北京：中国统计出版社，2008.10
ISBN 978-7-5037-5557-6

Ⅰ.中…　Ⅱ.新…　Ⅲ. ①新闻工作—统计资料—汇编—中国—2008②出版工作—统计资料—汇编—中国—2008
Ⅳ.G219.21-66　G239.21-66

中国版本图书馆 CIP 数据核字(2008)第 151523 号

中国新闻出版统计资料汇编—2008

作　　者/新闻出版总署财务司
责任编辑/郭　栋
装帧设计/艺编广告·李雪燕
出版发行/中国统计出版社
通信地址/北京市西城区月坛南街 57 号　邮政编码/100826
办公地址/北京市丰台区西三环南路甲 6 号
网　　址/www.stats.gov.cn/tjshujia
电　　话/58689835，58689834
印　　刷/河北天普润印刷厂
开　　本/787×1092mm　1/16
印　　张/17
字　　数/326 千字
版　　别/2008 年 11 月第 1 版
版　　次/2008 年 11 月第 1 次印刷
书　　号/ISBN 978-7-5037-5557-6/G·182
定　　价/79.00 元

目　录

二、期刊、报纸出版

三、音像、电子出版物出版

四、出版物发行

五、出版物印刷

六、出版物进出口

二〇〇七年全国新闻出版业基本情况

2007年全国出版图书、期刊、报纸总印张为2345.2亿印张，折合用纸量542.7万吨，与上年相比用纸量增长1.61%。其中：书籍用纸占总量10.82%，课本用纸占总量10.22%，图片用纸占总量0.04%；期刊用纸占总量6.84%；报纸用纸占总量72.08%。

图　书

2007年全国共有出版社578家（包括副牌社34家），其中中央级出版社220家（包括副牌14家），地方出版社358家（包括副牌20家）。

一、图书出版总量

2007年全国共出版图书248283种，其中新版图书136226种，重版、重印图书112057种，总印数62.93亿册（张），总印张486.51亿印张，折合用纸量114.42万吨，定价总金额676.72亿元。与上年相比图书品种增长6.12%,新版图书品种增长4.58%，重版、重印图书品种增长8.05%，总印数下降1.79%，总印张下降4.97%，定价总金额增长4.25%。其中：

1. 书籍

出版书籍192912种（初版116443种，重版、重印76469种），总印数29.41亿册（张），总印张249.92亿印张，折合用纸量58.73万吨（包括附录用纸1.17亿印张，折合用纸量0.27万吨），定价总金额420.18亿元（包括附录定价总金额4.23亿元）。与上年相比种数增长6.59%（初版增长3.84%，重版、重印增长11.08%），总印数增长2.07%，总印张下降2.29%，定价总金额增长7.91%。

2. 课本

出版课本53997种（初版18829种，重版、重印35168种），总印数33.24亿册（张），总印张235.94亿印张，折合用纸量55.45万吨，定价总金额254.15亿元。与上年相比种数增长3.99%（初版增长8.50%，重版、重印增长1.73%），总印数下降5.22%，总印张下降7.74%，定价总金额下降1.58%。

3. 图片

出版图片1374种（初版954种，重版、重印420种），总印数0.28亿册（张），总印张0.64亿印张，折合用纸量0.24万吨，定价总金额2.39亿元。与上年相比种数增长28.77%（初版增长23.10%，重版、重印增长43.84%），总印数增长45.15%，总印张增长44.45%，定价总金额增长 57.63%。

二、各类图书出版情况

在使用中国标准书号的 22 类出版物中，各类图书的出版数量、所占比重及与上年相比增减百分比如下：

1. 马克思主义、列宁主义、毛泽东思想类 488 种（初版 303 种）、1335 万册（张）、212603 千印张、总定价 21781 万元，占总品种 0.20%（初版占 0.22%）、总印数 0.21%、总印张 0.44%、总定价 0.33%。与上年相比种数增长 25.45%（初版增长 67.40%），总印数增长 139.25%，总印张增长 134.60%，总定价增长 83.62%。

2. 哲学类 4813 种（初版 3522 种）、3746 万册（张）、565244 千印张、总定价 101489 万元，占总品种 1.95%（初版占 2.60%）、总印数 0.60%、总印张 1.17%、总定价 1.51%。与上年相比种数增长 7.48%（初版增长 11.07%），总印数增长 20.22%，总印张增长 14.13%，总定价增长 23.82%。

3. 社会科学总论类 3423 种（初版 2295 种）、2033 万册（张）、343988 千印张、总定价 57556 万元，占总品种 1.39%（初版占 1.70%）、总印数 0.32%、总印张 0.71%、总定价 0.86%。与上年相比种数增长 17.11%（初版增长 19.78%），总印数增长 2.16%，总印张增长 9.27%，总定价增长 13.64%。

4. 政治、法律类 11968 种（初版 9228 种）、14007 万册（张）、1723250 千印张、总定价 293704 万元，占总品种 4.85%（初版占 6.82%）、总印数 2.24%、总印张 3.56%、总定价 4.38%。与上年相比种数增长 8.91%（初版增长 13.30%），总印数增长 12.93%，总印张下降 2.95%，总定价增长 8.55%。

5. 军事类 757 种（初版 626 种）、513 万册（张）、73554 千印张、总定价 15974 万元，占总品种 0.31%（初版占 0.46%）、总印数 0.08%、总印张 0.15%、总定价 0.24%。与上年相比种数增长 18.84%（初版增长 25.45%），总印数增长 14.77%，总印张增长 12.68%，总定价增长 31.16%。

6. 经济类 21420 种（初版 14161 种）、14847 万册（张）、2485890 千印张、总定价 455096 万元，占总品种 8.68%（初版占 10.47%）、总印数 2.37%、总印张 5.13%、总定价 6.79%。与上年相比种数增长 8.27%（初版增长 9.52%），总印数增长 10.65%，总印张增长 12.06%，总定价增长 16.24%。

7. 文化、科学、教育、体育类 90419 种（初版 35751 种）、478766 万册（张）、29815139 千印张、总定价 3319796 万元，占总品种 36.62%（初版占 26.43%）、总印数 76.42%、总印张 61.51%、总定价 49.54%。与上年相比种数增长 4.71%（初版下降 3.39%），总印数下降 3.92%，总印张下降 8.14%，总定价下降 0.18%。

8. 语言、文字类 13425 种（初版 6790 种）、16864 万册（张）、2494094 千印张、总定价 382914 万元，占总品种 5.44%（初版占 5.02%）、总印数 2.69%、总印张 5.15%、

总定价 5.71%。与上年相比种数增长 8.25%（初版增长 7.59%），总印数下降 1.78%，总印张下降 7.04%，总定价增长 1.43%。

9．文学类 15393 种（初版 11559 种）、16536 万册（张）、2068252 千印张、总定价 355884 万元，占总品种 6.23%（初版占 8.55%）、总印数 2.64%、总印张 4.27%、总定价 5.31%。与上年相比种数增长 3.92%（初版增长 2.60%），总印数增长 4.13%，总印张增长 0.86%，总定价增长 11.79%。

10．艺术类 11982 种（初版 7986 种）、16621 万册（张）、883189 千印张、总定价 280791 万元，占总品种 4.85%（初版占 5.90%）、总印数 2.65%、总印张 1.82%、总定价 4.19%。与上年相比种数增长 0.65%（初版增长 3.42%），总印数下降 5.37%，总印张下降 10.50%，总定价增长 8.05%。

11．历史、地理类 9359 种（初版 6873 种）、19504 万册（张）、1573639 千印张、总定价 291810 万元，占总品种 3.79%（初版占 5.08%）、总印数 3.11%、总印张 3.25%、总定价 4.35%。与上年相比种数增长 3.84%（初版下降 0.19%），总印数增长 23.40%，总印张增长 4.86%，总定价增长 9.52%。

12．自然科学总论类 942 种（初版 460 种）、1592 万册（张）、117315 千印张、总定价 16857 万元，占总品种 0.38%（初版占 0.34%）、总印数 0.25%、总印张 0.24%、总定价 0.25%。与上年相比种数下降 4.07%（初版下降 12.55%），总印数下降 42.96%，总印张下降 32.61%，总定价下降 20.86%。

13．数理科学、化学类 4813 种（初版 2095 种）、3299 万册（张）、572282 千印张、总定价 77316 万元，占总品种 1.95%（初版占 1.55%）、总印数 0.53%、总印张 1.18%、总定价 1.15%。与上年相比种数增长 1.28%（初版增长 12.21%），总印数下降 12.98%，总印张下降 11.78%，总定价下降 5.59%。

14．天文学、地球科学类 1227 种（初版 857 种）、618 万册（张）、61374 千印张、总定价 14021 万元，占总品种 0.50%（初版占 0.63%）、总印数 0.10%、总印张 0.13%、总定价 0.21%。与上年相比种数增长 6.23%（初版增长 4.78%），总印数增长 12.57%，总印张增长 2.37%，总定价增长 4.93%。

15．生物科学类 1332 种（初版 810 种）、784 万册（张）、127935 千印张、总定价 22827 万元，占总品种 0.54%（初版占 0.60%）、总印数 0.13%、总印张 0.26%、总定价 0.34%。与上年相比种数增长 9.18%（初版增长 13.29%），总印数增长 15.29%，总印张增长 4.83%，总定价增长 10.04%。

16．医药卫生类 11543 种（初版 7282 种）、7359 万册（张）、1240725 千印张、总定价 230758 万元，占总品种 4.68%（初版占 5.38%）、总印数 1.17%、总印张 2.56%、总定价 3.44%。与上年相比种数增长 11.81%（初版增长 15.39%），总印数增长 1.97%，总印张下降 5.72%，总定价增长 4.50%。

17．农业科学类 4086 种（初版 2210 种）、2439 万册（张）、211907 千印张、总定价 40282 万元，占总品种 1.65%（初版占 1.63%）、总印数 0.39%、总印张 0.44%、总定价 0.60%。与上年相比种数增长 17.55%（初版下降 7.30%），总印数增长 9.82%，总印张增长 8.16%，总定价增长 15.09%。

18．工业技术类 34186 种（初版 18966 种）、20216 万册（张）、3341573 千印张、总定价 597033 万元，占总品种 13.85%（初版占 14.02%）、总印数 3.23%、总印张 6.89%、总定价 8.91%。与上年相比种数增长 6.17%（初版增长 8.60%），总印数增长 3.04%，总印张增长 1.15%，总定价增长 5.96%。

19．交通运输类 2470 种（初版 1301 种）、1814 万册（张）、239365 千印张、总定价 49326 万元，占总品种 1.00%（初版占 0.96%）、总印数 0.29%、总印张 0.49%、总定价 0.74%。与上年相比种数增长 11.76%（初版增长 17.42%），总印数增长 3.84%，总印张增长 4.93%，总定价增长 11.69%。

20．航空、航天类 185 种（初版 146 种）、131 万册（张）、11514 千印张、总定价 2843 万元，占总品种 0.07%（初版占 0.11%）、总印数 0.02%、总印张 0.02%、总定价 0.04%。与上年相比种数增长 4.52%（初版增长 8.15%），总印数增长 27.18%，总印张增长 12.77%，总定价增长 40.19%。

21．环境科学类 976 种（初版 743 种）、1803 万册（张）、108651 千印张、总定价 22403 万元，占总品种 0.40%（初版占 0.55%）、总印数 0.29%、总印张 0.22%、总定价 0.33%。与上年相比种数下降 3.27%（初版增长 0.68%），总印数增长 45.17%，总印张增长 22.53%，总定价增长 19.40%。

22．综合类 1702 种（初版 1308 种）、1704 万册（张）、198403 千印张、总定价 50457 万元，占总品种 0.69%（初版占 0.97%）、总印数 0.27%、总印张 0.41%、总定价 0.75%。与上年相比种数下降 0.93%（初版下降 6.03%），总印数下降 24.27%，总印张下降 23.05%，总定价下降 5.33%。

三、各类课本出版情况

各类课本的出版数量与上年相比增减的百分比如下：

1．大专及大专以上课本 33525 种（初版 13571 种）、26868 万册（张）、4955463 千印张、总定价 686599 万元，与上年相比种数增长 10.32%（初版增长 14.88%），总印数增长 8.98%，总印张增长 8%，总定价增长 10.12%。

2．中专课本 4126 种（初版 1237 种）、5726 万册（张）、761467 千印张、总定价 95375 万元，与上年相比种数增长 25.26%（初版增长 56.38%），总印数增长 6.39%，总印张下降 0.34%，总定价增长 9.55%。

3．中学课本 5028 种（初版 932 种）、151841 万册（张）、10960399 千印张、总定价 1004915 万元，与上年相比种数下降 10.15%（初版下降 22.85%），总印数下降 1.93%，总印张下降 9.07%，总定价下降 4.06% 。

4．小学课本 5399 种（初版 990 种）、140111 万册（张）、6159831 千印张、总定价 635488 万元，与上年相比种数下降 14.52%（初版下降 21.8%），总印数下降 11.59%，总印张下降 17.03%，总定价下降 11.2% 。

5．业余教育课本 2113 种（初版 822 种）、2770 万册（张）、344590 千印张、总定价 51195 万元，与上年相比种数下降 1.49%（初版下降 3.63%），总印数增长 2.86%，总印张增长 8.26%，总定价增长 12.9%。

6．扫盲课本 10 种、（初版 4 种）、23 万册（张）、1960 千印张、总定价 303 万元，与上年相比种数增长 11.11%(初版下降 42.86%)，总印数增长 360%，总印张增长 214.61%，总定价增长 293.51%。

7．教学用书 3796 种（初版 1273 种）、5089 万册（张）、410694 千印张、总定价 67597 万元，与上年相比种数下降 9.08%（初版下降 10.1%），总印数增长 8.05%，总印张下降 3.19%，总定价增长 7.08%。

四、少年儿童读物出版情况

全国共出版少年儿童读物 10460 种（初版 6122 种）、24445 万册（张）、1153509 千印张、总定价 243513 万元，与上年相比种数增长 11.56%（初版增长 8.74%），总印数增长 22.38%，总印张增长 18.56%，总定价增长 35.66%。

期　刊

2007 年全国共出版期刊 9468 种，平均期印数 16697 万册，总印数 30.41 亿册，总印张 157.93 亿印张，定价总金额 170.93 亿元，折合用纸量 37.11 万吨(含高校学报、公报、政报、年鉴 1742 种，平均期印数 386 万册，总印数 4011 万册，总印张 264689 千印张)。与上年相比种数持平，平均期印数增长 1.59%，总印数增长 6.62%，总印张增长 15.33%，定价总金额增长 12.28%。

各类期刊的出版数量、所占比重及与上年相比增减百分比如下：

1. 综合类 479 种，平均期印数 1984 万册（平均一种期印数 4.14 万册），总印数 44410 万册，总印张 2140205 千印张；占期刊总品种 5.06%，总印数 14.6%，总印张 13.55%。与上年相比种数持平，平均期印数增长 10.78%,总印数增长 11.67%，总印张增长 25.67%。

2．哲学、社会科学类 2339 种，平均期印数 5822 万册（平均一种期印数 2.49 万册），总印数 99313 万册，总印张 4912431 千印张；占期刊总品种 24.7%，总印数 32.66%，总印张 31.11%。与上年相比种数持平，平均期印数增长 3.04%，总印数增长 8.13%，总印张增长 16.11%。

3．自然科学、技术类 4713 种，平均期印数 3314 万册（平均一种期印数 0.7 万册），总印数 47143 万册，总印张 3066290 千印张；占期刊总品种 49.78%，总印数 15.5%，总印张 19.42%。与上年相比种数持平，平均期印数增长 1.66%，总印数增长 7.08%，总印张增长 11.87%。

4．文化、教育类 1175 种，平均期印数 2756 万册（平均一种期印数 2.35 万册），总印数 54357 万册，总印张 2845163 千印张；占期刊总品种 12.41%，总印数 17.87%，总印张 18.02%。与上年相比种数持平，平均期印数下降 5.49%，总印数下降 1.15%，总印张增长 9.52%。

5．文学、艺术类 613 种，平均期印数 1588 万册（平均一种期印数 2.59 万册），总印数 33521 万册，总印张 1771729 千印张；占期刊总品种 6.47%，总印数 11.02%，总印张 11.22%。与上年相比种数持平，平均期印数增长 2.32%，总印数增长 13.38%，总印张增长 23.97%。

6．少儿读物类 98 种，平均期印数 1088 万册（平均一种期印数 11.1 万册），总印数 22502 万册，总印张 669547 千印张；占期刊总品种 1.04%，总印数 7.4%，总印张 4.24%。与上年相比种数持平，平均期印数下降 2.51%，总印数增长 1.78%，总印张增长 10.55%。

7．画刊类 51 种，平均期印数 145 万册（平均一种期印数 2.84 万册），总印数 2860 万册，总印张 387692 千印张；占期刊总品种 0.54%，总印数 0.94%，总印张 2.45%。与上年相比种数持平，平均期印数下降 3.33%，总印数下降 2.05%，总印张增长 0.42%。

报　　纸

2007 年全国共出版报纸 1938 种，平均期印数 20545.37 万份，总印数 437.99 亿份，总印张 1700.76 亿印张，定价总金额 306.53 亿元，折合用纸量 391.17 万吨。与上年相比，种数持平，平均期印数增长 4.27%，总印数增长 3.17%，总印张增长 2.52%，定价总金额增长 11.03%。

各级报纸的出版数量、所占比重及与上年相比增减百分比如下：

1．全国性和省级报纸 1037 种，平均期印数 14931.94 万份，总印数 298.83 亿份，总印张 1125.28 亿印张。占报纸总品种 53.51%，总印数 68.23%，总印张 66.16%。与上年相比种数持平，平均期印数增长 0.88%，总印数增长 2.63%，总印张增长 1.14%。其中：

全国性报纸 221 种，平均期印数 3076.09 万份，总印数 63.55 亿份，总印张 163.41 亿印张；占报纸总品种 11.4%，总印数 14.51%，总印张 9.61%。与上年相比种数持平，平均期印数下降 5.14%，总印数增长 0.35%，总印张下降 7.36%。

省级报纸 816 种，平均期印数 11855.85 万份，总印数 235.29 亿份，总印张 961.87 亿印张；占报纸总品种 42.11%，总印数 53.72%，总印张 56.56%。与上年相比种数持平，平均期印数增长 2.57%，总印数增长 3.26%，总印张增长 2.74%。

2. 地、市级报纸 882 种，平均期印数 5586.37 万份，总印数 138.45 亿份，总印张 574.37 亿印张；占报纸总品种 45.51%，总印数 31.61%，总印张 33.77%。与上年相比种数持平，平均期印数增长 14.56%，总印数增长 4.32%，总印张增长 5.31%。

3．县级报纸 19 种，平均期印数 27.06 万份，总印数 0.7 亿份，总印张 1.11 亿印张；占报纸总品种 0.98%，总印数 0.16%，总印张 0.07%。与上年相比种数持平，平均期印数增长 6.83%，总印数增长 16.32%，总印张增长 14.06%。

4．综合报纸 809 种，平均期印数 9125.91 万份，总印数 303.91 亿份，总印张 1393.63 亿印张；占报纸总品种 41.74%，总印数 69.39%，总印张 81.94%。与上年相比种数持平，平均期印数增长 3.91%，总印数增长 3.04%，总印张增长 4.39%。

5．专业报纸 1129 种，平均期印数 11419.46 万份，总印数 134.08 亿份，总印张 307.13 亿印张；占报纸总品种 58.26%，总印数 30.61%，总印张 18.06%。与上年相比种数持平，平均期印数增长 4.56%，总印数增长 3.49%，总印张下降 5.19%。

音像制品及电子出版物

2007 年全国共有音像制品出版单位 363 家，电子出版物出版单位 228 家。

一、 录音制品

全国共出版录音制品 15314 种，出版数量 2.06 亿盒（张），发行数量 2 亿盒(张)，发行总金额 11.52 亿元。与上年相比，品种下降了 3.38%，出版数量下降了 20.93%，发行数量下降了 8.91%，发行总金额下降了 25.73%。

各类录音制品的出版数量及占总量的比重如下：

1．录音带（AT）6989 种，14652.81 万盒（新出 2466 种、7129.71 万盒，再版 4523 种、7523.1 万盒）。与上年相比，品种下降了 14.52%，数量下降了 20.5%，其中：

自编节目 6785 种、14205.62 万盒，占录音带种数的 97.08%、数量的 96.95%。自编节目中：歌曲 341 种、105.53 万盒，占录音带种数的 4.88%、数量的 0.72%；乐曲 109 种、22.23 万盒，占录音带种数的 1.56%、数量的 0.15%；戏曲 570 种、26.05 万盒，占录音带种数的 8.16%、数量的 0.18%；曲艺 97 种、2.57 万盒，占录音带种数的 1.39%、数量的 0.02%；教育 3628 种、9672.59 万盒，占录音带种数的 51.91%、数量的 66.01%；文学 225 种、14.78 万盒，占录音带种数的 3.22%、数量的 0.1%；语言 1746 种、4318.5 万盒，占录音带种数的 24.98%、数量的 29.47%；除以上各类外其它类 69 种、43.37 万盒，占录音带种数的 0.99%、数量的 0.30%。

引进节目 199 种、441.72 万盒，占录音带种数的 2.85%、数量的 3.01%。引进节目中：歌曲 109 种、338.9 万盒，占录音带种数的 1.56%、数量的 2.31%；教育 18 种、24.16 万盒，占录音带种数的 0.26%、数量 0.16%；语言 61 种、78.52 万盒，占录音带种数的 0.87%、数量的 0.54%；除以上各类外其它类 11 种、0.14 万盒，占录音带种数的 0.16%、数量的 0.001%。

对外合作节目 5 种、数量 5.47 万盒，占录音带种数的 0.07%、数量的 0.04%。

少年儿童录音带 840 种、数量 374.33 万盒。

2. 激光唱盘（CD）7475 种，5195.86 万张（新出 5558 种、4518.56 万张，再版 1917 种、677.3 万张）。与上年相比，品种增长了 10.35%，数量下降了 19.01%，其中：

自编节目 6314 种、3873.27 万张，占激光唱盘种数的 84.47%、数量的 74.55%。自编节目中：歌曲 2560 种、1508.37 万张，占激光唱盘种数的 34.25%、数量的 29.03%；乐曲 1365 种、677.49 万张，占激光唱盘种数的 18.26%、数量的 13.04%；戏曲 405 种、86.58 万张，占激光唱盘种数的 5.42%、数量的 1.67%；曲艺 163 种、90.58 万张，占激光唱盘种数的 2.18%、数量的 1.74%；教育 773 种、719.95 万张，占激光唱盘种数的 10.34%、数量的 13.86%；文学 195 种、102.95 万张，占激光唱盘种数的 2.61%、数量的 1.98%；语言 676 种、582.59 万张，占激光唱盘种数的 9.04%、数量的 11.21%；除以上各类外其它类 177 种、104.76 万张，占激光唱盘种数的 2.37%、数量的 2.02%。

引进节目 1146 种、1311.89 万张，占激光唱盘种数的 15.33%、数量的 25.25%。引进节目中：歌曲 793 种、1006.68 万张，占激光唱盘种数的 10.61%、数量的 19.37%；乐曲 280 种、185.43 万张，占激光唱盘种数的 3.75%、数量 3.57%；教育 17 种、15.64 万张，占激光唱盘种数的 0.23%、数量的 0.3%；语言 45 种、54 万张，占激光唱盘种数的 0.6%、数量的 1.04%；除以上各类外其它类 11 种、50.14 万张，占激光唱盘种数的 0.15%、数量的 0.96%。

对外合作节目 15 种、数量 10.7 万张，占激光唱盘种数的 0.2%、数量的 0.21%。

少年儿童激光唱盘（CD）605 种、数量 238.46 万张。

3. 高密度激光唱盘（DVD-A）及其他载体 850 种，719.93 万张（新出 618 种、420.85 万张，再版 232 种、299.08 万张）。与上年相比，品种下降了 5.56%，数量下降了 38.34%，其中：

自编节目 822 种、697.78 万张，占高密度激光唱盘及其他载体种数的 96.71%、数量的 96.92%。自编节目中：歌曲 10 种、6.17 万张，占高密度激光唱盘及其他载体种数的 1.18%、数量的 0.86%；乐曲 21 种、19.51 万张，占高密度激光唱盘及其他载体种数的 2.47%、数量的 2.71%；教育 229 种、214.58 万张，占高密度激光唱盘及其他载体种数的 26.94%、数量的 29.81%；语言 540 种、445.22 万张，占高密度激光唱盘及其他载体种数的 63.53%、数量的 61.84%；除以上各类外其它类 22 种、12.3 万张，占高密度激光唱盘及其他载体种数的 2.59%、数量的 1.71%。

引进节目 28 种、22.15 万张，占高密度激光唱盘及其他载体种数的 3.29%、数量的 3.08%。引进节目中：歌曲 4 种、5.8 万张，占高密度激光唱盘及其他载体种数的 0.47%、数量的 0.81%；乐曲 2 种、1.2 万张，占高密度激光唱盘及其他载体种数的 0.24%、数量的 0.17%；教育 5 种、3.02 万张，占高密度激光唱盘及其他载体种数的 0.59%、数量的 0.42%；语言 17 种、12.13 万张，占高密度激光唱盘及其他载体种数的 2%、数量的 1.68%。

没有对外合作节目。

少年儿童高密度激光唱盘（DVD-A）及其他载体3种、数量1.01万张。

二、 录像制品

全国共出版录像制品16641种，出版数量2.85亿盒（张），发行数量2.36亿盒（张），发行总金额19.94亿元。与上年相比，品种下降了6.8%，出版数量下降了11.66%，发行数量下降了1.86%，发行总金额增长了1.42%。

各类录像制品的出版数量及占总量的比重如下：

1. 录像带（VT）24种，5.47万盒（新出8种、2.5万盒，再版16种、2.97万盒）。与上年相比，品种下降了48.94%，数量下降了19.44%，其中：

自编节目23种、5.17万盒，占录像带种数的95.83%、数量的94.52%。自编节目中：教育16种、3.6万盒，占录像带种数的66.67%、数量的65.81%；语言4种、0.05万盒，占录像带种数的16.67%、数量的0.91%；音乐舞蹈3种、1.52万盒，占录像带种数的12.5%、数量的27.79%。

引进故事片1种、0.3万张，占录像带种数的4.17%、数量的5.48%。

没有对外合作节目。

少年儿童录像带4种、数量0.8万盒。

2. 数码激光视盘（VCD）10561种，16722.37万张（新出7276种、14113.81万张，再版3285种、2608.56万张）。与上年相比，品种下降了17.15%，数量下降了17.98%，其中：

自编节目9604种、14415.53万张，占数码激光视盘种数的90.94%、数量的86.21%。自编节目中：故事片309种、754.9万张，占数码激光视盘种数的2.93%、数量的4.51%；电视剧305种、5683.86万张，占数码激光视盘种数的2.89%、数量的33.99%；戏曲片1346种、983.21万张，占数码激光视盘种数的12.75%、数量的5.88%；风光片63种、200.99万张，占数码激光视盘种数的0.6%、数量的1.2%；卡通片110种、283.81万张，占数码激光视盘种数的1.04%、数量的1.7%；音乐舞蹈628种、375.74万张，占数码激光视盘种数的5.95%、数量的2.25%；卡拉OK629种、216万张，占数码激光视盘种数的5.96%、数量的1.29%；MTV129种、58.61万张，占数码激光视盘种数的1.22%、数量的0.35%；社会科学211种、264.98万张，占数码激光视盘种数的2%、数量的1.58%；教育3465种、4067.6万张，占数码激光视盘种数的32.81%、数量的24.32%；语言147种、132.91万张，占数码激光视盘种数的1.39%、数量的0.79%；科技56种、77.19万张，占数码激光视盘种数的0.53%、数量的0.46%；经济114种、291.82万张，占数码激光视盘种数的1.08%、数量的1.75%；体育177种、159.61万张，占数码激光视盘种数的1.68%、数量的0.95%；医药卫生555种、129.67万张，占数码激光视盘种数的5.26%、数量的0.78%；农业科学426种、140.71万张，占数码激光视盘种数的4.03%、数量的0.84%；综合245种、199.64

万张，占数码激光视盘种数的2.32%、数量的1.19%；除以上各类外其它类689种、394.28万张，占数码激光视盘种数的6.52%、数量的2.36%。

引进节目885种、2245.44万张，占数码激光视盘种数的8.38%、数量的13.43%。引进节目中：故事片533种、1539.26万张，占数码激光视盘种数的5.05%、数量的9.2%；卡通片165种、340.03万张，占数码激光视盘种数的1.56%、数量的2.03%；音乐舞蹈43种、71.26万张，占数码激光视盘种数的0.41%、数量的0.43%；教育69种、34.31万张，占数码激光视盘种数的0.65%、数量的0.21%；除以上各类外其它类75种、260.58万张，占数码激光视盘种数的0.71%、数量的1.56%。

对外合作节目72种、数量61.4万张，占数码激光视盘种数的0.68%、数量的0.37%。

少年儿童数码激光视盘（VCD）1092种，数量1666.54万张。

3．高密度激光视盘（DVD-V）5959种，11585.33万张（新出5147种、9841.03万张，再版812种、1744.3万张）。与上年相比，品种增长了29.52%，数量增长了16.42%，其中：

自编节目4375种、8165.08万张，占高密度激光视盘种数的73.42%、数量的70.48%。自编节目中：故事片574种、684.07万张，占高密度激光视盘种数的9.63%、数量的5.9%；电视剧431种、3935.56万张，占高密度激光视盘种数的7.23%、数量的33.97%；音乐舞蹈303种、219.39万张，占高密度激光视盘种数的5.08%、数量的1.89%；卡拉OK79种、44.38万张，占高密度激光视盘种数的1.33%、数量的0.38%；MTV53种、30.82万张，占高密度激光视盘种数的0.89%、数量的0.27%；社会科学136种、126.54万张，占高密度激光视盘种数的2.28%、数量的1.09%；教育909种、1592.19万张，占高密度激光视盘种数的15.25%、数量的13.74%；综合277种、252.43万张，占高密度激光视盘种数的4.65%、数量的2.18%；除以上各类外其它类1613种、1279.7万张，占高密度激光视盘种数的27.07%、数量的11.05%。

引进节目1549种、3392.62万张，占高密度激光视盘种数的25.99%、数量的29.28%。引进节目中：故事片1101种、1955.21万张，占高密度激光视盘种数的18.48%、数量的16.88%；音乐舞蹈42种、134.97万张，占高密度激光视盘种数的0.7%、数量的1.17%；卡通片164种、474.13万张，占高密度激光视盘种数的2.75%、数量的4.09%；卡拉OK25种、16.04万张，占高密度激光视盘种数的0.42%、数量的0.14%；除以上各类外其它类217种、812.27万张，占高密度激光视盘种数的3.64%、数量的7.01%。

对外合作节目35种、数量27.63万张，占高密度激光视盘种数的0.59%、数量的0.24%。

少年儿童高密度激光视盘（DVD-V）463种，数量1114.85万张。

三、 电子出版物

全国共出版电子出版物8652种、13584.04万张。与上年相比，品种增长了20.05%，数量下降了15.29%。其中：只读光盘（CD-ROM）7845种、11658.35万张，与上年相比，品种增长了 12.99%，数量下降了 21.65%。高密度只读光盘（DVD-ROM）421 种、934.38 万张，与上年相比，品种增长了 147.65%，数量下降了 5.71%。交互式光盘（CD-I）及其他 386 种、991.31 万张，与上年相比，品种增长了 310.64%，数量增长了 501.38%。

出版物发行

2007 年全国共有出版物发行网点 167254 处，与上年相比增加 4.73%。其中国有书店和国有发行网点 10726 处，与上年相比减少 2.85%；供销社发行网点 2103 处，与上年相比减少 13.46%；出版社自办发行网点 562 处，与上年相比增加 0.18%；文化、教育、广电、邮政系统发行网点 32016 处，与上年相比增加 7.14%；二级民营批发网点 5946 处，与上年相比增加 15.75%；集个体零售网点 114965 处，与上年相比增加 3.98%。

2007 年全国出版物发行业从业人员 76.85 万人，与上年相比增加 6.41%。其中国有书店和国有发行网点从业人员 14.08 万人，与上年相比减少 1.4%；供销社售书点从业人员 0.33 万人，与上年相比减少 19.51%；出版社自办售书网点从业人员 0.63 万人，与上年相比减少 5.97%；文化、教育、广电、邮政系统发行从业人员 7.26 万人，与上年相比增加 0.41%；二级民营批发点从业人员 9.13 万人，与上年相比增加 46.55%；集个体零售网点从业人员 45.11 万人，与上年相比增加 6.44%。

一、出版物购进

全国新华书店系统、出版社自办发行单位出版物总购进 161.57 亿（册张份盒）、1406.07 亿元，与上年相比数量增长 0.66%，金额增长 5.24%。其中：新华书店系统购进 113.11 亿（册张份盒），比上年增长 0.87%，购进金额 824.23 亿元，比上年增长 3.21%。

二、出版物销售

（一）全国新华书店系统、出版社自办发行单位出版物总销售 161.19 亿（册张份盒）、1366.67 亿元，与上年相比数量增长 2.98%，金额增长 5.87%。其中：新华书店系统销售 113.65 亿（册张份盒）、817.26 亿元，与上年相比数量增长 4.23%，金额增长 5.79%。

在总销售中各类出版物的销售数量和金额、所占总量的比重及与上年相比增减百分比如下：

1. 哲学、社会科学类图书 5.75 亿册、102.86 亿元，占销售数量 3.56%、销售金额 7.53%。与上年相比数量增长 20.30%，金额增长 16.51%。

2. 文化、教育类（含教辅读物）图书 45.75 亿册、366.85 亿元，占销售数量 28.38%、销售金额 26.84%。与上年相比数量下降 1.88%，金额增长 6.7%。

3. 文学、艺术类图书 4.51 亿册、69.52 亿元，占销售数量 2.8%、销售金额 5.09%。与上年相比数量增长 6.18%，金额增长 7.88%。

4. 自然科学、技术类图书 4.88 亿册、101.17 亿元，占销售数量 3.03%、销售金额 7.4%。与上年相比数量下降 3.07%，金额增长 9.27%。

5. 少年儿童读物图书 4.03 亿册、40.20 亿元，占销售数量 2.50%、销售金额 2.94%。与上年相比数量增长 14.76%，金额增长 17.89%。

6. 大中专教材、业余教育及教参 6.87 亿册、119.21 亿元，占销售数量 4.26%、销售金额 8.72%。与上年相比数量增长 26.75%，金额增长 16.05%。

7. 中小学课本及教参 79.40 亿册、466.19 亿元，占销售数量 49.26%、销售金额 34.11%。与上年相比数量增长 1.00%，金额下降 3.26%。

8. 其他类图书 2.75 亿册、39.34 亿元，占销售数量 1.71%、销售金额 2.88%。与上年相比数量增长 60.46%，金额增长 39.28%。

9. 期刊 3.05 亿册、22.93 亿元，占销售数量 1.89%、销售金额 1.68%。与上年相比数量增长 13.34%，金额增长 8.19%。

10. 报纸 1.21 亿份、2.39 亿元，占销售数量 0.75%、销售金额 0.17%。与上年相比数量下降 20.93%，金额增长 2.44%。

11. 音像制品 2.70 亿盒张、30.07 亿元，占销售数量 1.67%、销售金额 2.20%。与上年相比数量增长 28.54%，金额增长 18.29%。

12. 电子出版物 0.31 亿张、5.95 亿元，占销售数量 0.19%、销售金额 0.44%。与上年相比数量增长 10.68%，金额增长 0.82%。

（二）全国新华书店系统、出版社自办发行单位纯销售 63.13 亿（册张份盒）、512.62 亿元，与上年相比数量下降 2.37%，金额增长 1.64%。

（三）全国新华书店系统、出版社自办发行单位出版物销售总额中：

1. 居民和社会团体零售总额 429.40 亿元，比上年增长 3.23%。其中城市零售 340.55 亿元，农村零售 88.85 亿元，城乡零售比重为 79:21。

2. 出版物批发销售总额 934.95 亿元，比上年增长 7.17%，批零比重为 68:31。其中：批给市、县批发、零售出版物发行企业 854.05 亿元，比上年增长 8.57%；批给县以下单位或个人 61.81 亿元，比上年下降 5.11%；其他批发 19.09 亿元，比上年下降 7.55%。

3. 出口总额 2.33 亿元，比上年下降 9.01%。

三、出版物库存

全国新华书店系统、出版社自办发行单位年末库存 44.78 亿（册张份盒）、565.9 亿元，与上年相比数量增长 0.43%，金额增长 7.8%。

四、非出版物商品销售

非出版物商品销售金额 20.40 亿元（不含在销售总额之内）。

出版物印刷

2007年全国出版物印刷企业6427家，职工年末平均人数59.55万人，与上年相比减少了4.7%，职工工资总额110.38亿元，与上年相比增长了21%，人均年工资1.85万元，与上年相比增长了26.7%。

一、产值产量

1．工业销售产值828.36亿元，比上年增长6.14%。

2．图书、报纸、其他出版物黑白印刷产量20182.27万令，比上年下降3.39%。彩色印刷产量129156.97万对开色令，比上年增长28.53%。

3．书刊装订产量23061.54万令，比上年增长10.65%。

4．印刷用纸48405.69万令，比上年增长11.99%；1629.83万吨，比上年增长7.52%。

二、出版物印刷厂主要经济指标

1. 资产合计年末数1279.86亿元，比上年增长3.23%。

2. 年末负债合计654.31亿元，比上年增长0.05%。

3. 所有者权益合计年末数625.55亿元，比上年增长6.78%。

4. 主营业务收入969.09亿元，比上年增长10.21%。

5. 利润总额40.51亿元，比上年增长13.43%。

6. 增加值278.34亿元，比上年增长9.76%。

出版物进出口

一、图书、报纸、期刊出口

2007 年全国图书、报纸、期刊累计出口 1155765 种次、1027.83 万册（份）、3787.46 万美元，与上年相比种次下降 22.36%，数量增长 1.99%，金额增长 4.3%。其中：

1. 图书出口 1104293 种次、714.14 万册、3298.39 万美元，与上年相比种次下降 23.18%，数量下降 2.92%，金额增长 3.33%。

2．期刊出口 50149 种次、235.57 万册、354.68 万美元，与上年相比种次增长 0.75%，数量增长 8.83%，金额增长 16.07%。

3．报纸出口 1324 种次、78.12 万份、134.39 万美元，与上年相比种次下降 1.27%，数量增长 40.26%，金额增长 0.39%。

各类图书出口的种次、数量、金额及所占图书出口总量的比重如下：

1．哲学、社会科学类 213147 种次、114.93 万册、762.85 万美元，占图书出口种次

19.3%、数量16.09%、金额23.13%。

2．文化、教育类217106种次、167.77万册、647.06万美元，占图书出口种次19.66%、数量23.49%、金额19.62%。

3．文学、艺术类253035种次、157.8万册、749.8万美元，占图书出口种次22.91%、数量22.1%、金额22.73%。

4． 自然、科学技术类119442种次、62.28万册、333.42万美元，占图书出口种次10.82%、数量8.72%、金额10.11%。

5．少儿读物类50338种次、71.49万册、137.32万美元，占图书出口种次4.56%、数量10.01%、金额4.16%。

6．综合类251224种次、139.87万册、667.93万美元，占图书出口种次22.75%、数量19.59%、金额20.25%。

二、图书、报纸、期刊进口

2007年全国图书、报纸、期刊累计进口815233种次、2385.99万册（份）、21105.44万美元，与上年相比种次增长33.29%，数量下降0.39%，金额增长16.65%。其中：

1．图书进口771582种次、366.38万册、7812.91万美元，与上年相比种次增长37.81%，数量增长1.6%，金额增长80.67%。

2．期刊进口42630种次、424.71万册、11188.10万美元，与上年相比种次下降16.06%，数量增长12.21%，金额下降4.05%。

3．报纸进口1021种次、1594.91万份、2104.43万美元，与上年相比种次增长6.24%，数量下降3.7%，金额下降0.19%。

各类图书进口的种次、数量、金额及所占图书进口总量的比重如下：

1． 哲学、社会科学类136518种次、42.8万册、1222.78万美元，占图书进口种次17.69%、数量11.68%、金额15.65%。

2．文化、教育类99867种次、86.03万册、1122.95万美元，占图书进口种次12.94%、数量23.48%、金额14.37%。

3．文学、艺术类130027种次、87.77万册、1292.56万美元，占图书进口种次16.85%、数量23.96%、金额16.54%。

4．自然、科学技术类263488种次、66.52万册、3104.16万美元，占图书进口种次34.15%、数量18.16%、金额39.73%。

5．少儿读物类52719种次、42.25万册、407.22万美元，占图书进口种次6.83%、数量11.53%、金额5.21%。

6．综合类88964种次、41万册、663.25万美元，占图书进口种次11.53%、数量11.19%、金额8.49%。

三、音像制品、电子出版物出口

2007 年全国音像制品、电子出版物累计出口 51875 种次、63.74 万盒（张）、180.51 万美元，与上年相比种次下降 52.35%，数量下降 39.49%，金额下降 36.66%。其中：

1．录音带(AT)38 种次、906 盒、0.15 万美元，占音像、电子出版物出口种次 0.07%、数量 0.14%、金额 0.08%。与上年相比种次下降 40.63%，数量增长 315.6%，金额增长 206.54%。

2．激光唱盘(CD)7258 种次、175497 张、41.93 万美元，占音像、电子出版物出口种次 13.99%、数量 27.53%、金额 23.23%。与上年相比种次下降 87.56%，数量下降 56.71%，金额下降 39.61%。

3．高密度激光视盘(DVD-V)25956 种次、378512 张、109.01 万美元，占音像、电子出版物出口种次 50.04%、数量 59.38%、金额 60.39%。与上年相比种次增长 36.88%，数量增长 59.7%，金额增长 67.91%。

4．数码激光视盘(VCD) 16090 种次、72766 张、14.88 万美元，占音像、电子出版物出口种次 31.02%、数量 11.42%、金额 8.24%。与上年相比种次下降 37.05%，数量下降 77.29%，金额下降 82.99%。

5. 电子出版物 2533 种次、9715 张、14.54 万美元，占音像、电子出版物出口种次 4.88%、数量 1.52%、金额 8.05%。与上年相比种次下降 57.28%，数量下降 89.24%，金额下降 76.96%。

四、音像制品、电子出版物进口

2007 年全国音像制品、电子出版物累计进口 8348 种次、15.09 万盒（张）、4340.26 万美元。与上年相比种次增长 23.99%，数量下降 15.2%，金额增长 40.95%。其中：

1．激光唱盘(CD)6933 种次、104852 张、88.06 万美元，占音像、电子出版物进口种次 83.05%、数量 69.48%、金额 2.03%。与上年相比种次增长 18.61%，数量下降 20.48%，金额增长 0.01%。

2．数码激光视盘(VCD)41 种次、410 张、0.76 万美元，占音像、电子出版物进口种次 0.49%、数量 0.27%、金额 0.02%。与上年相比种次下降 30.51%，数量增长 83.86%，金额下降 91.98%。

3．电子出版物 1374 种次、45644 张、4251.44 万美元，占音像、电子出版物进口种次 16.46%、数量 30.25%、金额 97.95%。与上年相比种次增长 65.74%，数量下降 0.51%，金额增长 42.58%。

版权管理及版权贸易

一、版权管理

1．受理、查处案件

2007 年全国各级版权行政管理机关共检查经营单位 548646 家，取缔违法经营单位 13170 家，查获地下窝点 1224 个，行政处罚 9816 起，移送司法机关案件 268 件。

2．收缴盗版品

2007 年全国各地方版权行政管理机关共收缴各类盗版品 7569.7 万余件，其中查缴的盗版图书 1121.27 万余册，盗版期刊 184.33 万余册，盗版音像制品 5249.88 万余盘，盗版电子出版物 207.5 万余盘，盗版软件 300.92 万余张，其他各类盗版品 505.8 万余件。

3．版权合同登记

2007 年全国版权合同登记 11164 份，其中图书 9515 份，期刊 305 份，音像制品 431 份，电子出版物 389 份，软件 515 份。

4．作品自愿登记

2007 年全国作品自愿登记 133789 份，其中文字作品 2390 份，音乐作品 2193 份，美术作品 17681 份，摄影作品 110030 份，设计图 481 份。

二、版权贸易

1．版权引进

2007 年全国共引进出版物版权 11101 种，其中图书 10255 种，录音制品 270 种，录像制品 106 种，电子出版物 130 种，软件 337 种，电影 1 种，其他 2 种。

图书版权引进地情况如下：

美国 3878 种，英国 1635 种，德国 585 种，法国 393 种，俄罗斯 92 种，加拿大 33 种，新加坡 228 种，日本 822 种，韩国 416 种，香港地区 268 种，台湾地区 892 种，其他地区 1013 种。

2．版权输出

2007 年全国共输出出版物版权 2593 种，其中图书 2571 种，录像制品 19 种，电子出版物 1 种。

图书版权输出地情况如下：

美国 196 种，英国 109 种，德国 14 种，法国 50 种，俄罗斯 100 种，加拿大 13 种，新加坡 171 种，日本 73 种，韩国 334 种，香港地区 116 种，澳门地区 38 种，台湾地区 630 种，其他地区 727 种。

（说明：以上统计未含香港、澳门、台湾地区的相关统计数据。）

图书出版

全国各类图书出版数量及与上年相比增减百分比

(一)种　数

	本版图书种数(种)			与上年相比增减%			租型图书种数(种)	与上年相比增减%
	合计	新出	重印	合计	新出	重印		
图 书 总 计	**248283**	**136226**	**112057**	**6.12**	**4.58**	**8.05**	**10188**	**-18.38**
(一)使用《中国标准书号》部分合计	246909	135272	111637	6.01	4.47	7.95	10188	-18.38
A 马克思主义、列宁主义、毛泽东思想	488	303	185	25.45	67.40	-11.06	7	75.00
B 哲学	4813	3522	1291	7.48	11.07	-1.22		
C 社会科学总论	3423	2295	1128	17.11	19.78	12.02	1	-80.00
D 政治、法律	11968	9228	2740	8.91	13.30	-3.66	71	57.78
E 军事	757	626	131	18.84	25.45	-5.07		
F 经济	21420	14161	7259	8.27	9.52	5.92		
G 文化、科学、教育、体育	90419	35751	54668	4.71	-3.39	10.78	9667	-16.22
H 语言、文字	13425	6790	6635	8.25	7.59	8.93		
I 文学	15393	11559	3834	3.92	2.60	8.12		
J 艺术	11982	7986	3996	0.65	3.42	-4.47	163	-65.17
K 历史、地理	9359	6873	2486	3.84	-0.19	16.88	277	-22.41
N 自然科学总论	942	460	482	-4.07	-12.55	5.70		
O 数理科学、化学	4813	2095	2718	1.28	12.21	-5.79		
P 天文学、地球科学	1227	857	370	6.23	4.77	9.79	2	
Q 生物科学	1332	810	522	9.18	13.29	3.37		
R 医药、卫生	11543	7282	4261	11.81	15.39	6.18		
S 农业科学	4086	2210	1876	17.55	-7.30	71.79		
T 工业技术	34186	18966	15220	6.17	8.60	3.30		
U 交通运输	2470	1301	1169	11.76	17.42	6.08		
V 航空、航天	185	146	39	4.52	8.15	-7.14		
X 环境科学	976	743	233	-3.27	0.68	-14.02		
Z 综合性图书	1702	1308	394	-0.93	-6.03	20.86		
(二)不使用《中国标准书号》部分合计	1374	954	420	28.77	23.10	43.84		
1.图片	1374	954	420	28.77	23.10	43.84		
2.国标(GB)、部标(BB)等标准类文件印品								
3.活页文选、活页歌篇、小件印品等								

全国各类图书出版数量及与上年相比增减百分比(续表1)

(二)总 印 数

	本年图书总印数(万册、张)				与上年相比增减%	
	合计	新出	重印	租型	合计	租型
图 书 总 计	**629331**	**154215**	**323620**	**151496**	**-1.79**	**-19.85**
(一)使用《中国标准书号》部分合计	626531	152699	322336	151496	-1.93	-19.85
A 马克思主义、列宁主义、毛泽东思想	1335	1036	207	92	139.25	43.75
B 哲学	3746	2411	1335		20.22	
C 社会科学总论	2033	1197	836		2.16	
D 政治、法律	14007	9354	2867	1786	12.93	103.88
E 军事	513	413	100		14.77	
F 经济	14847	9108	5739		10.65	
G 文化、科学、教育、体育	478766	79157	259626	139983	-3.92	-19.39
H 语言、文字	16864	5425	11439		-1.78	
I 文学	16536	11372	5163	1	4.13	
J 艺术	16621	6930	7119	2572	-5.37	-57.95
K 历史、地理	19504	4799	7650	7055	23.40	-10.67
N 自然科学总论	1592	328	1264		-42.96	
O 数理科学、化学	3299	1163	2136		-12.98	
P 天文学、地球科学	618	414	198	6	12.57	
Q 生物科学	784	422	362		15.29	
R 医药、卫生	7359	4302	3056	1	1.97	
S 农业科学	2439	1240	1199		9.82	
T 工业技术	20216	10632	9584		3.04	
U 交通运输	1814	902	912		3.84	
V 航空、航天	131	76	55		27.18	
X 环境科学	1803	716	1087		45.17	
Z 综合性图书	1704	1302	402		-24.27	
(二)不使用《中国标准书号》部分合计	2800	1516	1284		45.15	
1.图片	2800	1516	1284		45.15	
2.国标(GB)、部标(BB)等标准类文件印品						
3.活页文选、活页歌篇、小件印品等						

全国各类图书出版数量及与上年相比增减百分比(续表2)

(三)总　印　张

	本年图书总印张(千印张)				与上年相比增减%	
	合计	新出	重印	租型	合计	租型
图书总计	**48650689**	**15876703**	**22976150**	**9797836**	**-4.97**	**-26.57**
(一)使用《中国标准书号》部分合计	48469886	15773973	22898077	9797836	-5.04	-26.57
A 马克思主义、列宁主义、毛泽东思想	212603	175600	30223	6780	134.60	-53.14
B 哲学	565244	383401	181843		14.13	
C 社会科学总论	343988	197379	146540	69	9.27	-9.21
D 政治、法律	1723250	1215805	424360	83085	-2.95	-48.74
E 军事	73554	59228	14326		12.68	
F 经济	2485890	1533516	952374		12.06	
G 文化、科学、教育、体育	29815139	5636358	15098531	9080250	-8.14	-25.71
H 语言、文字	2494094	747099	1746995		-7.04	
I 文学	2068252	1429515	638737		0.86	
J 艺术	883189	438445	347165	97579	-10.50	-61.77
K 历史、地理	1573639	695904	348621	529114	4.86	-19.13
N 自然科学总论	117315	36174	81141		-32.61	
O 数理科学、化学	572282	196684	375478	120	-11.78	-99.27
P 天文学、地球科学	61374	36375	24161	838	2.37	
Q 生物科学	127935	61557	66378		4.83	
R 医药、卫生	1240725	701549	539175	1	-5.72	
S 农业科学	211907	102355	109552		8.16	
T 工业技术	3341573	1793355	1548218		1.15	
U 交通运输	239365	116803	122562		4.93	
V 航空、航天	11514	8584	2930		12.77	
X 环境科学	108651	62525	46126		22.53	
Z 综合性图书	198403	145762	52641		-23.05	
(二)不使用《中国标准书号》部分合计	180803	102730	78073		18.24	
1.图片	64019	38072	25947		44.45	
2.国标(GB)、部标(BB)等标准类文件印品	69475	30900	38575		-18.38	
3.活页文选、活页歌篇、小件印品等	47309	33758	13551		101.59	

全国各类图书出版数量及与上年相比增减百分比(续表3)

(四)图书总定价

	图书总定价(万元)				
	合计	增减%	新出	重印	租型
图书总计	**6767166**	**4.25**	**2964320**	**2901465**	**901381**
(一)使用《中国标准书号》部分合计	6700918	4.03	2919387	2880150	901381
A 马克思主义、列宁主义、毛泽东思想	21781	83.62	16676	4006	1099
B 哲学	101489	23.82	72247	29242	
C 社会科学总论	57556	13.64	36747	20801	8
D 政治、法律	293704	8.55	221607	59007	13090
E 军事	15974	31.16	13777	2197	
F 经济	455096	16.24	307166	147930	
G 文化、科学、教育、体育	3319796	-0.18	782651	1705799	831346
H 语言、文字	382914	1.43	138553	244361	
I 文学	355884	11.79	258504	97380	
J 艺术	280791	8.05	199521	71291	9979
K 历史、地理	291810	9.52	185808	60241	45761
N 自然科学总论	16857	-20.86	7112	9745	
O 数理科学、化学	77316	-5.59	30163	47140	13
P 天文学、地球科学	14021	4.93	10062	3875	84
Q 生物科学	22827	10.04	13866	8961	
R 医药、卫生	230758	4.50	148123	82634	1
S 农业科学	40282	15.09	24587	15695	
T 工业技术	597033	5.96	368955	228078	
U 交通运输	49326	11.69	25332	23994	
V 航空、航天	2843	40.19	2270	573	
X 环境科学	22403	19.40	14760	7643	
Z 综合性图书	50457	-5.33	40900	9557	
(二)不使用《中国标准书号》部分合计	66248	33.02	44933	21315	
1.图片	23920	57.63	16545	7375	
2.国标(GB)、部标(BB)等标准类文件印品	27545	-1.31	16415	11130	
3.活页文选、活页歌篇、小件印品等	14783	120.12	11973	2810	

中央出版单位各类图书出版数量及与上年相比增减百分比

(一)种　数

	本版图书种数(种)			与上年相比增减%			租型图书种数(种)	与上年相比增减%
	合计	新出	重印	合计	新出	重印		
图　书　总　计	**120496**	**67092**	**53404**	**10.96**	**7.42**	**15.76**		
(一)使用《中国标准书号》部分合计	120246	66931	53315	10.86	7.28	15.71		
A 马克思主义、列宁主义、毛泽东思想	312	206	106	49.28	96.19	1.92		
B 哲学	2759	2024	735	17.45	16.72	19.51		
C 社会科学总论	2040	1291	749	26.16	28.33	22.59		
D 政治、法律	9053	6893	2160	15.90	21.51	1.03		
E 军事	517	428	89	27.65	30.49	15.58		
F 经济	14258	9380	4878	11.21	10.89	11.83		
G 文化、科学、教育、体育	24788	9202	15586	11.80	-12.60	33.88		
H 语言、文字	7676	3606	4070	8.17	6.81	9.41		
I 文学	6007	4325	1682	10.42	8.29	16.32		
J 艺术	3169	1982	1187	8.16	11.10	3.58		
K 历史、地理	4529	3220	1309	12.08	7.15	26.35		
N 自然科学总论	196	129	67	5.38	2.38	11.67		
O 数理科学、化学	2963	1215	1748	3.42	13.55	-2.62		
P 天文学、地球科学	875	624	251	6.97	5.94	9.61		
Q 生物科学	945	551	394	16.52	24.66	6.78		
R 医药、卫生	7627	4621	3006	16.92	23.03	8.64		
S 农业科学	2733	1230	1503	22.12	-10.42	73.76		
T 工业技术	26170	13807	12363	5.59	6.20	4.92		
U 交通运输	1920	928	992	15.94	23.08	9.98		
V 航空、航天	119	104	15	12.26	16.85	-11.76		
X 环境科学	743	558	185	-5.95	-2.96	-13.95		
Z 综合性图书	847	607	240	6.01	-2.25	34.83		
(二)不使用《中国标准书号》部分合计	250	161	89	101.61	140.30	56.14		
1.图片	250	161	89	101.61	140.30	56.14		
2.国标(GB)、部标(BB)等标准类文件印品								
3.活页文选、活页歌篇、小件印品等								

中央出版单位各类图书出版数量及与上年相比增减百分比(续表1)

(二)总　印　数

	本年图书总印数(万册、张)				与上年相比增减%	
	合计	新出	重印	租型	合计	租型
图　书　总　计	**180547**	**57403**	**123144**		**8.84**	
(一)使用《中国标准书号》部分合计	179684	57132	122552		8.68	
A 马克思主义、列宁主义、毛泽东思想	1092	963	129		323.26	
B 哲学	2547	1559	988		36.28	
C 社会科学总论	1368	744	624		4.11	
D 政治、法律	9657	7333	2324		3.64	
E 军事	286	246	40		20.17	
F 经济	10838	6638	4200		9.52	
G 文化、科学、教育、体育	96734	13139	83595		5.47	
H 语言、文字	10712	3198	7514		-0.92	
I 文学	6419	4270	2149		12.30	
J 艺术	3183	2078	1105		29.34	
K 历史、地理	8885	2602	6283		99.66	
N 自然科学总论	101	62	39		-2.88	
O 数理科学、化学	2243	735	1508		-3.90	
P 天文学、地球科学	435	325	110		18.85	
Q 生物科学	483	231	252		8.30	
R 医药、卫生	5094	2830	2264		2.35	
S 农业科学	1615	787	828		14.46	
T 工业技术	15261	7775	7486		3.24	
U 交通运输	1409	666	743		3.76	
V 航空、航天	39	34	5		11.43	
X 环境科学	417	319	98		-16.93	
Z 综合性图书	866	598	268		-10.17	
(二)不使用《中国标准书号》部分合计	863	271	592		55.22	
1.图片	863	271	592		55.22	
2.国标(GB)、部标(BB)等标准类文件印品						
3.活页文选、活页歌篇、小件印品等						

中央出版单位各类图书出版数量及与上年相比增减百分比(续表2)

(三)总　印　张

	本年图书总印张(千印张)				与上年相比增减%	
	合计	新出	重印	租型	合计	租型
图　书　总　计	**18846519**	**8012712**	**10833807**		**4.57**	
(一)使用《中国标准书号》部分合计	18747139	7952050	10795089		4.53	
A 马克思主义、列宁主义、毛泽东思想	189884	170036	19848		313.85	
B 哲学	387913	258889	129024		29.52	
C 社会科学总论	240995	125284	115711		13.13	
D 政治、法律	1342206	984636	357570		-0.96	
E 军事	48702	43619	5083		27.94	
F 经济	1858710	1156284	702426		14.05	
G 文化、科学、教育、体育	6550716	1240617	5310099		2.88	
H 语言、文字	1637111	453193	1183918		-8.47	
I 文学	878555	559692	318863		7.63	
J 艺术	242839	140688	102151		0.47	
K 历史、地理	676857	420444	256413		47.89	
N 自然科学总论	16750	10251	6499		-1.85	
O 数理科学、化学	417648	137925	279723		-2.28	
P 天文学、地球科学	44080	27778	16302		2.83	
Q 生物科学	93138	39847	53291		-3.48	
R 医药、卫生	923795	497577	426218		-3.50	
S 农业科学	153191	69490	83701		10.91	
T 工业技术	2671666	1407815	1263851		1.34	
U 交通运输	201267	90413	110854		5.72	
V 航空、航天	6338	5309	1029		21.86	
X 环境科学	59344	41988	17356		-2.70	
Z 综合性图书	105434	70275	35159		-3.00	
(二)不使用《中国标准书号》部分合计	99380	60662	38718		12.80	
1.图片	14052	5310	8742		59.86	
2.国标(GB)、部标(BB)等标准类文件印品	50551	27243	23308		-24.91	
3.活页文选、活页歌篇、小件印品等	34777	28109	6668		190.00	

中央出版单位各类图书出版数量及与上年相比增减百分比(续表3)

(四)图书总定价

	图书总定价(万元)				
	合计	增减%	新出	重印	租型
图书总计	**3032322**	**10.98**	**1587833**	**1444489**	
(一)使用《中国标准书号》部分合计	2988836	10.71	1558015	1430821	
A 马克思主义、列宁主义、毛泽东思想	18618	189.86	15831	2787	
B 哲学	69733	46.55	48949	20784	
C 社会科学总论	39946	18.30	23727	16219	
D 政治、法律	228898	11.85	178825	50073	
E 军事	10957	36.89	9921	1036	
F 经济	342085	17.74	232605	109480	
G 文化、科学、教育、体育	801578	6.79	190919	610659	
H 语言、文字	256955	-1.13	85591	171364	
I 文学	153966	20.19	106122	47844	
J 艺术	85713	13.51	66466	19247	
K 历史、地理	148015	26.70	107122	40893	
N 自然科学总论	3312	1.97	2299	1013	
O 数理科学、化学	54988	-1.08	20981	34007	
P 天文学、地球科学	10255	3.24	7779	2476	
Q 生物科学	16521	4.41	9382	7139	
R 医药、卫生	167760	7.56	103644	64116	
S 农业科学	27666	16.77	15745	11921	
T 工业技术	466856	6.27	278544	188312	
U 交通运输	42003	15.61	20282	21721	
V 航空、航天	1744	36.46	1515	229	
X 环境科学	12793	2.25	10086	2707	
Z 综合性图书	28474	17.58	21680	6794	
(二)不使用《中国标准书号》部分合计	43486	33.90	29818	13668	
1.图片	6976	129.47	3868	3108	
2.国标(GB)、部标(BB)等标准类文件印品	24621	-2.95	15693	8928	
3.活页文选、活页歌篇、小件印品等	11889	192.40	10257	1632	

地方出版单位各类图书出版数量及与上年相比增减百分比

(一)种　数

	本版图书种数(种)			与上年相比增减%			租型图书种数(种)	与上年相比增减%
	合计	新出	重印	合计	新出	重印		
图　书　总　计	**127787**	**69134**	**58653**	**1.92**	**1.96**	**1.88**	**10188**	**-18.36**
(一)使用《中国标准书号》部分合计	126663	68341	58322	1.79	1.85	1.72	10188	-18.36
A 马克思主义、列宁主义、毛泽东思想	176	97	79	-2.22	27.63	-24.04	7	75.00
B 哲学	2054	1498	556	-3.52	4.24	-19.65		
C 社会科学总论	1383	1004	379	5.90	10.33	-4.29	1	-80.00
D 政治、法律	2915	2335	580	-8.28	-5.54	-17.85	71	69.05
E 军事	240	198	42	3.45	15.79	-31.15		
F 经济	7162	4781	2381	2.87	6.93	-4.42		
G 文化、科学、教育、体育	65631	26549	39082	2.26	0.28	3.65	9667	-16.22
H 语言、文字	5749	3184	2565	8.35	8.48	8.18		
I 文学	9386	7234	2152	0.15	-0.52	2.48		
J 艺术	8813	6004	2809	-1.81	1.11	-7.51	163	-65.17
K 历史、地理	4830	3653	1177	-2.86	-5.87	7.88	277	-22.41
N 自然科学总论	746	331	415	-6.28	-17.25	4.80		
O 数理科学、化学	1850	880	970	-1.96	10.41	-11.01		
P 天文学、地球科学	352	233	119	4.45	1.75	10.19	2	
Q 生物科学	387	259	128	-5.38	-5.13	-5.88		
R 医药、卫生	3916	2661	1255	3.03	4.15	0.72		
S 农业科学	1353	980	373	9.29	-3.07	64.32		
T 工业技术	8016	5159	2857	8.12	15.59	-3.19		
U 交通运输	550	373	177	-0.72	5.37	-11.50		
V 航空、航天	66	42	24	-7.04	-8.70	-4.00		
X 环境科学	233	185	48	6.39	13.50	-14.29		
Z 综合性图书	855	701	154	-6.96	-9.08	4.05		
(二)不使用《中国标准书号》部分合计	1124	793	331	19.19	12.01	40.85		
1.图片	1124	793	331	19.19	12.01	40.85		
2.国标(GB)、部标(BB)等标准类文件印品								
3.活页文选、活页歌篇、小件印品等								

地方出版单位各类图书出版数量及与上年相比增减百分比(续表1)

(二)总 印 数

	本年图书总印数(万册、张)				与上年相比增减%	
	合计	新出	重印	租型	合计	租型
图 书 总 计	**448784**	**96812**	**200476**	**151496**	**-5.50**	**-19.70**
(一)使用《中国标准书号》部分合计	446847	95567	199784	151496	-5.64	-19.70
A 马克思主义、列宁主义、毛泽东思想	243	73	78	92	-19.00	43.75
B 哲学	1199	852	347		-3.85	
C 社会科学总论	665	453	212		-1.63	
D 政治、法律	4350	2021	543	1786	41.00	236.35
E 军事	227	167	60		8.61	
F 经济	4009	2470	1539		13.83	
G 文化、科学、教育、体育	382032	66018	176031	139983	-6.04	-19.39
H 语言、文字	6152	2227	3925		-3.22	
I 文学	10117	7102	3014	1	-0.46	
J 艺术	13438	4852	6014	2572	-11.02	-57.95
K 历史、地理	10619	2197	1367	7055	-6.49	-10.67
N 自然科学总论	1491	266	1225		-44.51	
O 数理科学、化学	1056	428	628		-27.52	
P 天文学、地球科学	183	89	88	6		
Q 生物科学	301	191	110		28.63	
R 医药、卫生	2265	1472	792	1	1.12	
S 农业科学	824	453	371		1.73	
T 工业技术	4955	2857	2098		2.42	
U 交通运输	405	236	169		4.11	
V 航空、航天	92	42	50		35.29	
X 环境科学	1386	397	989		87.30	
Z 综合性图书	838	704	134		-34.84	
(二)不使用《中国标准书号》部分合计	1937	1245	692		41.08	
1.图片	1937	1245	692		41.08	
2.国标(GB)、部标(BB)等标准类文件印品						
3.活页文选、活页歌篇、小件印品等						

地方出版单位各类图书出版数量及与上年相比增减百分比(续表2)

(三)总　印　张

	本年图书总印张(千印张)				与上年相比增减%	
	合计	新出	重印	租型	合计	租型
图书总计	**29804170**	**7863991**	**12142343**	**9797836**	**-10.16**	**-26.19**
(一)使用《中国标准书号》部分合计	29722747	7821923	12102988	9797836	-10.23	-26.19
A 马克思主义、列宁主义、毛泽东思想	22719	5564	10375	6780	-49.22	-53.14
B 哲学	177331	124512	52819		-9.42	
C 社会科学总论	102993	72095	30829	69	1.21	-9.21
D 政治、法律	381044	231169	66790	83085	-9.35	-11.85
E 军事	24852	15609	9243		-8.68	
F 经济	627180	377232	249948		6.54	
G 文化、科学、教育、体育	23264423	4395741	9788432	9080250	-10.83	-25.71
H 语言、文字	856983	293906	563077		-4.19	
I 文学	1189697	869823	319874		-3.62	
J 艺术	640350	297757	245014	97579	-14.07	-61.77
K 历史、地理	896782	275460	92208	529114	-14.02	-19.13
N 自然科学总论	100565	25923	74642		-35.96	
O 数理科学、化学	154634	58759	95755	120	-30.12	-99.27
P 天文学、地球科学	17294	8597	7859	838	1.21	
Q 生物科学	34797	21710	13087		36.21	
R 医药、卫生	316930	203972	112957	1	-11.65	
S 农业科学	58716	32865	25851		1.59	
T 工业技术	669907	385540	284367		0.40	
U 交通运输	38098	26390	11708		0.94	
V 航空、航天	5176	3275	1901		3.33	
X 环境科学	49307	20537	28770		78.13	
Z 综合性图书	92969	75487	17482		-37.66	
(二)不使用《中国标准书号》部分合计	81423	42068	39355		25.64	
1.图片	49967	32762	17205		40.63	
2.国标(GB)、部标(BB)等标准类文件印品	18924	3657	15267		6.32	
3.活页文选、活页歌篇、小件印品等	12532	5649	6883		9.20	

地方出版单位各类图书出版数量及与上年相比增减百分比(续表3)

(四)图书总定价

	图书总定价（万元）				
	合计	增减%	新出	重印	租型
图书总计	**3734844**	**-0.64**	**1376487**	**1456976**	**901381**
(一)使用《中国标准书号》部分合计	3712082	-0.79	1361372	1449329	901381
A 马克思主义、列宁主义、毛泽东思想	3163	-41.85	845	1219	1099
B 哲学	31756	-7.63	23298	8458	
C 社会科学总论	17610	4.33	13020	4582	8
D 政治、法律	64806	-1.70	42782	8934	13090
E 军事	5017	20.17	3856	1161	
F 经济	113011	11.92	74561	38450	
G 文化、科学、教育、体育	2518218	-2.21	591732	1095140	831346
H 语言、文字	125959	7.09	52962	72997	
I 文学	201918	6.13	152382	49536	
J 艺术	195078	5.81	133055	52044	9979
K 历史、地理	143795	-3.89	78686	19348	45761
N 自然科学总论	13545	-24.96	4813	8732	
O 数理科学、化学	22328	-15.10	9182	13133	13
P 天文学、地球科学	3766	9.83	2283	1399	84
Q 生物科学	6306	28.14	4484	1822	
R 医药、卫生	62998	-2.87	44479	18518	1
S 农业科学	12616	11.58	8842	3774	
T 工业技术	130177	4.83	90411	39766	
U 交通运输	7323	-6.50	5050	2273	
V 航空、航天	1099	46.53	755	344	
X 环境科学	9610	53.71	4674	4936	
Z 综合性图书	21983	-24.41	19220	2763	
(二)不使用《中国标准书号》部分合计	22762	31.37	15115	7647	
1.图片	16944	39.63	12677	4267	
2.国标(GB)、部标(BB)等标准类文件印品	2924	15.03	722	2202	
3.活页文选、活页歌篇、小件印品等	2894	9.21	1716	1178	

全国出版图书用纸量

	图书总计		书籍		课本		图片	
	印张数（千印张）	合吨数（吨）	印张数（千印张）	合吨数（吨）	印张数（千印张）	合吨数（吨）	印张数（千印张）	合吨数（吨）
全国	48650689	1144207	24992266	587318	23594404	554468	64019	2420
中央	18846519	443094	10556304	248073	8276163	194490	14052	531
地方	29804170	701113	14435962	339245	15318241	359979	49967	1889

注：从1982年开始，书籍、课本、附录按每千印张0.0235吨计算，图片按每千印张0.0378吨计算。

全国出版图书用纸量与上年相比增减百分比

	图书总计		书籍		课本		图片	
	印张数	吨数	印张数	吨数	印张数	吨数	印张数	吨数
全国	-4.97	-4.95	-2.29	-2.29	-7.74	-7.74	44.45	44.45
中央	4.57	4.59	0.38	0.38	10.39	10.39	59.86	59.86
地方	-10.16	-10.12	-4.16	-4.16	-15.26	-15.26	40.63	40.63

使用《中国标准书号》图书出版数量中各类图书所占百分比

	种数		租型种数	总印数		总印张		定价总金额	
	合计	新出		合计	租型	合计	租型	合计	租型
使用《中国标准书号》部分合计	**100**	**100**	**100**	**100**	**100**	**100**	**100**	**100**	**100**
A 马克思主义、列宁主义、毛泽东思想	0.2	0.22	0.07	0.21	0.06	0.44	0.07	0.33	0.12
B 哲学	1.95	2.6		0.6		1.17		1.51	
C 社会科学总论	1.39	1.7	0.01	0.32		0.71		0.86	
D 政治、法律	4.85	6.82	0.7	2.24	1.18	3.56	0.85	4.38	1.45
E 军事	0.31	0.46		0.08		0.15		0.24	
F 经济	8.68	10.47		2.37		5.13		6.79	
G 文化、科学、教育、体育	36.62	26.43	94.89	76.42	92.4	61.51	92.68	49.54	92.23
H 语言、文字	5.44	5.02		2.69		5.15		5.71	
I 文学	6.23	8.55		2.64		4.27		5.31	
J 艺术	4.85	5.9	1.6	2.65	1.7	1.82	1	4.19	1.11
K 历史、地理	3.79	5.08	2.72	3.11	4.66	3.25	5.4	4.35	5.08
N 自然科学总论	0.38	0.34		0.25		0.24		0.25	
O 数理科学、化学	1.95	1.55		0.53		1.18		1.15	
P 天文学、地球科学	0.5	0.63	0.02	0.1		0.13	0.01	0.21	0.01
Q 生物科学	0.54	0.6		0.13		0.26		0.34	
R 医药、卫生	4.68	5.38		1.17		2.56		3.44	
S 农业科学	1.65	1.63		0.39		0.44		0.6	
T 工业技术	13.85	14.02		3.23		6.89		8.91	
U 交通运输	1	0.96		0.29		0.49		0.74	
V 航空、航天	0.07	0.11		0.02		0.02		0.04	
X 环境科学	0.4	0.55		0.29		0.22		0.33	
Z 综合性图书	0.69	0.97		0.27		0.41		0.75	

全国各地区图书出版总量

	图书总计											
	种数(种)		租型种数(种)	总印数(万册、张)			总印张(千印张)			定价总金额(万元)		
	合计	新出		合计	新出	租型	合计	新出	租型	合计	新出	租型
全国总计	**248283**	**136226**	**10188**	**629331**	**154215**	**151496**	**48650689**	**15876703**	**9797836**	**6767166**	**2964320**	**901381**
中　　央	**120496**	**67092**		**180547**	**57403**		**18846519**	**8012712**		**3032322**	**1587833**	
地　　方	**127787**	**69134**	**10188**	**448784**	**96812**	**151496**	**29804170**	**7863991**	**9797836**	**3734844**	**1376487**	**901381**
北　　京	4916	2502		6227	3457		683089	391208		116127	73847	
天　　津	3105	1877	226	4419	1360	1356	388977	144815	90758	60154	33421	8685
河　　北	2042	1115	376	15729	1495	6414	992863	105919	449570	94342	15839	36751
山　　西	1964	1154	414	11767	2274	5555	829536	192965	339968	90931	28529	30356
内 蒙 古	2261	1193	429	7799	2363	3478	575819	203573	236313	67808	33828	20220
辽　　宁	5533	3043	4	6686	2950	102	513324	237319	2956	90204	49646	501
吉　　林	4857	2415	834	12573	2778	5942	992082	273388	380713	124828	43973	33110
黑 龙 江	3099	2336	434	5285	1417	2939	400613	158493	191719	58344	32393	17694
上　　海	16935	9063	19	22439	7913	141	2231675	861348	5269	360611	180700	793
江　　苏	10735	5592	509	49514	15586	12467	3050981	1086635	723052	383035	154373	74318
浙　　江	6810	2880	289	25501	4356	6230	1478087	318149	412531	190289	59289	38634
安　　徽	3070	1492	308	17177	1500	6622	904808	101147	434130	111230	20836	41786
福　　建	2678	2009	288	8462	2717	3903	524605	196485	251234	68616	33092	24102
江　　西	2581	1635	414	14210	4961	5449	819746	293072	372828	101466	46977	30704
山　　东	5998	2713	307	22353	3568	5802	1635072	337120	357010	198752	57315	39418
河　　南	3760	2313	353	22607	3180	13740	1363171	222843	865392	146980	37049	78930
湖　　北	6657	4054	616	21248	5553	8652	1489821	457585	601361	185052	82501	53250
湖　　南	4215	2182	384	31278	5535	10022	1710445	328593	652042	208391	52290	62654
广　　东	5646	3409	203	23234	4502	8872	1575820	399654	593286	202044	76015	58789
广　　西	5020	2056	446	25298	3338	7149	1378948	223415	463055	164721	40355	44740
海　　南	1975	736	205	5470	811	1371	499520	97976	85275	62411	17824	7571
重　　庆	3407	1886	308	10180	2606	2417	646391	207678	162956	88840	36107	15797
四　　川	5091	3275	287	19593	5854	8192	1383179	431330	585505	151665	61037	50881
贵　　州	861	502	370	8626	293	6353	471074	19700	385023	41269	5131	29304
云　　南	3117	1514	67	15962	1378	148	916295	91027	6244	102058	21312	913
西　　藏	371	172	313	1192	136	726	83918	19677	46028	9067	2828	4422
陕　　西	5252	2842	562	17717	2802	8175	1215298	280461	515058	151701	50658	47191
甘　　肃	1277	775	318	6463	388	5544	411168	44885	338332	40388	8878	28277
青　　海	422	348	260	1010	196	757	71036	15450	51397	6681	2529	3822
宁　　夏	372	359	85	503	180	320	33642	14512	18617	5504	3411	1997
新　　疆	3760	1692	560	8262	1365	2658	533167	107569	180214	51335	14504	15771
台　　湾												

全国各地区、各类图书出版数量

	(一)使用《中国标准书号》部分合计											
	种数(种)		租型种数(种)	总印数(万册、张)			总印张(千印张)			定价总金额(万元)		
	合计	新出		合计	新出	租型	合计	新出	租型	合计	新出	租型
全国总计	**246909**	**135272**	**10188**	**626531**	**152699**	**151496**	**48469886**	**15773973**	**9797836**	**6700918**	**2919387**	**901381**
中　　央	**120246**	**66931**		**179684**	**57132**		**18747139**	**7952050**		**2988836**	**1558015**	
地　　方	**126663**	**68341**	**10188**	**446847**	**95567**	**151496**	**29722747**	**7821923**	**9797836**	**3712082**	**1361372**	**901381**
北　　京	4916	2502		6227	3457		683089	391208		116127	73847	
天　　津	3104	1877	226	4411	1360	1356	385812	143177	90758	59448	33025	8685
河　　北	2042	1115	376	15729	1495	6414	992863	105919	449570	94342	15839	36751
山　　西	1964	1154	414	11767	2274	5555	829536	192965	339968	90931	28529	30356
内 蒙 古	2261	1193	429	7799	2363	3478	575819	203573	236313	67808	33828	20220
辽　　宁	5525	3037	4	6681	2946	102	513259	237280	2956	90167	49618	501
吉　　林	4857	2415	834	12573	2778	5942	991999	273305	380713	124820	43965	33110
黑 龙 江	3059	2296	434	5167	1299	2939	399213	157098	191719	57060	31111	17694
上　　海	16854	8986	19	22363	7837	141	2228569	858346	5269	357305	177548	793
江　　苏	10593	5513	509	49190	15479	12467	3025284	1080221	723052	377366	152458	74318
浙　　江	6234	2521	289	24775	3860	6230	1448710	299529	412531	184441	55162	38634
安　　徽	3062	1487	308	17165	1494	6622	904636	101070	434130	111121	20783	41786
福　　建	2664	1995	288	8448	2703	3903	523599	195479	251234	67964	32440	24102
江　　西	2578	1635	414	14205	4961	5449	818968	292998	372828	101267	46953	30704
山　　东	5998	2713	307	22353	3568	5802	1635072	337120	357010	198752	57315	39418
河　　南	3760	2313	353	22607	3180	13740	1363171	222843	865392	146980	37049	78930
湖　　北	6637	4034	616	21160	5465	8652	1487900	455664	601361	184427	81876	53250
湖　　南	4087	2073	384	30934	5297	10022	1704701	323837	652042	206507	50867	62654
广　　东	5643	3408	203	23232	4500	8872	1575773	399634	593286	202025	76005	58789
广　　西	5006	2043	446	25284	3325	7149	1378164	222636	463055	164551	40195	44740
海　　南	1975	736	205	5470	811	1371	494380	97598	85275	61877	17783	7571
重　　庆	3394	1874	308	10178	2604	2417	646320	207609	162956	88797	36066	15797
四　　川	5091	3275	287	19593	5854	8192	1383179	431330	585505	151665	61037	50881
贵　　州	861	502	370	8626	293	6353	471074	19700	385023	41269	5131	29304
云　　南	3114	1511	67	15960	1376	148	916123	90855	6244	102016	21270	913
西　　藏	370	171	313	1192	136	726	83913	19672	46028	9056	2817	4422
陕　　西	5183	2788	562	17520	2723	8175	1212769	278977	515058	150199	49638	47191
甘　　肃	1277	775	318	6463	388	5544	411168	44885	338332	40388	8878	28277
青　　海	422	348	260	1010	196	757	71036	15450	51397	6681	2529	3822
宁　　夏	372	359	85	503	180	320	33642	14512	18617	5504	3411	1997
新　　疆	3760	1692	560	8262	1365	2658	533006	107433	180214	51221	14399	15771
台　　湾												

全国各地区、各类图书出版数量(续表1)

	A 马克思主义、列宁主义、毛泽东思想											
	种数(种)		租型种数(种)	总印数(万册、张)			总印张(千印张)			定价总金额(万元)		
	合计	新出		合计	新出	租型	合计	新出	租型	合计	新出	租型
全国总计	**488**	**303**	**7**	**1335**	**1036**	**92**	**212603**	**175600**	**6780**	**21781**	**16676**	**1099**
中　　央	**312**	**206**		**1092**	**963**		**189884**	**170036**		**18618**	**15831**	
地　　方	**176**	**97**	**7**	**243**	**73**	**92**	**22719**	**5564**	**6780**	**3163**	**845**	**1099**
北　　京	3	1		1			116	11		19	2	
天　　津	2	1		1			155	47		17	6	
河　　北												
山　　西	3	1		3	1		262	91		32	14	
内 蒙 古	2	2		1	1		86	86		12	12	
辽　　宁	15	6		6	2		1078	356		158	61	
吉　　林	11	8		1			276	154		47	26	
黑 龙 江	7	7		2	2		193	193		37	37	
上　　海	14	6		10	3		1199	507		170	72	
江　　苏	14	2		11	1		1777	128		201	23	
浙　　江	3	2		2	2		339	327		45	43	
安　　徽	10	7		2	2		363	201		60	37	
福　　建	3	2					133	52		15	6	
江　　西	2	2		1	1		120	120		23	23	
山　　东	7	3		2			257	79		40	17	
河　　南	7	5		3	2		273	210		47	35	
湖　　北	18	8		35	1		4526	305		504	51	
湖　　南	12	9		48	45		1899	1550		212	175	
广　　东	5	5					116	116		23	23	
广　　西	1						9			1		
海　　南	1	1		1	1		130	130		29	29	
重　　庆	7	4		4	1		716	357		114	62	
四　　川	8	6		3	1		366	188		55	29	
贵　　州	2	2		5	5		256	256		36	36	
云　　南	2	1		1			49	7		8	2	
西　　藏	1						54			2		
陕　　西	12	3	4	76		70	3414	46	2375	520	9	390
甘　　肃	1	1	3	22		22	4419	14	4405	712	3	709
青　　海												
宁　　夏												
新　　疆	3	2		2	2		138	33		24	12	
台　　湾												

全国各地区、各类图书出版数量(续表2)

	B 哲学											
	种数(种)		租型种数(种)	总印数(万册、张)			总印张(千印张)			定价总金额(万元)		
	合计	新出		合计	新出	租型	合计	新出	租型	合计	新出	租型
全国总计	**4813**	**3522**		**3746**	**2411**		**565244**	**383401**		**101489**	**72247**	
中　　央	**2759**	**2024**		**2547**	**1559**		**387913**	**258889**		**69733**	**48949**	
地　　方	**2054**	**1498**		**1199**	**852**		**177331**	**124512**		**31756**	**23298**	
北　　京	106	77		91	66		15069	11473		2245	1727	
天　　津	65	49		35	28		5252	4225		1113	933	
河　　北	5	4		1			167	89		25	14	
山　　西	19	17		6	6		950	887		274	266	
内 蒙 古	19	18		9	8		1558	1496		226	218	
辽　　宁	43	35		24	12		3319	1958		557	356	
吉　　林	102	80		51	39		7553	6549		1265	1111	
黑 龙 江	83	72		75	63		10689	9384		1805	1594	
上　　海	504	311		343	207		53498	29464		9349	5498	
江　　苏	105	56		50	28		6981	3804		1240	750	
浙　　江	59	28		39	25		4991	3110		987	572	
安　　徽	66	47		27	17		3883	2261		596	399	
福　　建	12	10		3	3		653	590		125	114	
江　　西	23	19		23	17		2836	2516		581	493	
山　　东	88	57		46	30		7781	4116		1349	743	
河　　南	63	53		32	28		4810	4205		821	731	
湖　　北	109	93		52	42		8680	7112		1353	1161	
湖　　南	36	26		21	11		3069	1892		501	332	
广　　东	124	89		72	54		10016	7792		2075	1754	
广　　西	76	62		43	38		6154	5416		1235	1119	
海　　南	26	24		33	25		3150	2713		807	663	
重　　庆	11	6		3	2		553	229		103	41	
四　　川	110	92		43	36		5761	4826		1162	994	
贵　　州	10	10		2	2		141	141		41	41	
云　　南	33	29		13	12		1090	932		356	331	
西　　藏	12	9		4	3		565	370		93	64	
陕　　西	86	74		35	31		5307	4637		922	828	
甘　　肃	28	25		10	9		1287	1124		264	233	
青　　海	10	8		4	3		732	467		129	76	
宁　　夏	10	9		3	2		396	385		81	79	
新　　疆	11	9		6	5		440	349		76	63	
台　　湾												

全国各地区、各类图书出版数量(续表3)

	C社会科学总论											
	种数(种)		租型种数(种)	总印数(万册、张)			总印张(千印张)			定价总金额(万元)		
	合计	新出		合计	新出	租型	合计	新出	租型	合计	新出	租型
全国总计	**3423**	**2295**	**1**	**2033**	**1197**		**343988**	**197379**	**69**	**57556**	**36747**	**8**
中　　央	**2040**	**1291**		**1368**	**744**		**240995**	**125284**		**39946**	**23727**	
地　　方	**1383**	**1004**	**1**	**665**	**453**		**102993**	**72095**	**69**	**17610**	**13020**	**8**
北　　京	87	61		70	55		10559	8331		1724	1383	
天　　津	43	32		15	10		2259	1524		457	342	
河　　北	8	8		2	2		373	373		63	63	
山　　西	11	10		2	1		431	332		109	93	
内 蒙 古	29	29		13	13		2406	2406		718	718	
辽　　宁	68	37		44	19		6454	2452		1016	424	
吉　　林	23	21		6	5		543	471		111	103	
黑 龙 江	29	28		13	11		2630	2286		488	438	
上　　海	289	224		140	96		22311	16520		3783	2922	
江　　苏	58	27		26	11		4201	1937		673	346	
浙　　江	56	26		29	14		4751	2392		688	367	
安　　徽	26	23		8	8		1621	1435		267	234	
福　　建	12	12		2	2		405	405		62	62	
江　　西	27	24		18	17		2024	1911		417	399	
山　　东	45	30		22	15		3088	2116		491	346	
河　　南	22	20		11	10		1782	1743		381	376	
湖　　北	93	65	1	41	23		7330	4099	69	1021	622	8
湖　　南	47	38		35	31		6064	5248		853	734	
广　　东	107	56		49	29		7148	3948		1269	760	
广　　西	61	56		16	14		2575	2345		517	475	
海　　南	30	26		25	13		2722	2121		501	384	
重　　庆	51	36		22	16		3528	2356		663	469	
四　　川	67	41		28	18		3767	2500		578	381	
贵　　州	6	5					118	80		25	21	
云　　南	24	19		7	4		820	423		179	114	
西　　藏	1	1					13	13		13	13	
陕　　西	48	35		19	14		2580	1855		429	323	
甘　　肃	6	6		1	1		154	154		40	40	
青　　海	1	1					20	20		4	4	
宁　　夏	5	4		1	1		194	177		37	31	
新　　疆	3	3					122	122		33	33	
台　　湾												

全国各地区、各类图书出版数量(续表4)

	D 政治、法律											
	种数(种)		租型种数(种)	总印数(万册、张)			总印张(千印张)			定价总金额(万元)		
	合计	新出		合计	新出	租型	合计	新出	租型	合计	新出	租型
全国总计	**11968**	**9228**	**71**	**14007**	**9354**	**1786**	**1723250**	**1215805**	**83085**	**293704**	**221607**	**13090**
中　央	**9053**	**6893**		**9657**	**7333**		**1342206**	**984636**		**228898**	**178825**	
地　方	**2915**	**2335**	**71**	**4350**	**2021**	**1786**	**381044**	**231169**	**83085**	**64806**	**42782**	**13090**
北　京	62	46		41	31		8351	6022		1689	1377	
天　津	78	63	4	111	21	83	6407	3318	1920	1132	596	355
河　北	32	30	4	142	12	130	5760	1785	3895	942	275	657
山　西	50	49		18	17		4010	3994		1001	972	
内蒙古	21	20		40	38		3101	3002		418	400	
辽　宁	160	134	4	184	60	102	15874	9723	2956	2777	1784	501
吉　林	86	82		27	27		2678	2553		815	797	
黑龙江	102	100		45	45		6818	6738		1168	1154	
上　海	476	363	4	407	226	129	47400	33490	3950	8223	6137	648
江　苏	133	79		385	339		43199	35593		8764	7654	
浙　江	135	91	5	486	195	242	23007	11670	5223	4131	2307	997
安　徽	62	48	4	227	15	205	9077	2185	5802	1635	360	1090
福　建	59	54	1	66	22	42	5709	4633	970	798	631	147
江　西	59	37		127	37		7933	3206		1206	591	
山　东	168	132	7	387	80	295	54019	12917	38507	8100	2258	5481
河　南	74	57		25	19		3871	2887		848	700	
湖　北	218	180		97	85		14661	11756		2287	1938	
湖　南	80	71	4	158	26	129	7892	3504	3935	1457	741	656
广　东	176	121		73	48		12490	7971		2543	1805	
广　西	74	62	5	346	293	19	20875	17314	818	2482	2034	139
海　南	22	18	4	49	22	17	3679	2763	584	604	408	104
重　庆	85	56	4	150	38	98	8922	4539	2356	1675	992	429
四　川	145	117	4	337	146	70	28500	14315	3484	3314	1841	526
贵　州	33	28	4	85	11	70	3804	1099	2238	723	268	378
云　南	100	90	4	165	25	135	10013	3608	5207	2041	1037	828
西　藏	4	4	9	22	2	20	1422	182	1240	212	58	154
陕　西	103	90		86	81		13991	13112		2550	2434	
甘　肃	49	49		12	12		1175	1175		344	344	
青　海	9	9		2	2		261	261		48	48	
宁　夏	19	19		5	5		811	811		165	165	
新　疆	41	36		45	41		5334	5043		714	676	
台　湾												

全国各地区、各类图书出版数量(续表5)

	E 军事											
	种数(种)		租型种数(种)	总印数(万册、张)			总印张(千印张)			定价总金额(万元)		
	合计	新出		合计	新出	租型	合计	新出	租型	合计	新出	租型
全国总计	**757**	**626**		**513**	**413**		**73554**	**59228**		**15974**	**13777**	
中　　央	**517**	**428**		**286**	**246**		**48702**	**43619**		**10957**	**9921**	
地　　方	**240**	**198**		**227**	**167**		**24852**	**15609**		**5017**	**3856**	
北　　京	3	3		1	1		195	195		71	71	
天　　津	4	4		3	3		450	450		188	188	
河　　北												
山　　西	4	3		2	1		327	303		121	117	
内 蒙 古	4	4		3	3		415	415		54	54	
辽　　宁	13	12		6	6		1475	1391		309	297	
吉　　林	6	3		4	1		234	126		50	31	
黑 龙 江	8	4		8	4		816	478		163	113	
上　　海	28	20		19	13		2525	1809		556	443	
江　　苏	7	4		31	1		5616	122		673	28	
浙　　江	11	8		10	8		742	578		195	172	
安　　徽	3	2		5			776	75		85	11	
福　　建	1	1					22	22		4	4	
江　　西	13	13		4	4		553	553		114	114	
山　　东	22	19		14	13		1919	1577		400	350	
河　　南	6	5		3	2		450	284		71	50	
湖　　北	15	13		13	13		1085	1047		168	161	
湖　　南	18	13		56	55		2565	2277		849	801	
广　　东	5	5		3	3		478	478		92	92	
广　　西	7	6		2	2		294	229		94	82	
海　　南												
重　　庆	7	6		7	5		827	733		170	161	
四　　川	11	10		9	7		979	723		130	102	
贵　　州	1	1					20	20		11	11	
云　　南	3	3		1	1		80	80		11	11	
西　　藏												
陕　　西	16	12		7	5		1061	696		173	127	
甘　　肃	1	1					80	80		26	26	
青　　海												
宁　　夏	3	3					79	79		52	52	
新　　疆	20	20		16	16		789	789		187	187	
台　　湾												

全国各地区、各类图书出版数量(续表6)

	F 经济										
	种数(种)		租型种数(种)	总印数(万册、张)			总印张(千印张)			定价总金额(万元)		
	合计	新出		合计	新出	租型	合计	新出	租型	合计	新出	租型
全国总计	**21420**	**14161**		**14847**	**9108**		**2485890**	**1533516**		**455096**	**307166**	
中　央	**14258**	**9380**		**10838**	**6638**		**1858710**	**1156284**		**342085**	**232605**	
地　方	**7162**	**4781**		**4009**	**2470**		**627180**	**377232**		**113011**	**74561**	
北　京	451	236		294	164		47273	23182		7530	4283	
天　津	211	126		84	42		13211	7350		2234	1365	
河　北	47	45		10	10		1813	1711		344	326	
山　西	86	79		32	30		5760	5460		1483	1438	
内蒙古	22	21		6	5		1385	1352		239	235	
辽　宁	701	409		508	216		83991	36327		13351	6535	
吉　林	84	82		28	27		3123	2972		623	599	
黑龙江	194	179		50	40		6866	6062		1732	1508	
上　海	1706	993		1249	773		191485	109128		33386	20203	
江　苏	319	197		146	95		24549	16348		4178	2997	
浙　江	245	133		131	84		20384	13943		3459	2498	
安　徽	124	106		46	38		6830	5387		1276	1084	
福　建	69	64		18	17		3834	3433		644	594	
江　西	89	86		33	32		6030	5937		1281	1259	
山　东	169	119		86	70		15702	12802		3200	2773	
河　南	117	104		38	34		5879	5322		1197	1111	
湖　北	452	338		197	127		32986	21287		5453	4010	
湖　南	160	100		159	55		22725	7773		3778	1319	
广　东	726	459		366	253		56868	38254		11729	8467	
广　西	76	63		50	39		6800	5426		1520	1186	
海　南	63	58		39	37		6249	5938		1313	1257	
重　庆	172	94		77	47		11279	6336		1885	1244	
四　川	462	339		217	136		30737	18842		5988	4078	
贵　州	21	20		7	6		1094	971		248	226	
云　南	106	92		21	16		3812	2954		1145	1010	
西　藏	4	4					91	91		13	13	
陕　西	196	146		99	59		13004	9279		2830	1999	
甘　肃	50	49		10	10		2053	1998		574	566	
青　海	15	15		2	2		409	409		128	128	
宁　夏	20	20		4	4		799	799		219	219	
新　疆	5	5		2	2		159	159		31	31	
台　湾												

全国各地区、各类图书出版数量(续表7)

	G 文化、科学、教育、体育											
	种数(种)		租型种数(种)	总印数(万册、张)			总印张(千印张)			定价总金额(万元)		
	合计	新出		合计	新出	租型	合计	新出	租型	合计	新出	租型
全国总计	**90419**	**35751**	**9667**	**478766**	**79157**	**139983**	**29815139**	**5636358**	**9080250**	**3319796**	**782651**	**831346**
中　央	**24788**	**9202**		**96734**	**13139**		**6550716**	**1240617**		**801578**	**190919**	
地　方	**65631**	**26549**	**9667**	**382032**	**66018**	**139983**	**23264423**	**4395741**	**9080250**	**2518218**	**591732**	**831346**
北　京	2937	1192		4312	2012		405343	184204		62560	31377	
天　津	974	426	222	2986	383	1273	239351	39800	88838	23275	4844	8330
河　北	1332	491	362	14891	1144	6217	916083	60568	443368	81996	6726	35902
山　西	1283	561	414	11489	2042	5555	785636	155913	339968	80097	18763	30356
内蒙古	1660	671	421	7156	1829	3436	502742	140901	235059	52344	19909	20092
辽　宁	2302	939		4407	1614		236517	84978		33723	13425	
吉　林	3240	1123	834	11061	1738	5942	842900	165337	380713	99043	23119	33110
黑龙江	1025	541	422	3744	395	2839	248018	31825	189413	27010	6069	17419
上　海	5819	2227	14	12175	3115	11	898828	250596	1233	121950	44882	140
江　苏	6354	3055	509	45568	13320	12467	2582023	843438	723052	299690	104351	74318
浙　江	3541	1133	225	20813	2423	4783	1160871	161238	360260	128977	21942	32398
安　徽	1719	592	304	15058	1079	6417	788372	50488	428328	86941	9760	40696
福　建	1635	1106	284	7813	2190	3848	462602	142819	249468	51332	17755	23847
江　西	1217	676	383	11923	4126	5104	671535	209858	363172	70592	28599	29450
山　东	3285	1031	297	19411	2478	5506	1304591	188955	318310	141467	23923	33787
河　南	2128	1026	353	21791	2574	13740	1262333	145139	865392	123558	17430	78930
湖　北	2735	1258	615	18014	3022	8652	1118038	185569	601292	114548	26006	53242
湖　南	1918	768	380	26741	4262	9893	1419900	220643	648107	154490	26941	61998
广　东	2271	1055	203	20666	2823	8872	1298526	210464	593286	138034	27368	58789
广　西	3637	962	441	23564	2220	7130	1219992	114163	462237	131568	16171	44601
海　南	1347	230	198	4865	469	1319	427427	54676	83838	48330	7984	7410
重　庆	1463	647	280	8607	1726	2258	489796	110747	158527	57961	15154	15155
四　川	2105	1125	30	9848	4404	696	622098	280352	31333	64515	31020	3152
贵　州	503	163	363	8327	146	6213	454076	7352	381393	37068	1730	28683
云　南	2004	585	63	14354	907	13	833962	52582	1037	79661	6454	85
西　藏	250	85	304	1127	106	706	78483	16525	44788	7781	1892	4268
陕　西	2697	1134	546	15916	1868	7920	1019646	158575	507205	112794	23186	46313
甘　肃	754	272	314	6298	251	5522	385889	24827	333903	34155	3510	27554
青　海	280	213	246	912	164	693	63286	10746	48995	4961	1086	3672
宁　夏	99	97	80	409	108	300	23344	5696	17521	2658	763	1878
新　疆	3117	1165	560	7786	1080	2658	502215	86767	180214	45139	9593	15771
台　湾												

全国各地区、各类图书出版数量(续表8)

	H 语言、文字										
	种数(种)		租型种数(种)	总印数(万册、张)			总印张(千印张)			定价总金额(万元)		
	合计	新出		合计	新出	租型	合计	新出	租型	合计	新出	租型
全国总计	**13425**	**6790**		**16864**	**5425**		**2494094**	**747099**		**382914**	**138553**	
中　央	**7676**	**3606**		**10712**	**3198**		**1637111**	**453193**		**256955**	**85591**	
地　方	**5749**	**3184**		**6152**	**2227**		**856983**	**293906**		**125959**	**52962**	
北　京	92	39		73	34		12309	6159		1727	881	
天　津	217	123		106	68		12035	7813		2318	1578	
河　北	12	12		4	4		917	917		197	197	
山　西	42	26		23	12		4132	1751		589	279	
内蒙古	50	44		22	20		3884	3413		539	473	
辽　宁	574	270		413	187		58632	26866		10195	4847	
吉　林	226	189		133	120		17873	16337		2866	2638	
黑龙江	197	163		135	117		10672	8782		1967	1674	
上　海	1676	813		3135	596		467583	86255		62458	15266	
江　苏	357	173		326	131		41884	16256		6036	2532	
浙　江	250	67		195	78		21098	9399		3186	1440	
安　徽	159	99		105	66		13302	8456		2231	1474	
福　建	30	21		14	9		1122	719		209	133	
江　西	74	54		68	39		6895	4603		1151	772	
山　东	140	69		128	56		18324	8309		2426	1166	
河　南	98	66		43	29		5093	3598		880	662	
湖　北	268	153		141	66		25015	10707		3528	1590	
湖　南	133	89		103	53		14370	7037		1950	1079	
广　东	228	108		265	92		35378	11675		5198	2209	
广　西	34	21		41	13		6193	2183		896	396	
海　南	43	38		26	23		3874	3566		864	802	
重　庆	179	79		184	69		16500	5546		2380	996	
四　川	208	136		132	82		18818	12178		2672	1871	
贵　州	13	12		4	4		282	274		47	46	
云　南	74	53		28	20		3140	1855		607	426	
西　藏	4	1		2			70	13		12	3	
陕　西	295	196		279	217		34579	26554		8341	7083	
甘　肃	22	21		4	3		872	832		164	159	
青　海	11	11		3	3		185	185		28	28	
宁　夏	10	9		3	3		231	161		51	43	
新　疆	33	29		14	13		1721	1507		246	219	
台　湾												

全国各地区、各类图书出版数量(续表9)

	I 文学											
	种数(种)		租型种数(种)	总印数(万册、张)			总印张(千印张)			定价总金额(万元)		
	合计	新出		合计	新出	租型	合计	新出	租型	合计	新出	租型
全国总计	**15393**	**11559**		**16536**	**11372**	**1**	**2068252**	**1429515**		**355884**	**258504**	
中　央	**6007**	**4325**		**6419**	**4270**		**878555**	**559692**		**153966**	**106122**	
地　方	**9386**	**7234**		**10117**	**7102**	**1**	**1189697**	**869823**		**201918**	**152382**	
北　京	399	281		628	521		91921	78310		14688	12578	
天　津	361	221		329	192		39099	27741		6724	4729	
河　北	189	181		133	123		17003	16482		2686	2631	
山　西	127	123		63	60		9321	9133		1860	1820	
内蒙古	165	157		256	232		26263	23728		6232	5613	
辽　宁	310	290		416	379		33215	28893		6661	5888	
吉　林	241	181		228	123		27219	17696		3179	2278	
黑龙江	248	238		223	211		31039	29663		4703	4497	
上　海	1404	990		1468	1062		186111	131250		31881	23040	
江　苏	637	432		643	336		93055	52280		13531	7868	
浙　江	553	220		804	379		71042	36074		11662	6137	
安　徽	121	98		52	46		6276	5634		1106	1008	
福　建	242	232		170	161		19007	18285		3380	3252	
江　西	307	210		660	268		52302	30369		10608	5397	
山　东	375	310		249	176		29702	22655		5476	4550	
河　南	265	233		150	135		23928	21739		3929	3629	
湖　北	533	400		1078	961		129553	109036		19080	16517	
湖　南	242	163		314	185		52357	25242		6342	3931	
广　东	601	565		468	420		59662	52692		11344	10045	
广　西	371	273		704	333		68947	40082		12349	7017	
海　南	197	139		284	128		32000	12667		5778	2880	
重　庆	311	288		271	258		33963	32400		6659	6406	
四　川	302	198		204	130		17468	13171		3904	3118	
贵　州	48	46		11	10		1844	1792		293	282	
云　南	194	187		56	52		7252	6855		2745	2663	
西　藏	30	14		13	5		947	585		157	109	
陕　西	191	169		106	93		15361	12795		2277	2027	
甘　肃	120	118		35	35		5454	5438		981	976	
青　海	34	32		8	7		1095	817		213	163	
宁　夏	97	92		26	24	1	3131	2901		745	694	
新　疆	171	153		67	57		4160	3418		745	639	
台　湾												

全国各地区、各类图书出版数量(续表10)

	J 艺						术					
	种数(种)		租型种数(种)	总印数(万册、张)			总印张(千印张)			定价总金额(万元)		
	合计	新出		合计	新出	租型	合计	新出	租型	合计	新出	租型
全国总计	**11982**	**7986**	**163**	**16621**	**6930**	**2572**	**883189**	**438445**	**97579**	**280791**	**199521**	**9979**
中　　央	**3169**	**1982**		**3183**	**2078**		**242839**	**140688**		**85713**	**66466**	
地　　方	**8813**	**6004**	**163**	**13438**	**4852**	**2572**	**640350**	**297757**	**97579**	**195078**	**133055**	**9979**
北　　京	188	151		107	88		14441	11258		6060	5446	
天　　津	468	328		433	387		19051	15921		9773	8487	
河　　北	190	170	10	164	89	67	8552	5517	2307	3015	2283	192
山　　西	76	65		27	21		3802	2392		1686	1503	
内 蒙 古	30	30	8	79	37	42	3288	2034	1254	708	580	128
辽　　宁	151	109		75	57		5758	4241		2447	1956	
吉　　林	352	273		553	347		33753	23445		8019	6871	
黑 龙 江	195	165		220	55		8787	4310		3481	2656	
上　　海	1496	858	1	691	365	1	68476	38132	86	24424	17343	5
江　　苏	662	391		870	684		39948	31555		10823	8826	
浙　　江	587	350	54	1456	298	986	66727	16065	40826	15926	9226	4189
安　　徽	250	129		1381	100		41212	7011		10742	2503	
福　　建	221	183	3	135	112	13	11046	9719	796	5502	5113	108
江　　西	462	286	8	906	263	171	30420	13036	4256	8463	4819	438
山　　东	281	215	3	527	152	1	29731	15871	193	9164	6993	150
河　　南	201	158		138	122		8298	6969		4200	3853	
湖　　北	470	381		387	273		19853	14326		8617	7488	
湖　　南	760	382		1551	259		66120	16644		16348	6562	
广　　东	349	335		273	257		17908	16972		10598	10422	
广　　西	241	203		149	128		12008	9732		5037	4423	
海　　南	25	25	3	46	11	35	2163	1310	853	1190	1133	57
重　　庆	375	234	24	297	145	61	21693	10176	2073	6356	3625	213
四　　川	350	276	17	1273	307	864	45839	8461	35406	8032	3841	3584
贵　　州	21	16	3	75	4	70	1725	243	1392	507	241	243
云　　南	155	92		1132	212		36368	5868		7977	3008	
西　　藏	6	3		2	1		125	66		107	48	
陕　　西	144	110	12	254	49	185	12467	3531	5478	3039	1755	488
甘　　肃	30	30		7	7		1232	1232		690	690	
青　　海	9	9	14	66	2	64	2706	304	2402	339	189	150
宁　　夏	19	19	3	18	6	12	796	539	257	479	445	34
新　　疆	49	28		146	14		6057	877		1329	727	
台　　湾												

全国各地区、各类图书出版数量(续表11)

	K 历史、地理											
	种数(种)		租型种数(种)	总印数(万册、张)			总印张(千印张)			定价总金额(万元)		
	合计	新出		合计	新出	租型	合计	新出	租型	合计	新出	租型
全国总计	**9359**	**6873**	**277**	**19504**	**4799**	**7055**	**1573639**	**695904**	**529114**	**291810**	**185808**	**45761**
中　　央	**4529**	**3220**		**8885**	**2602**		**676857**	**420444**		**148015**	**107122**	
地　　方	**4830**	**3653**	**277**	**10619**	**2197**	**7055**	**896782**	**275460**	**529114**	**143795**	**78686**	**45761**
北　　京	152	119		116	95		22093	19108		6326	5731	
天　　津	110	96		48	42		7979	7233		2150	2023	
河　　北	26	22		10	6		1966	1452		513	452	
山　　西	78	67		41	39		6516	6264		1762	1675	
内 蒙 古	62	58		65	57		6639	6325		1833	1797	
辽　　宁	111	93		38	32		5114	4205		1299	1110	
吉　　林	156	114		179	146		16696	12422		2702	2031	
黑 龙 江	144	88	12	315	62	100	18310	9200	2306	4409	2381	275
上　　海	791	621		475	343		66248	50353		15518	12896	
江　　苏	297	174		167	89		24843	12668		5720	3755	
浙　　江	233	173	5	342	79	219	21150	10630	6102	5770	3994	1037
安　　徽	85	68		39	27		4292	3457		1348	1183	
福　　建	141	135		105	101		6786	5743		2203	2081	
江　　西	81	64	23	281	56	174	17958	7027	5400	2922	1673	816
山　　东	312	195		223	133		24841	17676		5664	4325	
河　　南	160	141		66	58		9229	7800		3713	3381	
湖　　北	199	172		148	130		18406	16900		4256	3975	
湖　　南	88	68		63	37		7292	3898		2216	1644	
广　　东	323	180		397	132		18074	10800		6042	3178	
广　　西	158	134		131	121		16933	15553		4557	4183	
海　　南	57	51		39	38		6189	5785		1165	1087	
重　　庆	82	66		113	48		11489	8118		2490	2001	
四　　川	347	197	236	6865	99	6562	527017	7043	515282	47790	2494	43619
贵　　州	51	49		50	46		2840	2676		803	783	
云　　南	149	133		37	30		4417	3565		2082	1837	
西　　藏	27	22		13	11		1380	1196		302	267	
陕　　西	179	133		161	54		10582	7780		4417	3077	
甘　　肃	91	88	1	36	35		5220	5105	24	1637	1596	14
青　　海	23	22		6	6		1002	967		449	442	
宁　　夏	40	38		11	11		1626	1577		599	587	
新　　疆	77	72		39	34		3655	2934		1138	1047	
台　　湾												

全国各地区、各类图书出版数量(续表12)

	N 自然科学总论										
	种数(种)		租型种数(种)	总印数(万册、张)			总印张(千印张)			定价总金额(万元)		
	合计	新出		合计	新出	租型	合计	新出	租型	合计	新出	租型
全国总计	**942**	**460**		**1592**	**328**		**117315**	**36174**		**16857**	**7112**	
中　　央	**196**	**129**		**101**	**62**		**16750**	**10251**		**3312**	**2299**	
地　　方	**746**	**331**		**1491**	**266**		**100565**	**25923**		**13545**	**4813**	
北　　京	15	12		20	16		2669	2167		400	335	
天　　津	4	4		3	3		262	262		44	44	
河　　北	1	1					5	5		1	1	
山　　西	2	1					108	83		15	11	
内 蒙 古	3	1					35	4		5	1	
辽　　宁	8	7		2	1		219	130		44	32	
吉　　林	5	4		4	4		209	191		38	34	
黑 龙 江	5	3		1			170	91		37	26	
上　　海	232	102		682	64		39602	5162		4954	1408	
江　　苏	11	3		7			562	168		116	29	
浙　　江	21	12		21	8		4601	3886		623	524	
安　　徽	9	8		2	1		319	269		100	90	
福　　建												
江　　西	2	2		2	2		240	240		50	50	
山　　东	271	71		574	80		39674	6878		4541	810	
河　　南	4	2		1	1		246	153		70	51	
湖　　北	19	13		23	21		1291	1034		203	168	
湖　　南	56	22		104	27		5941	1849		1324	376	
广　　东	9	7		2	2		398	280		75	58	
广　　西	5	4		5	3		869	413		203	144	
海　　南	5	1		2	1		283	160		53	34	
重　　庆	7	4		3	2		416	291		68	51	
四　　川	33	30		28	26		1949	1742		456	417	
贵　　州	1	1		1	1		24	24		4	4	
云　　南	1	1					24	24		8	8	
西　　藏	1	1					23	23		3	3	
陕　　西	13	11		4	3		390	358		103	97	
甘　　肃	1	1					8	8		1	1	
青　　海												
宁　　夏												
新　　疆	2	2					28	28		6	6	
台　　湾												

全国各地区、各类图书出版数量(续表13)

	O 数理科学、化学											
	种数(种)		租型种数(种)	总印数(万册、张)			总印张(千印张)			定价总金额(万元)		
	合计	新出		合计	新出	租型	合计	新出	租型	合计	新出	租型
全国总计	**4813**	**2095**		**3299**	**1163**		**572282**	**196684**	**120**	**77316**	**30163**	**13**
中　央	**2963**	**1215**		**2243**	**735**		**417648**	**137925**		**54988**	**20981**	
地　方	**1850**	**880**		**1056**	**428**		**154634**	**58759**	**120**	**22328**	**9182**	**13**
北　京	2	1		1			283	83		37	12	
天　津	67	22		24	8		3785	1283		577	206	
河　北	1	1					49	49		11	11	
山　西	4	4					54	54		12	12	
内蒙古	11	8		5	2		750	308		88	38	
辽　宁	103	39		38	12		5442	1685		803	281	
吉　林	4	3					86	54		11	8	
黑龙江	100	87		24	19		3708	2952		581	478	
上　海	475	216		358	146		46080	17263		6786	2663	
江　苏	238	82		208	41		38891	6942		5159	987	
浙　江	73	25		32	16		4796	2755	120	897	604	13
安　徽	62	19		22	5		3301	1014		472	141	
福　建	7	6		3	2		804	706		107	96	
江　西	19	7		12	2		1678	317		230	53	
山　东	72	22		28	11		4194	1993		615	306	
河　南	35	33		12	12		2346	2212		351	331	
湖　北	182	80		140	68		16228	6820		2184	944	
湖　南	46	23		20	12		2711	1539		452	266	
广　东	52	22		19	12		2641	1529		526	360	
广　西	6	6		2	2		177	177		39	39	
海　南	1	1		3	3		533	533		75	75	
重　庆	22	10		7	4		1110	624		152	89	
四　川	73	47		27	14		3453	2284		562	357	
贵　州	1	1					8	8		3	3	
云　南	7	5		3	2		380	114		53	18	
西　藏												
陕　西	176	99		66	33		10783	5098		1485	744	
甘　肃	7	7		1	1		195	195		35	35	
青　海												
宁　夏	2	2					22	22		5	5	
新　疆	2	2		1	1		146	146		20	20	
台　湾												

全国各地区、各类图书出版数量(续表14)

	P 天文学、地球科学											
	种数(种)		租型种数(种)	总印数(万册、张)			总印张(千印张)			定价总金额(万元)		
	合计	新出		合计	新出	租型	合计	新出	租型	合计	新出	租型
全国总计	**1227**	**857**	**2**	**618**	**414**	**6**	**61374**	**36375**	**838**	**14021**	**10062**	**84**
中　　央	**875**	**624**		**435**	**325**		**44080**	**27778**		**10255**	**7779**	
地　　方	**352**	**233**	**2**	**183**	**89**	**6**	**17294**	**8597**	**838**	**3766**	**2283**	**84**
北　　京	5	4		4	3		378	297		170	160	
天　　津	8	8		5	5		471	471		79	79	
河　　北	7	6		2	2		251	222		106	103	
山　　西	3	2		1			87	64		84	80	
内 蒙 古	1	1		2	2		170	170		13	13	
辽　　宁	7	6					181	162		47	33	
吉　　林	8	6		8	3		820	176		126	35	
黑 龙 江	11	11		3	3		495	495		122	122	
上　　海	27	25		13	13		1093	1002		280	269	
江　　苏	27	18		8	5		1382	848		221	147	
浙　　江	10	4		3	2		502	315		103	63	
安　　徽	10	9		4	4		480	387		97	84	
福　　建												
江　　西	4	1		11			1389	14		267	3	
山　　东	39	18		8	3		1346	502		220	111	
河　　南	36	32		14	13		1246	1041		311	265	
湖　　北	72	27		24	7		3514	1077		649	219	
湖　　南	4	2					119	26		29	12	
广　　东	7	6		1			163	144		48	46	
广　　西	6	6		2	2		141	141		62	62	
海　　南												
重　　庆	5			2			259			38		
四　　川	22	12		22	2		864	191		245	49	
贵　　州	3	3		3	3		120	120		90	90	
云　　南	7	5		30	10		485	273		157	125	
西　　藏	3	2		1	1		32	8		6	3	
陕　　西	8	7		2	2		234	217		49	47	
甘　　肃	5	5					60	60		11	11	
青　　海												
宁　　夏	7	7	2	10	4	6	1012	174	838	136	52	84
新　　疆												
台　　湾												

全国各地区、各类图书出版数量(续表15)

	Q 生物科学											
	种数(种)		租型种数(种)	总印数(万册、张)			总印张(千印张)			定价总金额(万元)		
	合计	新出		合计	新出	租型	合计	新出	租型	合计	新出	租型
全国总计	**1332**	**810**		**784**	**422**		**127935**	**61557**		**22827**	**13866**	
中　　央	**945**	**551**		**483**	**231**		**93138**	**39847**		**16521**	**9382**	
地　　方	**387**	**259**		**301**	**191**		**34797**	**21710**		**6306**	**4484**	
北　　京	27	15		26	18		3652	2866		725	563	
天　　津	6	5		3	3		429	339		68	55	
河　　北	1	1					37	37		7	7	
山　　西	5	3		2	1		317	220		148	135	
内 蒙 古	6	6		3	2		512	252		72	38	
辽　　宁	13	13		4	4		311	311		90	90	
吉　　林	14	10		56	22		8943	4396		649	279	
黑 龙 江	21	20		5	5		550	494		91	83	
上　　海	32	24		39	33		2024	1585		468	404	
江　　苏	26	10		21	4		4070	708		591	128	
浙　　江	17	5		10	3		901	178		178	66	
安　　徽	28	14		11	3		1914	1779		223	166	
福　　建	1	1					20	20		5	5	
江　　西	6	5		20	20		2628	2564		502	491	
山　　东	12	9		2	1		569	359		208	170	
河　　南	17	12		5	3		758	512		181	132	
湖　　北	32	21		9	7		1438	1033		263	201	
湖　　南	4	3					135	75		41	32	
广　　东	32	17		37	35		1787	1327		645	570	
广　　西	4	4		4	4		369	369		76	76	
海　　南												
重　　庆	11	9		5	4		569	406		121	98	
四　　川	25	13		27	11		1408	903		385	236	
贵　　州	3	3					85	85		28	28	
云　　南	17	15		5	2		497	250		315	236	
西　　藏	1	1		1	1		36	36		10	10	
陕　　西	16	12		3	3		442	348		135	123	
甘　　肃	5	3		2	1		194	56		32	13	
青　　海	1	1					12	12		4	4	
宁　　夏	3	3		1	1		184	184		43	43	
新　　疆	1	1					6	6		2	2	
台　　湾												

全国各地区、各类图书出版数量(续表16)

	R 医药、卫生												
	种数(种)		租型种数(种)	总印数(万册、张)			总印张(千印张)			定价总金额(万元)			
	合计	新出		合计	新出	租型	合计	新出	租型	合计	新出	租型	
全国总计	**11543**	**7282**		**7359**	**4302**	**1**	**1240725**	**701549**	**1**	**230758**	**148123**	**1**	
中　央	**7627**	**4621**		**5094**	**2830**		**923795**	**497577**		**167760**	**103644**		
地　方	**3916**	**2661**		**2265**	**1472**	**1**	**316930**	**203972**	**1**	**62998**	**44479**	**1**	
北　京	144	104		107	78		14930	10810		3640	2568		
天　津	143	121		41	34		7326	6442		2277	2104		
河　北	119	102		89	83		13748	12731		2154	2006		
山　西	72	62		28	19		3920	3069		737	590		
内蒙古	66	32		47	34		7086	4153		1325	960		
辽　宁	109	84		52	39		4760	3859		1535	1251		
吉　林	125	110		67	54		10504	8246		1926	1651		
黑龙江	155	149		95	88		17757	16215		2932	2707		
上　海	753	419		356	216		52098	30795		11037	7135		
江　苏	324	169		248	131		40050	19677		6425	3457		
浙　江	96	50		58	40		5366	3306		1089	768		
安　徽	70	36		37	15		4833	2303		836	429		
福　建	56	38		32	19		4190	2981		1040	620		
江　西	97	72		49	36		7591	5825		1399	1093		
山　东	222	143		167	93		24229	11204		4408	2420		
河　南	180	110		84	49		12428	7259		2188	1476		
湖　北	148	100		48	35		6202	4501		1249	952		
湖　南	149	68		102	32		18814	5476		3089	1139		
广　东	200	147		238	115		20432	12046		4505	3271		
广　西	89	69		74	61		6310	4799		1839	1558		
海　南	28	27		13	12		1826	1771		369	355		
重　庆	47	31		48	40		7636	5476		1276	934		
四　川	133	99		69	52		9603	8270		2389	2124		
贵　州	44	43		17	16		1713	1663		545	531		
云　南	45	42		11	10		1477	1291		569	532		
西　藏	11	9		3	2		293	185		43	32		
陕　西	193	138		50	40		8347	6572		1514	1220		
甘　肃	39	35		7	6		871	748		233	210		
青　海	14	13		3	3		432	390		93	82		
宁　夏	9	8		2	1	1	150	140	1	37	36	1	
新　疆	36	31		23	19		2008	1769		300	268		
台　湾													

全国各地区、各类图书出版数量(续表17)

	S 农业科学											
	种数(种)		租型种数(种)	总印数(万册、张)			总印张(千印张)			定价总金额(万元)		
	合计	新出		合计	新出	租型	合计	新出	租型	合计	新出	租型
全国总计	**4086**	**2210**		**2439**	**1240**		**211907**	**102355**		**40282**	**24587**	
中　央	**2733**	**1230**		**1615**	**787**		**153191**	**69490**		**27666**	**15745**	
地　方	**1353**	**980**		**824**	**453**		**58716**	**32865**		**12616**	**8842**	
北　京	11	8		14	14		967	959		162	155	
天　津	10	10		5	5		365	365		138	138	
河　北	9	4		2			506	161		93	57	
山　西	33	31		12	11		705	672		154	146	
内蒙古	19	18		9	9		527	521		88	87	
辽　宁	34	31		12	9		800	664		324	307	
吉　林	21	17		12	11		1533	1247		400	374	
黑龙江	49	45		14	14		1414	1345		282	263	
上　海	86	67		36	31		3560	3086		1053	942	
江　苏	124	104		54	48		3363	2968		752	684	
浙　江	30	27		10	9		914	858		349	334	
安　徽	29	20		14	8		1667	1122		312	195	
福　建	33	21		19	12		1258	773		395	217	
江　西	19	17		22	17		1622	1092		318	222	
山　东	49	39		31	25		1621	1331		483	425	
河　南	102	81		101	28		7161	2762		1240	549	
湖　北	140	45		58	23		3765	1600		753	408	
湖　南	32	25		127	21		10625	917		1201	202	
广　东	43	18		27	11		1390	711		440	302	
广　西	66	51		53	24		2365	852		409	203	
海　南	56	24		25	9		1077	418		175	78	
重　庆	49	35		16	12		1502	1193		210	166	
四　川	64	32		41	23		2438	1219		564	351	
贵　州	60	59		25	25		1223	1195		303	296	
云　南	60	56		27	22		2580	2254		1139	1043	
西　藏	5	5		1	1		74	74		18	18	
陕　西	40	32		14	10		1169	954		276	245	
甘　肃	22	22		8	8		503	503		110	110	
青　海	5	4		1	1		247	223		163	157	
宁　夏	22	22		7	7		621	621		135	135	
新　疆	31	10		27	5		1154	205		177	33	
台　湾												

全国各地区、各类图书出版数量(续表18)

	T　工　业　技　术										
	种数(种)		租型种数(种)	总印数(万册、张)			总印张(千印张)			定价总金额(万元)		
	合计	新出		合计	新出	租型	合计	新出	租型	合计	新出	租型
全国总计	**34186**	**18966**		**20216**	**10632**		**3341573**	**1793355**		**597033**	**368955**	
中　央	**26170**	**13807**		**15261**	**7775**		**2671666**	**1407815**		**466856**	**278544**	
地　方	**8016**	**5159**		**4955**	**2857**		**669907**	**385540**		**130177**	**90411**	
北　京	176	122		215	183		23659	20062		4757	4115	
天　津	306	221		167	119		26011	17268		6492	5007	
河　北	52	27		277	18		25037	3359		2016	535	
山　西	46	34		15	10		1987	1191		556	422	
内蒙古	42	25		26	14		3798	1914		436	234	
辽　宁	624	428		378	247		38821	22105		12573	9453	
吉　林	94	58		77	37		10222	4587		1647	753	
黑龙江	346	265		116	90		15010	11723		3424	2760	
上　海	819	527		374	247		59005	38191		14151	10361	
江　苏	822	475		393	194		64626	31506		11623	7103	
浙　江	256	132		154	99		19763	10763		3837	2372	
安　徽	204	145		95	55		13670	6940		2396	1463	
福　建	118	87		60	46		5357	3989		1812	1454	
江　西	64	54		29	24		4610	3672		1029	858	
山　东	373	182		408	128		67353	22916		9188	4667	
河　南	217	150		73	53		10421	7827		2459	1960	
湖　北	884	644		375	283		63598	46355		15670	12909	
湖　南	270	177		370	140		30380	13445		5896	3727	
广　东	341	179		236	180		26360	17340		5362	3913	
广　西	41	26		38	17		3677	1629		779	472	
海　南	67	67		19	19		2899	2899		541	541	
重　庆	483	250		349	178		34428	17367		6247	3437	
四　川	511	423		331	291		55961	49254		7465	6517	
贵　州	20	20		8	8		1125	1125		336	336	
云　南	74	51		43	28		4992	3494		1553	1079	
西　藏	5	5		1	1		52	52		22	22	
陕　西	714	341		315	136		55567	23135		7545	3588	
甘　肃	27	25		7	7		773	742		162	158	
青　海	3	3					46	46		11	11	
宁　夏	6	6		2	2		190	190		52	52	
新　疆	11	10		4	3		509	454		140	132	
台　湾												

全国各地区、各类图书出版数量(续表19)

	U 交通运输											
	种数(种)		租型种数(种)	总印数(万册、张)			总印张(千印张)			定价总金额(万元)		
	合计	新出		合计	新出	租型	合计	新出	租型	合计	新出	租型
全国总计	**2470**	**1301**		**1814**	**902**		**239365**	**116803**		**49326**	**25332**	
中　央	**1920**	**928**		**1409**	**666**		**201267**	**90413**		**42003**	**20282**	
地　方	**550**	**373**		**405**	**236**		**38098**	**26390**		**7323**	**5050**	
北　京	7	7		6	6		756	756		178	178	
天　津	6	3		1	1		242	76		42	16	
河　北	2	2					68	68		15	15	
山　西	2	1					40	20		8	5	
内蒙古												
辽　宁	144	62		52	29		8406	4406		1565	836	
吉　林	8	5		4	3		302	231		72	58	
黑龙江	56	52		14	11		1492	1253		300	246	
上　海	54	37		95	13		4090	2741		1348	813	
江　苏	28	21		12	10		1673	1375		286	239	
浙　江	15	9		74	66		5705	5196		620	538	
安　徽	12	5		26	2		2016	255		282	49	
福　建	5	3		2	1		119	58		37	9	
江　西	2	2					41	41		10	10	
山　东	31	19		19	14		3410	2783		587	477	
河　南	14	12		12	4		1523	414		256	93	
湖　北	14	11		3	2		603	416		103	77	
湖　南	4	3		2	1		107	75		23	17	
广　东	14	10		4	3		671	477		148	118	
广　西	1	1					7	7		3	3	
海　南	1	1					6	6		2	2	
重　庆	25	18		10	8		966	692		166	127	
四　川	72	60		56	52		3734	3233		873	786	
贵　州												
云　南	5	3		3	1		243	105		90	51	
西　藏												
陕　西	22	20		9	8		1508	1336		221	199	
甘　肃	5	5					192	192		58	58	
青　海	1	1		1	1		178	178		30	30	
宁　夏												
新　疆												
台　湾												

全国各地区、各类图书出版数量(续表20)

	V 航空、航天											
	种数(种)		租型种数(种)	总印数(万册、张)			总印张(千印张)			定价总金额(万元)		
	合计	新出		合计	新出	租型	合计	新出	租型	合计	新出	租型
全国总计	**185**	**146**		**131**	**76**		**11514**	**8584**		**2843**	**2270**	
中　　央	**119**	**104**		**39**	**34**		**6338**	**5309**		**1744**	**1515**	
地　　方	**66**	**42**		**92**	**42**		**5176**	**3275**		**1099**	**755**	
北　　京	2	2		1	1		132	132		43	43	
天　　津												
河　　北												
山　　西	2	1					64	32		11	6	
内 蒙 古	1	1					7	7		1	1	
辽　　宁	2	2		1	1		165	165		19	19	
吉　　林	18	13		39	36		2201	1784		398	336	
黑 龙 江	2	1					74	56		18	15	
上　　海	8	8		2	2		386	386		139	139	
江　　苏												
浙　　江												
安　　徽												
福　　建												
江　　西												
山　　东	1	1					14	14		5	5	
河　　南												
湖　　北	2	2		1	1		106	106		28	28	
湖　　南	2	2					205	205		91	91	
广　　东	1	1					37	37		6	6	
广　　西	2	1		41			940	13		196	2	
海　　南												
重　　庆												
四　　川	12			4			313			53		
贵　　州												
云　　南												
西　　藏												
陕　　西	9	6		2	1		466	332		79	62	
甘　　肃	2	1		1			66	6		12	2	
青　　海												
宁　　夏												
新　　疆												
台　　湾												

全国各地区、各类图书出版数量(续表21)

	X 环境科学										
	种数(种)		租型种数(种)	总印数(万册、张)			总印张(千印张)			定价总金额(万元)		
	合计	新出		合计	新出	租型	合计	新出	租型	合计	新出	租型
全国总计	**976**	**743**		**1803**	**716**		**108651**	**62525**		**22403**	**14760**	
中　　央	**743**	**558**		**417**	**319**		**59344**	**41988**		**12793**	**10086**	
地　　方	**233**	**185**		**1386**	**397**		**49307**	**20537**		**9610**	**4674**	
北　　京	7	5		53	52		1495	1393		345	330	
天　　津	6	4		2	2		605	497		112	97	
河　　北												
山　　西	6	5					70	39		14	9	
内 蒙 古												
辽　　宁	12	10		9	8		660	535		226	211	
吉　　林	9	9		7	7		763	763		78	78	
黑 龙 江	14	10		1			380	228		79	59	
上　　海	8	7		2	2		423	351		71	61	
江　　苏	19	14		5	4		878	696		195	170	
浙　　江	22	11		69	4		1357	453		264	115	
安　　徽	8	7		2	1		242	221		43	40	
福　　建	1	1					23	23		5	5	
江　　西	4	4					97	97		34	34	
山　　东	8	7		2	2		294	277		61	59	
河　　南	7	7		3	3		331	331		68	68	
湖　　北	17	15		260	260		9026	8931		2115	2103	
湖　　南	11	8		926	15		27012	660		4786	211	
广　　东	18	13		8	6		834	699		184	153	
广　　西	8	6		5	1		702	327		96	55	
海　　南	3	2		1			83	52		18	8	
重　　庆	1	1		1	1		23	23		13	13	
四　　川	12	10		7	6		392	343		79	72	
贵　　州	9	9		4	4		178	178		42	42	
云　　南	9	6		11	11		2656	2637		537	536	
西　　藏	2	2		1	1		33	33		6	6	
陕　　西	6	6		6	6		498	498		61	61	
甘　　肃	5	5		1	1		230	230		62	62	
青　　海												
宁　　夏												
新　　疆	1	1					22	22		16	16	
台　　湾												

全国各地区、各类图书出版数量(续表22)

	Z 综合性图书											
	种数(种)		租型种数(种)	总印数(万册、张)			总印张(千印张)			定价总金额(万元)		
	合计	新出		合计	新出	租型	合计	新出	租型	合计	新出	租型
全国总计	**1702**	**1308**		**1704**	**1302**		**198403**	**145762**		**50457**	**40900**	
中　　央	**847**	**607**		**866**	**598**		**105434**	**70275**		**28474**	**21680**	
地　　方	**855**	**701**		**838**	**704**		**92969**	**75487**		**21983**	**19220**	
北　　京	40	16		46	19		6498	3430		1031	532	
天　　津	15	10		9	4		1067	752		238	188	
河　　北	9	8		2	2		528	393		158	137	
山　　西	10	9		3	3		1037	1001		178	173	
内 蒙 古	48	47		57	57		11167	11086		2457	2447	
辽　　宁	21	21		12	12		2067	1868		448	422	
吉　　林	24	24		28	28		3568	3568		755	755	
黑 龙 江	68	68		64	64		13325	13325		2231	2231	
上　　海	157	128		294	271		14544	10280		5320	4651	
江　　苏	31	27		11	7		1713	1204		469	384	
浙　　江	21	15		37	28		9703	6393		1455	1080	
安　　徽	5	5		2	2		190	190		73	73	
福　　建	18	18		6	6		509	509		289	289	
江　　西	7			16			466			70		
山　　东	28	22		19	8		2413	1790		659	421	
河　　南	7	6		2	1		765	436		211	166	
湖　　北	17	15		16	15		1996	1647		395	348	
湖　　南	15	13		34	30		4399	3862		579	535	
广　　东	11	10		28	25		4396	3882		1139	1085	
广　　西	42	27		14	10		1827	1466		593	495	
海　　南	3	3					90	90		63	63	
重　　庆	1			2			145			50		
四　　川	19	12		22	11		1714	1292		454	359	
贵　　州	11	11		2	2		398	398		116	116	
云　　南	45	43		12	11		1786	1684		783	749	
西　　藏	3	3		1	1		220	220		256	256	
陕　　西	19	14		11	10		1373	1269		439	404	
甘　　肃	7	6		1	1		241	166		85	75	
青　　海	6	6		2	2		425	425		81	81	
宁　　夏	1	1		1	1		56	56		10	10	
新　　疆	146	113		84	73		4343	2805		898	695	
台　　湾												

全国各地区、各类图书出版数量(续表23)

	(二)不使用《中国标准书号》部分——图片合计											
	种数(种)		租型种数(种)	总印数(万册、张)			总印张(千印张)			定价总金额(万元)		
	合计	新出		合计	新出	租型	合计	新出	租型	合计	新出	租型
全国总计	**1374**	**954**		**2800**	**1516**		**64019**	**38072**		**23920**	**16545**	
中　　央	**250**	**161**		**863**	**271**		**14052**	**5310**		**6976**	**3868**	
地　　方	**1124**	**793**		**1937**	**1245**		**49967**	**32762**		**16944**	**12677**	
北　　京												
天　　津	1			8			751			144		
河　　北												
山　　西												
内 蒙 古												
辽　　宁	8	6		5	4		49	39		34	28	
吉　　林												
黑 龙 江	40	40		118	118		1400	1395		1284	1282	
上　　海	81	77		76	76		2839	2784		2874	2847	
江　　苏	142	79		324	107		9970	5093		3421	1676	
浙　　江	576	359		726	496		25637	16221		4471	3153	
安　　徽	8	5		12	6		172	77		109	53	
福　　建	14	14		14	14		963	963		615	615	
江　　西	3			5			23			21		
山　　东												
河　　南												
湖　　北	20	20		88	88		1840	1840		615	615	
湖　　南	128	109		344	238		3224	2286		1664	1209	
广　　东	3	1		2	2		23	20		12	10	
广　　西	14	13		14	13		474	469		126	116	
海　　南												
重　　庆	13	12		2	2		71	69		43	41	
四　　川												
贵　　州												
云　　南	3	3		2	2		24	24		5	5	
西　　藏	1	1					3	3		9	9	
陕　　西	69	54		197	79		2504	1479		1497	1018	
甘　　肃												
青　　海												
宁　　夏												
新　　疆												
台　　湾												

全国各地区、各类图书出版数量(续表24)

	附录(不使用《中国标准书号》部分)合计						国标(GB)、部标(BB)等标准类文件印品					
	总印张(千印张)			定价总金额(万元)			总印张(千印张)			定价总金额(万元)		
	合计	新出	租型	合计	新出	租型	合计	新出	租型	合计	新出	租型
全国总计	**116784**	**64658**		**42328**	**28388**		**69475**	**30900**		**27545**	**16415**	
中　央	**85328**	**55352**		**36510**	**25950**		**50551**	**27243**		**24621**	**15693**	
地　方	**31456**	**9306**		**5818**	**2438**		**18924**	**3657**		**2924**	**722**	
北　京												
天　津	2414	1638		562	396		2414	1638		562	396	
河　北												
山　西												
内蒙古												
辽　宁	16			3			16			3		
吉　林	83	83		8	8		83	83		8	8	
黑龙江												
上　海	267	218		432	305							
江　苏	15727	1321		2248	239		15059	1315		2091	218	
浙　江	3740	2399		1377	974		125	125		14	14	
安　徽												
福　建	43	43		37	37							
江　西	755	74		178	24		755	74		178	24	
山　东												
河　南												
湖　北	81	81		10	10							
湖　南	2520	2470		220	214		162	112		24	18	
广　东	24			7								
广　西	310	310		44	44		310	310		44	44	
海　南	5140	378		534	41							
重　庆												
四　川												
贵　州												
云　南	148	148		37	37							
西　藏	2	2		2	2							
陕　西	25	5		5	2							
甘　肃												
青　海												
宁　夏												
新　疆	161	136		114	105							
台　湾												

全国各地区、各类图书出版数量(续表25)

	影印书						活页文选、活页歌篇、小件印品等					
	总印张(千印张)			定价总金额(万元)			总印张(千印张)			定价总金额(万元)		
	合 计	新 出	租 型	合 计	新 出	租 型	合 计	新 出	租 型	合 计	新 出	租 型
全国总计							**47309**	**33758**		**14783**	**11973**	
中　　央							**34777**	**28109**		**11889**	**10257**	
地　　方							**12532**	**5649**		**2894**	**1716**	
北　　京												
天　　津												
河　　北												
山　　西												
内 蒙 古												
辽　　宁												
吉　　林												
黑 龙 江												
上　　海							267	218		432	305	
江　　苏							668	6		157	21	
浙　　江							3615	2274		1363	960	
安　　徽												
福　　建							43	43		37	37	
江　　西												
山　　东												
河　　南												
湖　　北							81	81		10	10	
湖　　南							2358	2358		196	196	
广　　东							24			7		
广　　西												
海　　南							5140	378		534	41	
重　　庆												
四　　川												
贵　　州												
云　　南							148	148		37	37	
西　　藏							2	2		2	2	
陕　　西							25	5		5	2	
甘　　肃												
青　　海												
宁　　夏												
新　　疆							161	136		114	105	
台　　湾												

全国各出版社图书出版数量

中　央　出　版　社

	图书总计											
	种数(种)		租型种数(种)	总印数(万册、张)			总印张(千印张)			定价总金额(万元)		
	合计	新出		合计	新出	租型	合计	新出	租型	合计	新出	租型
中央出版社合计:	**120496**	**67092**		**180547**	**57403**		**18846519**	**8012712**		**3032322**	**1587833**	
人民出版社	862	768		906	857		114106	103687		20953	19245	
人民文学出版社	879	394		1407	621		189395	77505		33870	18565	
商务印书馆	880	411		1356	232		336594	33992		44182	6397	
东方出版中心	228	158		680	182		51049	17299		8537	4202	
中华书局	698	406		949	311		131783	49014		23917	10124	
人民美术出版社	604	377		837	286		40426	20060		18093	13837	
人民音乐出版社	552	175		637	77		49213	7404		8593	2195	
中国大百科全书出版社	614	325		918	512		103900	60528		16682	9256	
中国对外翻译出版公司	266	137		245	153		28962	17948		4736	3138	
印刷工业出版社	134	94		26	22		3402	2878		842	732	
现代出版社	171	129		147	112		15738	13745		3501	2924	
中国盲文出版社	181	89		20	17		2586	2375		726	459	
生活 · 读书 · 新知三联书店	371	193		334	187		49953	29364		10878	6668	
中国书籍出版社	154	134		134	126		19689	18703		3706	3544	
商务印书馆国际有限公司	85	20		65	20		20069	8371		2554	1088	
中国戏剧出版社	92	86		144	142		21870	21754		4368	4334	
中国社会科学出版社	784	677		309	275		56776	47390		11028	9405	
中国财政经济出版社	1203	752		1687	839		262714	136259		43053	23559	
企业管理出版社	298	298		149	149		29483	29483		6453	6453	
民族出版社	711	601		220	176		28946	22798		6103	5185	
中国青年出版社	567	405		518	332		72531	50253		16025	11517	
中国少年儿童出版社	1394	361		2778	937		211989	79813		29030	11855	
中国工人出版社	245	166		771	305		51541	25236		7497	4292	
人民体育出版社	335	132		186	69		22632	7061		3753	1361	
中国协和医科大学出版社	130	123		85	83		21023	20525		4085	3999	
文物出版社	326	289		154	98		14826	11866		11961	11219	
中国电影出版社	163	136		93	75		12778	11038		2405	2113	
人民日报出版社	147	147		235	235		38350	38350		7017	7017	
新华出版社	542	431		663	445		77212	49079		15109	11254	
世界知识出版社	259	218		185	147		27242	21553		5037	4234	
北京图书馆出版社	208	173		66	51		11947	10196		5064	4369	

全国各出版社图书出版数量（续表1）

中 央 出 版 社

	图书总计										
	种数(种)		租型种数(种)	总印数(万册、张)			总印张(千印张)			定价总金额(万元)		
	合计	新出		合计	新出	租型	合计	新出	租型	合计	新出	租型
群众出版社	330	294		218	186		32229	26904		5753	4961	
北京大学出版社	3218	1386		2705	883		402984	139301		69387	28968	
中国人民大学出版社	1950	1153		1996	1150		466694	276736		62971	40278	
外语教学与研究出版社	2379	922		11102	2202		952683	175994		135699	37467	
人民教育出版社	3183	482		14340	1024		1295240	98084		134113	10742	
中国农业出版社	1829	1018		1323	646		134891	67237		23543	12923	
中国轻工业出版社	854	438		435	281		55004	34327		13278	8606	
中国纺织出版社	855	577		669	536		92861	70970		19195	15259	
煤炭工业出版社	401	213		262	107		37496	16013		7788	3733	
石油工业出版社	666	490		380	284		64642	48545		12149	9548	
中国水利水电出版社	1179	783		508	365		84597	59933		18721	14441	
原子能出版社	252	225		81	78		9777	9358		2458	2347	
科学出版社	5599	2431		5652	1461		631384	217067		102810	43386	
科学普及出版社	870	537		1332	268		89013	29344		13906	6395	
科学技术文献出版社	467	330		285	235		40345	33765		6171	5186	
机械工业出版社	5296	2287		2688	1271		422399	209793		80415	42366	
冶金工业出版社	432	274		125	80		23352	14516		5461	3700	
化学工业出版社	3094	1856		1423	945		219538	141333		44347	31004	
中国建筑工业出版社	1862	925		1207	697		240939	139382		55679	37115	
中国铁道出版社	1318	814		915	663		140984	99271		24602	17869	
人民交通出版社	1162	598		869	365		139278	58819		32084	14794	
中国标准出版社	508	402		114	94		29068	23581		13677	11089	
中国计量出版社	255	207		107	90		16651	14452		4970	4407	
人民邮电出版社	2823	1517		1635	1127		283776	187545		55043	39646	
海洋出版社	262	217		103	91		13327	11716		3606	3251	
地质出版社	788	375		3226	576		135707	29215		20802	5824	
地震出版社	279	242		208	184		34731	30131		7149	6049	
气象出版社	305	197		361	252		21325	10874		4034	2553	
北京交通大学出版社	607	252		278	113		52225	20609		8068	3237	
中国地图出版社	1012	240		11041	413		324934	19631		47165	3478	
人民卫生出版社	2350	1356		2297	924		486525	198640		78556	38102	
国防工业出版社	816	574		1824	304		85997	43818		17137	9295	
中国旅游出版社	389	285		302	220		35745	24712		11375	8397	
中国商务出版社	236	172		95	66		16051	11621		3264	2525	
新世界出版社	611	300		1792	487		144687	53126		19517	8774	

全国各出版社图书出版数量（续表2）

中　央　出　版　社

	图书总计											
	种数(种)		租型种数(种)	总印数(万册、张)			总印张(千印张)			定价总金额(万元)		
	合计	新出		合计	新出	租型	合计	新出	租型	合计	新出	租型
外文出版社	686	462		603	363		73950	45597		15909	10833	
解放军出版社	175	134		123	99		20917	17265		4037	3190	
解放军文艺出版社	191	99		123	60		19651	10034		3740	1934	
语文出版社	565	135		2390	200		162415	13371		16762	1696	
中国文史出版社	181	171		99	90		18099	16881		5098	4916	
中共中央党校出版社	209	171		135	108		16705	13641		3815	3264	
法律出版社	1345	1076		1224	961		162727	125314		28780	22957	
中国统计出版社	241	223		65	52		18222	16215		9875	9587	
中国摄影出版社	122	92		42	27		5035	3638		6829	6180	
中国林业出版社	543	427		227	181		35485	26411		8561	7216	
时事出版社	148	82		53	40		11418	8841		2099	1688	
文化艺术出版社	251	244		136	128		24876	23587		6418	6192	
教育科学出版社	903	269		15225	997		757036	40553		85053	6791	
清华大学出版社	4595	2240		2808	1405		537809	285631		85071	47494	
中国广播电视出版社	120	94		81	69		12273	10459		2135	1832	
中国商业出版社	407	226		448	283		68548	46625		11847	9175	
中国劳动社会保障出版社	2019	856		3239	1179		329229	120746		48302	19017	
中国环境科学出版社	307	216		394	257		35640	21814		7193	4921	
知识产权出版社	367	281		154	116		23059	18629		4826	4119	
北京师范大学出版社	1875	521		18474	494		1E+06	51734		113841	7412	
中国宇航出版社	211	123		169	111		19609	13546		4440	3213	
中国工商出版社	89	72		69	54		10074	7649		2054	1609	
作家出版社	346	217		759	489		91826	65722		16444	12031	
中医古籍出版社	70	68		50	49		8702	8618		1647	1635	
中国物资出版社	255	190		151	125		27301	22646		4720	3995	
光明日报出版社	107	99		538	524		53693	51738		7886	7574	
长征出版社	49	49		21	21		3491	3491		792	792	
中国妇女出版社	188	140		373	339		35645	30517		5276	4340	
中国金融出版社	451	329		428	290		76316	61293		14540	11838	
长城出版社	47	47		25	25		5068	5068		4498	4498	
红旗出版社	133	121		130	117		14192	13205		3297	3120	
中国海关出版社	71	71		133	133		33862	33862		8535	8535	
中国档案出版社	109	107		156	142		9859	9087		2263	2181	
电子工业出版社	3390	1896		2642	1561		447545	278203		72715	49595	
朝华出版社	228	149		245	181		29863	23680		5102	4145	

全国各出版社图书出版数量（续表3）

中 央 出 版 社

	图书总计											
	种数(种)		租型种数(种)	总印数(万册、张)			总印张(千印张)			定价总金额(万元)		
	合计	新出		合计	新出	租型	合计	新出	租型	合计	新出	租型
中央广播电视大学出版社	764	215		1369	238		226213	34407		33633	5741	
中国友谊出版公司	109	104		110	106		18536	17820		3200	3094	
人民军医出版社	1035	781		466	397		72278	61307		18493	16080	
军事科学出版社	112	93		69	64		11346	10647		2031	1914	
金盾出版社	2229	439		1387	518		114308	44149		16908	7493	
经济科学出版社	919	749		606	498		126725	109418		20335	17077	
中国文联出版社	258	254		57	57		7914	7810		2831	2814	
高等教育出版社	6984	2052		11413	3822		1829051	614814		230707	74306	
紫禁城出版社	57	55		19	18		3264	3129		2433	2388	
中共党史出版社	265	241		136	117		27447	23040		5074	4443	
对外经济贸易大学出版社	369	236		203	114		34839	20059		6237	3833	
经济管理出版社	346	319		145	131		24309	21860		5118	4694	
军事谊文出版社	56	56		28	28		4150	4150		1254	1254	
国际文化出版公司	100	86		40	32		6152	4560		1224	980	
中国画报出版社	158	130		154	145		13398	12653		3457	3217	
中国经济出版社	347	319		162	137		25198	21699		5251	4563	
中国石化出版社	413	264		142	92		24484	15946		5422	3735	
中央民族大学出版社	205	164		77	51		11727	7360		2162	1466	
北京语言大学出版社	539	227		279	98		35350	11420		9425	3502	
中国政法大学出版社	442	189		271	127		59281	27809		7288	3732	
中国人民公安大学出版社	586	362		251	168		40557	27651		7861	5679	
社会科学文献出版社	576	556		230	218		46755	45175		10678	10352	
中国农业科学技术出版社	287	216		94	68		9372	7826		2680	2392	
北京航空航天大学出版社	346	254		182	143		36537	28572		5627	4501	
北京理工大学出版社	730	423		702	250		67855	32464		10583	5845	
中国国际广播出版社	120	94		81	69		12273	10459		2135	1832	
中国农业大学出版社	436	256		150	87		22297	11978		3369	2100	
航空工业出版社	184	184		120	120		16584	16584		3006	3006	
中国传媒大学出版社	320	232		124	73		19878	11575		4476	2970	
北京体育大学出版社	473	239		206	119		23314	13574		4774	3087	
经济日报出版社	231	209		113	101		18780	17382		3991	3731	
兵器工业出版社	266	232		96	85		20905	19114		4331	3946	
华艺出版社	38	38		12	12		1848	1848		524	524	
中国和平出版社	541	109		1635	329		95130	16527		11755	1955	
华夏出版社	453	290		480	247		81308	45506		12147	6596	

全国各出版社图书出版数量（续表4）

中 央 出 版 社

	图书总计											
	种数(种)		租型种数(种)	总印数(万册、张)			总印张(千印张)			定价总金额(万元)		
	合计	新出		合计	新出	租型	合计	新出	租型	合计	新出	租型
中国医药科技出版社	295	156		136	53		26232	10353		4688	2214	
国防大学出版社	84	84		30	30		7197	7197		1097	1097	
人民法院出版社	222	205		197	191		48373	47057		9156	8878	
中国藏学出版社	71	65		24	23		3538	3081		652	588	
研究出版社	50	50		15	15		2261	2261		521	521	
中国长安出版社	157	157		102	102		20395	20395		3588	3588	
中国计划出版社	363	315		249	195		43111	31111		12814	9057	
中央文献出版社	182	179		80	79		17344	17160		4673	4631	
海潮出版社	194	180		117	112		21621	20610		3574	3421	
学苑出版社	268	140		92	40		13654	5484		3009	1702	
北京邮电大学出版社	279	167		130	94		22146	15507		3441	2405	
人民武警出版社	45	44		30	29		4557	4500		772	762	
团结出版社	194	142		135	101		27993	21630		5824	4578	
华文出版社	155	101		432	182		52121	18044		9315	3458	
中央音乐学院出版社	55	39		20	15		3226	2480		869	706	
中国市场出版社	165	154		83	80		12187	11832		2778	2698	
中国民族摄影艺术出版社	68	68		28	28		2869	2869		2661	2661	
中国华侨出版社	238	233		125	124		23371	23142		3808	3774	
中信出版社	414	261		640	484		91329	63896		20407	15207	
中华地图学社	41	28		95	63		3434	2154		1008	742	
中国人事出版社	143	123		213	205		24600	23307		5651	5425	
开明出版社	140	57		176	39		20625	2944		2846	418	
中国人口出版社	285	227		242	207		20558	16987		4616	3857	
中国民主法制出版社	107	94		341	333		40929	39486		7106	6800	
中国时代经济出版社	332	290		224	194		34239	29279		5766	4987	
蓝天出版社	256	180		340	308		41411	36034		8545	7530	
世界图书出版公司	774	442		772	368		85842	46592		6406	5237	
群言出版社	330	294		218	186		32229	26904		5753	4961	
北京大学医学出版社	389	239		200	114		39761	24067		10378	7750	
华龄出版社	73	67		55	48		7049	6652		1963	1842	
金城出版社	145	121		95	80		15435	13594		2705	2399	
中国法制出版社	636	636		802	802		79864	79864		14593	14593	
新星出版社	171	166		157	156		22262	22112		4794	4753	
中国检察出版社	195	167		108	94		17384	14515		3027	2555	
中国发展出版社	180	129		106	84		18010	13790		3498	2821	

全国各出版社图书出版数量（续表5）

中 央 出 版 社

	图书总计										
	种数(种)		租型种数(种)	总印数(万册、张)			总印张(千印张)			定价总金额(万元)		
	合计	新出		合计	新出	租型	合计	新出	租型	合计	新出	租型
中国中医药出版社	487	258		251	127		48566	19922		7259	3210	
中国社会出版社	734	393		916	506		92406	56835		16504	10565	
中国建材工业出版社	272	173		133	95		20668	14037		4558	3229	
当代中国出版社	164	124		161	125		27364	21278		4929	3943	
大众文艺出版社	169	147		246	208		22780	19432		6330	5870	
现代教育出版社	217	187		315	292		25929	24010		3277	3025	
中国致公出版社	107	107		60	60		11556	11556		1935	1935	
中国大地出版社	132	122		50	42		6552	5968		2175	2105	
党建读物出版社	75	55		390	374		43702	41392		6953	6557	
中国城市出版社	153	123		161	135		26433	22234		5316	4705	
中华工商联合出版社	160	150		93	88		11138	10560		2061	1929	
中国三峡出版社	96	95		49	49		6498	6448		1225	1217	
线装书局	99	99		110	110		26264	26264		13646	13646	
星球地图出版社	440	65		4851	125		136303	3289		25967	2225	
中国方正出版社	167	119		474	440		34557	30915		5645	5069	
民主与建设出版社	75	59		51	40		7368	5925		1512	1267	
五洲传播出版社	174	174		57	57		4961	4961		4153	4153	
中国民航出版社	49	49		15	15		2702	2702		618	618	
九洲出版社	210	181		83	76		15111	14098		5428	5256	
当代世界出版社	227	178		297	243		43289	34818		8711	7171	
中央编译出版社	271	220		131	110		24844	20869		4764	4144	
西苑出版社	123	84		185	138		28146	22478		4508	3664	
学习出版社	65	65		149	149		18342	18342		5216	5216	
中国税务出版社	166	146		224	182		37620	29688		6603	5304	
方志出版社	262	262		55	55		23233	23233		9470	9470	
中国电力出版社	2039	1240		1131	764		164362	102289		36123	24333	
军事医学科学出版社	156	147		91	88		15443	15032		3091	3016	
中国言实出版社	83	83		29	29		6798	6798		1273	1273	
宗教文化出版社	149	124		55	48		8793	7783		1801	1607	
国家行政学院出版社	118	85		49	34		8448	5529		1549	1069	
台海出版社	40	40		28	28		3765	3765		782	782	
海豚出版社	138	104		292	274		9831	8508		1904	1624	
华语教学出版社	175	96		213	149		37438	27371		5263	3408	

全国各出版社图书出版数量(续表6)

地 方 出 版 社

	图书总计											
	种数(种)		租型种数(种)	总印数(万册、张)			总印张(千印张)			定价总金额(万元)		
	合计	新出		合计	新出	租型	合计	新出	租型	合计	新出	租型
地方出版社合计:	**127787**	**69134**	**10188**	**448784**	**96812**	**151496**	**29804170**	**7863991**	**9797836**	**3734844**	**1376487**	**901381**
北京出版社	841	375		1466	884		118734	71765		20487	14068	
北京教育出版社	1576	513		2023	682		211656	83083		30248	11750	
北京科学技术出版社	246	186		196	154		22763	17743		7512	5927	
北京少年儿童出版社	379	309		711	641		57337	52105		11744	10759	
北京古籍出版社	1	1					30	30		6	6	
北京美术摄影出版社	18	17		13	12		1152	1140		775	763	
北京燕山出版社	79	73		58	56		9152	8787		2628	2502	
同心出版社	287	196		400	301		55763	41967		9057	6900	
北京工艺美术出版社	57	57		21	21		1956	1956		1470	1470	
北京十月文艺出版社	55	45		199	188		30915	29409		4839	4640	
旅游教育出版社	288	165		193	112		26079	15010		4499	2799	
京华出版社	68	57		42	37		7306	6400		1169	1019	
中国书店	194	113		101	59		15710	10652		4426	3445	
文津出版社	13	13		2	2		225	225		50	50	
北京工业大学出版社	208	146		134	110		25001	20723		3950	3334	
首都经济贸易大学出版社	226	78		116	33		27476	7623		3499	1066	
首都师范大学出版社	380	158		552	165		71834	22590		9768	3349	
天津人民出版社	360	271	4	499	318	83	52332	42486	1920	7520	5831	355
天津教育出版社	519	186	44	1404	131	255	111413	13064	14856	11099	2013	1529
天津科学技术出版社	265	155		217	68		27375	7309		3158	1287	
新蕾出版社	239	117		224	74		15568	6413		2641	1399	
百花文艺出版社	293	242		168	148		22533	19897		4224	3771	
天津人民美术出版社	225	120	21	465	285	101	14082	7831	2406	6450	5066	398
天津古籍出版社	106	97		29	26		6901	6641		2843	2803	
天津科技翻译出版公司	116	76		45	29		5441	4028		1566	1266	
天津社会科学院出版社	55	55		20	20		3392	3392		661	661	
天津杨柳青画社	184	131		78	59		3552	2684		2590	2095	
南开大学出版社	399	229		203	125		31338	19523		5304	3507	
天津大学出版社	344	198		150	77		23474	11547		5695	3722	
河北人民出版社	522	210	4	3013	208	130	181925	20182	3895	18515	2993	657
河北教育出版社	474	154		2592	266		171780	20442		15452	2133	
河北科学技术出版社	220	185	15	519	244	257	43734	20292	21280	5240	3084	1868
河北少年儿童出版社	236	107	11	1853	407	97	70539	11548	7306	7938	1342	746
花山文艺出版社	234	219	4	310	228	32	30091	25401	789	3981	3527	116
河北美术出版社	255	184	1	1077	127	8	37832	6154	548	6969	2387	57

全国各出版社图书出版数量（续表7）

地　方　出　版　社

	图书总计											
	种数(种)		租型种数(种)	总印数(万册、张)			总印张(千印张)			定价总金额(万元)		
	合计	新出		合计	新出	租型	合计	新出	租型	合计	新出	租型
河北大学出版社	101	56		475	15		41210	1900		2940	373	
山西人民出版社	357	260	348	6760	880	5040	461592	91060	316521	46622	13411	27922
山西教育出版社	524	120	66	2282	133	515	217771	16360	23447	23776	2580	2434
山西科学技术出版社	220	167		181	69		12583	7494		2150	1509	
希望出版社	604	379		2361	1063		118015	61539		14234	7349	
北岳文艺出版社	95	80		43	37		6938	6397		1347	1273	
山西古籍出版社	57	57		19	19		3416	3416		1086	1086	
山西经济出版社	84	71		96	51		7262	4970		1258	901	
书海出版社	23	20		25	22		1959	1729		458	420	
内蒙古人民出版社	509	409		2300	1768		196004	148527		33316	26803	
内蒙古教育出版社	1133	268	429	5169	319	3478	338015	20993	236313	28735	2206	20220
内蒙古科学技术出版社	121	66		42	20		6945	3005		1012	509	
内蒙古少年儿童出版社	152	152		98	98		8725	8725		1404	1404	
内蒙古文化出版社	56	56		38	38		7101	7101		896	896	
远方出版社	128	96		24	19		2912	2346		565	475	
内蒙古大学出版社	162	146		128	101		16117	12876		1880	1535	
辽宁人民出版社	166	141	4	307	168	102	23593	16007	2956	3799	2692	501
辽宁教育出版社	518	119		789	105		44557	6920		6587	1126	
辽宁科学技术出版社	477	391		316	270		25372	21725		10100	8792	
辽宁少年儿童出版社	292	232		499	366		21098	15114		4391	3280	
春风文艺出版社	114	103		265	244		18628	16476		3803	3388	
辽宁美术出版社	22	1		6			376	11		153	13	
辽宁民族出版社	331	204		245	77		13804	5144		2351	1189	
万卷出版公司	191	139		193	100		15588	9444		3079	2048	
辽海出版社	318	19		693	29		24713	2969		2910	396	
沈阳出版社	305	172		289	80		22973	6431		3468	1141	
大连出版社	243	122		218	111		31202	14898		4815	2625	
东北财经大学出版社	543	279		437	168		71055	27921		10678	4504	
东北大学出版社	202	137		58	35		8211	4939		1372	887	
辽宁大学出版社	364	232		289	166		33625	16845		5572	3098	
辽宁师范大学出版社	276	181		1297	781		60674	39648		8820	6144	
大连海事大学出版社	225	103		63	27		9929	4067		1850	821	
大连理工大学出版社	853	376		674	176		82075	23007		15120	6178	
白山出版社	93	92		48	47		5851	5753		1336	1324	
吉林人民出版社	255	206		123	79		14841	10922		2957	2390	

全国各出版社图书出版数量（续表8）

地 方 出 版 社

	图书总计											
	种数(种)		租型种数(种)	总印数(万册、张)			总印张(千印张)			定价总金额(万元)		
	合计	新出		合计	新出	租型	合计	新出	租型	合计	新出	租型
吉林教育出版社	551	58		1038	147		69278	9854		8969	1110	
吉林科学技术出版社	173	122		101	51		14833	7165		2461	1349	
延边教育出版社	1134	229		1901	291		162750	21918		21453	2812	
北方妇女儿童出版社	164	127		450	294		43111	29746		5263	3824	
吉林文史出版社	130	46		94	38		8817	4010		1640	937	
吉林美术出版社	354	284		664	444		35231	26673		7717	6819	
吉林摄影出版社	106	80		337	269		46582	37915		3927	3228	
时代文艺出版社	79	68		90	79		10564	8801		1505	1241	
长春出版社	155	155		198	198		20402	20402		3076	3076	
延边人民出版社	500	219		458	141		53319	18863		13627	4862	
东北师范大学出版社	613	318		860	507		93515	49020		11596	6686	
吉林大学出版社	147	143		23	22		2052	1950		398	381	
延边大学出版社	167	74		99	59		13996	8907		2815	1755	
吉林出版集团有限责任公司	329	286	834	6137	159	5942	402791	17242	380713	37424	3503	33110
黑龙江人民出版社	327	315		103	93		13876	13199		3160	3079	
黑龙江教育出版社	440	206		100	30		6834	3569		982	648	
黑龙江科学技术出版社	328	297		204	191		30624	29959		6557	6225	
黑龙江少年儿童出版社	271	66		529	148		23667	6245		3195	1072	
北方文艺出版社	128	127		131	130		20742	20635		3412	3398	
黑龙江朝鲜民族出版社	104	100		23	21		3564	3242		597	546	
黑龙江美术出版社	221	192		226	62		8826	4398		3370	2497	
哈尔滨出版社	264	222		486	429		59858	52654		9579	8505	
哈尔滨地图出版社	350	294		374	188		17140	8323		5842	3498	
东北林业大学出版社	159	145		22	19		2706	2281		566	501	
哈尔滨工程大学出版社	223	223		55	55		6373	6373		1110	1110	
哈尔滨工业大学出版社	276	141		88	46		14035	6966		2198	1232	
黑龙江大学出版社	8	8		5	5		649	649		82	82	
上海人民出版社	1008	845	4	948	635	129	124102	95017	3950	23522	18597	648
上海教育出版社	1997	576	15	4659	887	12	264165	52258	1319	31360	8201	145
上海科学技术出版社	794	432		1831	510		179784	44466		23595	9493	
上海科技教育出版社	713	209		2167	322		141450	28728		15784	4134	
上海科学普及出版社	368	251		271	145		27016	20041		5080	3706	
少年儿童出版社	536	336		860	563		29495	15085		9733	6954	
上海文艺出版社	114	99		276	234		45220	39123		7018	6090	
上海辞书出版社	355	244		313	161		54992	24774		9389	5522	
上海人民美术出版社	526	400		371	313		29601	24724		11523	9471	
上海古籍出版社	481	280		194	109		29795	16422		7899	5642	

全国各出版社图书出版数量（续表9）

地 方 出 版 社

	图书总计											
	种数(种)		租型种数(种)	总印数(万册、张)			总印张(千印张)			定价总金额(万元)		
	合计	新出		合计	新出	租型	合计	新出	租型	合计	新出	租型
上海译文出版社	459	260		476	247		61638	34272		10191	5953	
上海音乐学院出版社	122	86		42	28		4799	3416		1256	925	
中国福利会出版社	76	56		101	82		5270	4121		7398	5917	
上海书画出版社	352	150		603	67		20096	3999		5773	3010	
上海书店	189	163		112	97		12564	11589		3029	2766	
上海科学技术文献出版社	409	324		264	217		29746	25385		6629	5909	
上海锦绣文章出版社	65	48		34	26		2832	2390		1080	942	
立信会计出版社	496	192		264	121		45137	22752		7139	3628	
上海远东出版社	291	203		331	198		31382	19785		5940	4317	
上海三联书店	253	225		199	120		30346	18784		6673	4374	
文汇出版社	183	146		188	153		22658	18434		4288	3552	
学林出版社	276	197		137	99		17909	13573		3542	2759	
上海社会科学院出版社	188	151		75	58		10488	8233		2389	2022	
复旦大学出版社	1051	486		1080	300		176000	49998		28312	8968	
华东理工大学出版社	339	195		239	164		37303	23860		5747	3745	
华东师范大学出版社	1228	516		1957	784		206867	78812		29475	11698	
上海交通大学出版社	759	393		674	405		71981	38929		11631	6787	
上海外语教育出版社	1038	270		2609	230		372338	31767		45231	5612	
第二军医大学出版社	118	2		38			6348	48		1522	19	
上海中医药大学出版社	74	61		27	23		4508	4105		915	802	
同济大学出版社	386	275		181	124		29949	20468		6077	4699	
东华大学出版社	152	140		75	72		9283	8889		2074	1974	
上海财经大学出版社	372	275		147	106		27426	18763		4281	3065	
上海大学出版社	338	148		123	71		15672	9847		2803	1812	
百家出版社	220	168		142	100		14147	11962		3367	2958	
上海音乐出版社	465	154		358	82		31819	10276		6591	2597	
上海文化出版社	144	107		73	60		7549	6253		2355	2080	
江苏人民出版社	812	437	1	3407	1775	4	215081	114703	116	31091	18961	10
江苏教育出版社	2235	1375		14653	8639		836631	502999		96726	58518	
江苏科学技术出版社	1145	641		4154	1089		242445	96411		30440	13479	
江苏少年儿童出版社	1006	388		4600	973		163888	38911		25793	8851	
江苏文艺出版社	452	447		611	599		57869	57075		7873	7765	
江苏美术出版社	446	230	9	1444	636	21	104377	50815	1070	15620	8828	150
古吴轩出版社	100	90		68	57		5446	4501		2376	2246	
南京出版社	289	71		522	104		42113	9647		6934	2538	
译林出版社	610	212		3055	397		201911	43660		23002	5860	
东南大学出版社	1094	407		965	239		163128	40353		23736	6937	

全国各出版社图书出版数量（续表10）

地　方　出　版　社

	图书总计											
	种数(种)		租型种数(种)	总印数(万册、张)			总印张(千印张)			定价总金额(万元)		
	合计	新出		合计	新出	租型	合计	新出	租型	合计	新出	租型
河海大学出版社	249	116		241	104		25134	10696		3737	1816	
南京大学出版社	557	240		538	188		65196	22389		8875	3580	
苏州大学出版社	491	210		687	221		80229	27583		10384	4074	
中国矿业大学出版社	452	291		198	110		33105	17793		5328	3148	
南京师范大学出版社	554	252		1767	369		74563	38505		13313	5092	
凤凰出版社	143	99		138	67		15284	8066		2767	1853	
广陵书社	88	74		16	11		1709	1522		688	633	
江苏大学出版社	12	12		8	8		1006	1006		194	194	
浙江人民出版社	494	308	5	665	222	242	47858	28149	5223	8629	5580	997
浙江教育出版社	1572	451	26	10449	1169	486	519233	74359	29124	60560	8941	2461
浙江科学技术出版社	680	300		1595	912		81893	45805		11135	6225	
浙江少年儿童出版社	1113	417		1839	869		116052	59093		19617	10718	
浙江文艺出版社	317	124		550	338		39883	18004		5559	2818	
浙江人民美术出版社	380	231		701	131		23124	7985		6806	3392	
浙江摄影出版社	224	126		769	237		53566	23546		6678	3045	
浙江古籍出版社	380	188	1	340	170	2	23892	12081	448	4952	3428	58
杭州出版社	177	105	8	72	41	4	12312	9210	358	2595	2129	44
西泠印社出版社	94	94		34	34		7522	7522		5254	5254	
宁波出版社	203	99		206	51		16007	5848		2533	1391	
浙江大学出版社	930	351		415	162		59735	24303		8966	4114	
中国美术学院出版社	149	86		46	20		4481	2244		2842	2254	
安徽人民出版社	225	174	4	309	65	205	19596	9903	5802	3451	1801	1090
安徽教育出版社	829	136		3560	49		170328	6060		21577	1093	
安徽科学技术出版社	476	240		666	204		45187	16221		7317	3173	
安徽少年儿童出版社	588	244		4754	684		136662	18828		23409	5061	
安徽文艺出版社	98	97		60	59		7939	7835		1490	1470	
安徽美术出版社	160	94		663	98		17284	4323		3598	2108	
黄山书社	116	112		123	117		12007	11033		2093	1947	
中国科学技术大学出版社	202	126		81	49		14430	8829		1984	1275	
安徽大学出版社	228	121		490	121		45154	10222		4235	1528	
合肥工业大学出版社	148	148		54	54		7893	7893		1380	1380	
福建人民出版社	400	191	40	1180	122	494	64585	12156	23726	9875	2104	2613
福建教育出版社	731	630		1829	1286		92601	76170		11210	9379	
福建科学技术出版社	227	153	8	200	82	77	16906	7990	5413	3836	2289	494
福建少年儿童出版社	326	226	21	871	319	232	41328	17869	14103	4609	2585	1190
海峡文艺出版社	143	91		245	58		17044	5013		2347	895	
福建美术出版社	160	119	11	107	66	32	6332	4853	1010	5449	5011	148

全国各出版社图书出版数量（续表11）

地 方 出 版 社

	图书总计											
	种数(种)		租型种数(种)	总印数(万册、张)			总印张(千印张)			定价总金额(万元)		
	合计	新出		合计	新出	租型	合计	新出	租型	合计	新出	租型
海潮摄影艺术出版社	72	72		39	39		7415	7415		1430	1430	
福建省地图出版社	73	73		81	81		2950	2950		1224	1224	
鹭江出版社	369	281	1	781	604	1	57731	51735	26	7028	6273	3
厦门大学出版社	111	107		41	39		8532	8109		1216	1164	
海风出版社	66	66		21	21		2225	2225		738	738	
江西人民出版社	334	185		681	130		49313	14430		6829	2819	
江西教育出版社	428	394		2559	2493		100331	97022		11370	10949	
江西科学技术出版社	274	148		587	215		39704	16803		4818	2439	
百花洲文艺出版社	185	138		171	113		14182	11080		2040	1672	
二十一世纪出版社	603	249		1995	460		91688	32441		17714	6281	
江西美术出版社	452	282		1121	218		37139	18408		9548	6086	
江西高校出版社	305	239		1647	1332		114561	102888		18443	16731	
山东人民出版社	497	211	7	1924	163	295	171265	23749	38507	20275	4264	5481
山东教育出版社	1022	276		4625	890		305218	55559		29012	5607	
山东科学技术出版社	630	216		1586	178		118832	15572		14277	2303	
明天出版社	242	139		800	289		54818	19721		8472	3333	
山东文艺出版社	194	110		285	52		27430	7833		3581	1612	
山东美术出版社	198	159	3	471	105	1	22717	10016	193	6570	4662	150
山东画报出版社	200	112		165	102		17124	12895		3699	2867	
山东省地图出版社	120	120		97	97		16729	16729		4509	4509	
山东友谊出版社	194	41		421	46		32402	3694		3406	536	
齐鲁书社	240	142		941	283		60060	20503		6832	2730	
济南出版社	111	99		167	153		15060	13126		2337	2125	
泰山出版社	149	48		958	19		53175	2670		5790	469	
青岛出版社	1182	428		3407	639		257492	56095		30973	9932	
山东大学出版社	385	193		502	222		91975	33134		14266	4980	
中国石油大学出版社	367	184		342	188		46088	21760		6312	3041	
中国海洋大学出版社	184	152		73	59		13518	11205		2158	1849	
黄河出版社	83	83		47	47		7099	7099		1882	1882	
河南人民出版社	267	214		108	82		15805	12023		3596	3022	
河南科学技术出版社	332	200		1081	368		58699	20841		8741	3597	
海燕出版社	687	355		2723	863		116574	35621		13330	4686	
河南文艺出版社	211	138		1191	147		56322	17661		6546	2594	
河南美术出版社	148	106		126	43		8091	3041		3066	2390	
文心出版社	349	159		403	162		23906	11776		3313	1922	
中州古籍出版社	151	118		94	53		10518	7947		2720	2400	
中原农民出版社	186	121		338	269		19848	15979		2662	2282	

全国各出版社图书出版数量（续表12）

地 方 出 版 社

	图书总计											
	种数(种)		租型种数(种)	总印数(万册、张)			总印张(千印张)			定价总金额(万元)		
	合计	新出		合计	新出	租型	合计	新出	租型	合计	新出	租型
大象出版社	751	425		2413	1020		142833	68582		16261	8471	
黄河水利出版社	159	158		42	42		7033	7026		1801	1789	
河南大学出版社	210	135		74	41		14449	9710		2598	1838	
郑州大学出版社	297	184		244	90		22820	12636		3314	2058	
湖北人民出版社	410	357		376	133		42116	20332		6678	4343	
湖北教育出版社	766	356		2268	1026		138923	65662		15168	8277	
湖北科学技术出版社	558	216		1518	413		73457	19297		9945	3643	
湖北少年儿童出版社	744	423		2059	960		86627	46130		12347	6620	
长江文艺出版社	274	232		968	870		115446	101343		16672	14966	
崇文书局	174	50		1048	22		60734	3947		6834	724	
湖北美术出版社	527	442	10	792	466	25	25819	18358	751	11169	9549	113
武汉出版社	443	180		1033	148		62715	10729		8516	3040	
华中科技大学出版社	734	409		493	251		56046	29777		13634	10049	
华中师范大学出版社	390	230		787	329		77233	38115		8066	4380	
武汉大学出版社	979	575	1	670	346		92343	48894	69	12977	7610	8
武汉理工大学出版社	410	408		206	205		36039	35961		5299	5288	
中国地质大学出版社	142	75		30	16		4258	2196		1139	612	
长江出版社	106	101		373	368		17524	16844		3479	3400	
湖南人民出版社	301	275	4	448	243	129	49746	36912	3935	7825	5959	656
湖南教育出版社	744	371		3924	2011		179637	87768		23073	10901	
湖南科学技术出版社	470	253		1401	217		85674	22986		15301	4877	
湖南少年儿童出版社	655	233		1570	237		53600	9472		7909	2135	
湖南文艺出版社	294	130		277	110		30120	13365		6458	2765	
湖南美术出版社	336	162		1221	156		46251	10131		12416	5384	
湖南地图出版社	166	135		391	266		6128	4222		2832	2073	
岳麓书社	149	69		370	49		55230	9139		5653	1344	
湖南师范大学出版社	233	122	5	1651	359	35	77439	18067	3180	7240	2191	372
中南大学出版社	264	136		104	44		17930	7478		3040	1400	
湖南大学出版社	252	156		207	69		29696	11263		4816	2002	
国防科技大学出版社	132	83		36	22		6394	4000		906	565	
湘潭大学出版社	13	13		4	4		536	536		138	138	
广东人民出版社	442	371		1051	710		71450	50258		9371	7206	
广东教育出版社	807	271		7113	796		414380	53978		41200	5646	
广东高等教育出版社	352	122		753	281		73073	31306		8883	4142	
广东科技出版社	280	161		645	208		39959	14363		5813	3034	
广东经济出版社	419	321		350	287		40260	29193		9537	7471	
广东省地图出版社	129	21		278	18		7215	626		2734	216	

全国各出版社图书出版数量（续表13）

地　方　出　版　社

	图书总计											
	种数(种)		租型种数(种)	总印数(万册、张)			总印张(千印张)			定价总金额(万元)		
	合计	新出		合计	新出	租型	合计	新出	租型	合计	新出	租型
广东旅游出版社	125	62		60	36		6487	4552		2024	1444	
岭南美术出版社	243	206		1018	136		40279	18778		11526	8003	
广东新世纪出版社	560	209	14	917	323	16	43330	21100	299	5419	2687	46
花城出版社	289	264		219	160		31334	22541		6170	4484	
海天出版社	222	192		165	155		19389	18084		4135	3858	
广州出版社	193	193		523	523		30314	30314		7187	7187	
珠海出版社	196	196		192	192		26287	26287		4510	4510	
华南理工大学出版社	445	197		174	104		26804	15259		4338	2558	
汕头大学出版社	75	75		125	125		12201	12201		2990	2990	
中山大学出版社	380	184		475	183		65833	25307		9577	4118	
暨南大学出版社	272	155		136	89		21549	13553		4034	2837	
南方日报出版社	61	59		33	33		4127	4049		1258	1242	
羊城晚报出版社	71	65		45	37		3154	2497		1051	838	
深圳报业集团出版社	85	85		106	106		5408	5408		1544	1544	
广西人民出版社	432	240	13	758	180	82	49459	21781	4376	6883	3947	494
广西教育出版社	825	286	10	2855	350	137	132947	19557	7273	13741	2791	729
广西科学技术出版社	288	209		1807	162		80684	12697		10256	3027	
接力出版社	485	131		2992	301		145470	21284		19638	4533	
广西民族出版社	237	152	87	1988	412	1110	96698	16854	56548	9944	2075	5612
广西美术出版社	350	265		1558	808		47759	28429		10606	6866	
漓江出版社	399	295		692	354		65028	35734		8368	4925	
广西师范大学出版社	2004	478	55	7736	771	908	417082	67079	51037	52554	12191	5174
海南出版社	745	318	4	1958	495	17	136012	43887	584	21488	7534	104
南方出版社	757	152		1368	107		220734	29666		23826	4914	
南海出版公司	458	251		775	194		54548	20888		8998	4744	
三环出版社	15	15		15	15		3535	3535		632	632	
重庆出版社	1352	850	256	4832	885	2033	343048	95892	144946	46416	19021	13464
西南师范大学出版社	940	456	52	4481	1275	384	221210	74634	18010	30215	10828	2333
重庆大学出版社	1115	580		867	446		82133	37152		12209	6258	
四川人民出版社	316	214	5	1748	604	86	122474	51393	4317	13406	6227	621
四川教育出版社	291	98	5	2324	74	85	163533	5562	5035	15688	1005	508
四川科学技术出版社	319	264		173	147		19954	17642		4651	4247	
四川少年儿童出版社	501	315	18	4233	2751	958	194193	138234	39404	21934	15204	3984
四川文艺出版社	80	59	6	1183	233	482	61481	14211	19655	6046	1572	1986
四川民族出版社	587	218	17	1254	699	19	84484	44066	1812	8715	4847	163
四川美术出版社	227	214		69	44		3901	3306		2592	2477	
四川辞书出版社	141	109		220	177		27515	21988		3605	2874	

全国各出版社图书出版数量（续表14）

地 方 出 版 社

	图书总计											
	种数(种)		租型种数(种)	总印数(万册、张)			总印张(千印张)			定价总金额(万元)		
	合计	新出		合计	新出	租型	合计	新出	租型	合计	新出	租型
天地出版社	383	170		364	159		33508	19755		4335	2353	
巴蜀书社	117	114		25	24		4147	4015		1118	1087	
成都地图出版社	258	97		314	77		6838	1425		2569	774	
成都时代出版社	259	218		222	187		17202	13155		4561	4067	
电子科技大学出版社	401	347		294	269		53738	49394		6177	5593	
四川大学出版社	529	311		354	212		38855	21336		6378	3944	
西南财经大学出版社	307	228		120	84		20426	13538		3233	2215	
西南交通大学出版社	375	299		134	113		15648	12310		3038	2551	
贵州人民出版社	328	192	52	1609	139	835	48675	8366	24203	7795	2697	3404
贵州教育出版社	210	75		918	64		33455	3952		3862	619	
贵州科学技术出版社	146	146		60	60		4362	4362		1139	1139	
贵州民族出版社	128	70	27	711	25	360	20978	2243	8620	3020	515	1382
贵州大学出版社	19	19		5	5		777	777		161	161	
云南人民出版社	793	338	4	10084	308	135	624119	24490	5207	62327	4940	828
云南教育出版社	688	157		3089	414		131710	17191		15825	3527	
云南科学技术出版社	369	248		384	130		25525	12772		5069	3360	
晨光出版社	582	199		2144	398		104973	19996		10120	2353	
德宏民族出版社	34	33		14	14		2166	2140		428	422	
云南美术出版社	132	132		28	28		2952	2952		2179	2179	
云南民族出版社	180	178	63	40	26	13	4839	3752	1037	2961	2854	85
云南大学出版社	339	229		179	60		20011	7734		3149	1677	
西藏人民出版社	361	162	313	1190	134	726	83684	19443	46028	9026	2787	4422
藏文古籍出版社	10	10		2	2		234	234		41	41	
陕西人民出版社	503	385	234	3318	78	3199	243213	11188	228453	22513	2394	19633
陕西人民教育出版社	1209	351	95	3973	648	945	270763	44730	66466	31541	5627	6336
陕西科学技术出版社	191	125	2	384	197	46	22665	12159	3729	2956	1540	408
未来出版社	372	195		1870	323		79013	22878		9641	3143	
太白文艺出版社	64	46	87	1225	22	1191	85780	1925	82458	8192	345	7691
陕西人民美术出版社	76	56	61	1518	21	1457	50329	1895	46034	7036	1075	5416
陕西旅游出版社	87	53		117	39		17762	7802		3580	1996	
三秦出版社	50	46		20	14		3876	2130		907	789	
西安出版社	181	86		581	175		36476	12550		5739	2351	
西安地图出版社	303	222		420	148		14990	7399		6099	3284	
陕西师范大学出版社	464	291	6	1866	445	177	162876	67258	13551	21722	11004	1219
西安电子科技大学出版社	453	193		227	85		42347	16001		5215	2116	

全国各出版社图书出版数量（续表15）

地　方　出　版　社

	图书总计										
	种数(种)		租型种数(种)	总印数(万册、张)			总印张(千印张)			定价总金额(万元)		
	合计	新出		合计	新出	租型	合计	新出	租型	合计	新出	租型
西安交通大学出版社	430	265	19	869	375	243	68266	39220	11663	13201	9646	1221
西北大学出版社	248	139	31	671	117	442	53905	15736	28514	6230	2429	2552
西北工业大学出版社	331	158		117	57		18318	8680		2539	1280	
西北农林科技大学出版社	113	105		28	27		3919	3745		688	665	
第四军医大学出版社	177	126		38	31		6610	5165		1187	974	
甘肃人民出版社	75	72	317	5562	17	5544	341192	2779	338308	29071	795	28263
甘肃教育出版社	420	111		443	119		25822	6788		3136	1020	
甘肃科学技术出版社	66	61		16	14		1873	1583		456	412	
甘肃少年儿童出版社	216	42		229	28		9705	1562		1245	254	
甘肃文化出版社	179	179	1	111	110		16406	16382	24	2920	2905	14
甘肃民族出版社	108	101		25	23		2867	2581		606	552	
甘肃人民美术出版社	37	36		9	9		1052	1045		646	644	
敦煌文艺出版社	55	55		29	29		4397	4397		818	818	
兰州大学出版社	121	118		39	39		7854	7768		1490	1478	
青海人民出版社	215	205	184	787	94	683	57573	8166	48250	5701	1981	3566
青海民族出版社	207	143	76	223	102	74	13463	7284	3147	980	548	256
宁夏人民出版社	285	275	85	400	78	320	29005	10072	18617	4963	2895	1997
宁夏人民教育出版社	63	60		95	94		4253	4056		450	425	
宁夏少年儿童出版社	24	24		8	8		384	384		91	91	
新疆人民出版社	616	440		496	305		38111	20797		5609	4030	
新疆教育出版社	1574	174	560	6058	73	2658	384213	4361	180214	32145	596	15771
新疆科学技术出版社	813	648		773	633		65533	57611		5687	4951	
新疆青少年出版社	187	99		72	41		4922	2941		704	450	
新疆美术摄影出版社	253	91		692	239		26108	13728		4715	2681	
喀什维吾尔文出版社	29	16		20	5		1225	518		246	149	
克孜勒苏柯尔克孜文出版社	42	42		10	10		566	566		251	251	
伊犁人民出版社	77	26		79	7		4409	572		528	107	
新疆大学出版社	66	56		30	22		3725	2380		749	618	
新疆人民卫生出版社	59	56		24	22		3231	2971		400	370	
新疆生产建设兵团出版社	44	44		8	8		1124	1124		301	301	

全国各类少年儿童读物出版数量

	种数(种)		租型种数(种)	总印数(万册)			总印张(千印张)			定价总金额(万元)		
	合计	新出		合计	新出	租型	合计	新出	租型	合计	新出	租型
图　书　总　计	**10460**	**6122**	**39**	**24445**	**11834**	**71**	**1153509**	**647382**	**3306**	**243513**	**149754**	**342**
(一)使用《中国标准书号》部分合计	10240	5956	39	23875	11503	71	1139239	638477	3306	238395	146486	342
A 马克思主义、列宁主义、毛泽东思想	14	6		7	2		398	174		94	61	
B 哲学	69	41		114	86		12012	9318		2033	1597	
C 社会科学总论	13	6		15	10		1097	772		227	183	
D 政治、法律	19	13		223	216		10945	10513		1235	1160	
E 军事	6	4		6	5		346	221		123	97	
F 经济	2	2		14	14		140	140		112	112	
G 文化、科学、教育、体育	4777	2481	39	13311	4952	71	494288	237435	3306	99677	55531	342
H 语言、文字	375	231		596	461		48722	38802		11226	9446	
I 文学	2619	1622		4774	2788		365863	213870		74385	45763	
J 艺术	1508	1031		3495	1984		119087	69842		30752	18658	
K 历史、地理	212	89		237	159		17565	11198		2977	1921	
N 自然科学总论	121	84		124	84		6862	4491		1585	1226	
O 数理科学、化学	30	6		36	10		2393	868		411	149	
P 天文学、地球科学	39	20		50	18		3005	685		732	202	
Q 生物科学	87	43		169	97		17018	10789		2734	1952	
R 医药、卫生	17	14		21	15		1616	1428		454	392	
S 农业科学	14	10		24	16		1573	967		364	235	
T 工业技术	19	13		24	13		2485	890		514	274	
U 交通运输	4	3		4	3		308	306		110	107	
V 航空、航天	19	14		42	37		2241	1808		438	365	
X 环境科学	15	8		13	9		1019	788		145	90	
Z 综合性图书	261	215		576	524		30256	23172		8067	6965	
(二)不使用《中国标准书号》部分合计	220	166		570	331		14270	8905		5118	3268	
1.图片	194	148		510	292		11721	7152		4470	2789	
2.国标(GB)、部标(BB)等标准类文件印品	20	13		54	33		2470	1678		579	411	
3.活页文选、活页歌篇、小件印品等	6	5		6	6		79	75		69	68	

全国各地区少年儿童读物出版数量

	种数(种)		租型种数(种)	总印数(万册)			总印张(千印张)			定价总金额(万元)		
	合计	新出		合计	新出	租型	合计	新出	租型	合计	新出	租型
全国总计	**10460**	**6122**	**39**	**24445**	**11834**	**71**	**1153509**	**647382**	**3306**	**243513**	**149754**	**342**
中　央	**1644**	**1005**		**2805**	**2193**		**188501**	**129616**		**42592**	**32711**	
地　方	**8816**	**5117**	**39**	**21640**	**9641**	**71**	**965008**	**517766**	**3306**	**200921**	**117043**	**342**
北　京	589	444		1049	868		101249	81458		20533	17067	
天　津	192	63		235	75		14773	5331		3137	1354	
河　北	113	60		335	40		13133	2633		2549	624	
山　西	70	55		307	110		8345	5160		1890	1147	
内蒙古	201	159	18	145	103	8	9919	9082	138	1692	1504	31
辽　宁	447	319		1244	941		45688	34706		9691	7646	
吉　林	472	373		1245	861		103967	75988		11708	8426	
黑龙江	87	81		177	149		8077	7713		1833	1689	
上　海	718	461		1069	719		44274	29273		18705	13796	
江　苏	1086	466		3688	1262		120762	51198		24518	10967	
浙　江	1242	517		2241	1073		123452	63811		22762	12915	
安　徽	580	257		4226	687		115379	19094		21620	5346	
福　建	119	104		220	112		11076	4265		3108	1123	
江　西	396	154		1127	329		54721	20093		12833	4295	
山　东	196	118		581	313		32730	19556		6174	3395	
河　南	235	201		244	212		11273	10050		2629	2377	
湖　北	398	272		626	314		22785	13742		5787	4015	
湖　南	266	172		413	214		11153	5090		2753	1601	
广　东	257	178	14	594	411	16	16200	12479	299	4798	4078	46
广　西	151	59	7	512	141	47	30672	8862	2869	6116	1938	265
海　南	13	12		24	18		1163	973		238	206	
重　庆	106	72		161	95		3495	2448		1221	894	
四　川	433	221		532	251		15868	8124		4117	2290	
贵　州	1	1		1	1		25	25		11	11	
云　南	10	10		13	13		1271	1271		233	233	
西　藏	12	5		5	2		140	74		39	21	
陕　西	160	121		261	212		19733	17781		7404	6814	
甘　肃	39	28		53	24		3792	3266		597	475	
青　海	1						5			1		
宁　夏	24	24		8	8		289	289		75	75	
新　疆	202	110		304	83		19599	3931		2149	721	
台　湾												

全国各出版社少年儿童读物出版数量

中央出版社

	种数(种)		租型种数(种)	总印数(万册)			总印张(千印张)			定价总金额(万元)		
	合计	新出		合计	新出	租型	合计	新出	租型	合计	新出	租型
中　　央	**1644**	**1005**		**2805**	**2193**		**188501**	**129616**		**42592**	**32711**	
人民文学出版社	101	49		277	168		35244	14435		11669	8268	
人民美术出版社	30	21		43	38		2029	1775		301	265	
中国对外翻译出版公司	32	22		38	32		2143	1575		558	480	
中国戏剧出版社	8	8		19	19		1848	1848		402	402	
中国社会科学出版社	14	8		10	8		726	636		151	126	
民族出版社	57	51		35	34		1895	1770		527	505	
中国少年儿童出版社	556	231		749	417		66889	40421		11053	6855	
中国电影出版社	18	7		17	6		1400	720		219	133	
人民日报出版社	1	1		2	2		288	288		43	43	
新华出版社	1						6			4		
世界知识出版社	40	24		41	28		3256	2343		691	526	
北京大学出版社	15	15		20	20		1594	1594		399	399	
外语教学与研究出版社	28	15		166	105		11725	7285		2389	1502	
人民邮电出版社	125	125		317	317		11816	11816		4001	4001	
海洋出版社	21	21		23	23		1001	1001		388	388	
国防工业出版社	7	6		23	21		1057	1017		231	211	
新世界出版社	25	16		16	13		2239	1744		474	365	
外文出版社	10	10		2	2		282	282		192	192	
文化艺术出版社	3	3		2	2		151	151		43	43	
中国商业出版社	2	2		2	2		396	396		72	72	
中国宇航出版社	7	3		4	2		236	160		105	72	
作家出版社	1			11			952			190		
中国妇女出版社	10	4		210	207		9932	9566		1040	983	
电子工业出版社	5	4		23	23		468	444		409	402	

全国各出版社少年儿童读物出版数量(续表1)

中 央 出 版 社

	种数(种)		租型种数(种)	总印数(万册)			总印张(千印张)			定价总金额(万元)		
	合计	新出		合计	新出	租型	合计	新出	租型	合计	新出	租型
人民军医出版社	1	1		1	1		69	69		13	13	
金盾出版社	162	29		63	31		2782	1750		705	459	
高等教育出版社	9	9		45	45		488	488		206	206	
国际文化出版公司	6	5		1	1		127	106		57	51	
中国画报出版社	17	16		36	36		2309	2301		486	485	
中央民族大学出版社	2	2		1	1		47	47		14	14	
中国传媒大学出版社	1	1					6	6		1	1	
中国和平出版社	29	26		135	134		3222	3030		423	400	
海潮出版社	3	3		2	2		240	240		38	38	
学苑出版社	8	1		8	4		419	50		89	20	
中国民族摄影艺术出版社	4	4		8	8		184	184		88	88	
中信出版社	47	45		60	59		2901	2845		788	769	
开明出版社	22	20		12	10		720	650		132	120	
中国人口出版社	35	34		70	70		3531	3519		810	808	
中国时代经济出版社	13	12		20	20		2715	2649		434	422	
蓝天出版社	9	9		14	14		919	919		240	240	
世界图书出版公司	8	6		20	18		534	470				
华龄出版社	1	1		2	2		150	150		38	38	
中国社会出版社	19	19		29	29		1397	1397		365	365	
现代教育出版社	5	5		23	23		634	634		202	202	
中国三峡出版社	4	4		2	2		144	144		23	23	
线装书局	2	2		8	8		1200	1200		198	198	
中央编译出版社	1	1					22	22		13	13	
中国电力出版社	31	31		22	22		438	438		335	335	
台海出版社	2	2		3	3		370	370		83	83	
海豚出版社	86	71		170	161		5360	4671		1260	1087	

全国各出版社少年儿童读物出版数量(续表2)

地 方 出 版 社

	种数(种)		租型种数(种)	总印数(万册)			总印张(千印张)			定价总金额(万元)		
	合计	新出		合计	新出	租型	合计	新出	租型	合计	新出	租型
地　　方	**8816**	**5117**	**39**	**21640**	**9641**	**71**	**965008**	**517766**	**3306**	**200921**	**117043**	**342**
北京出版社	24	4		39	7		4092	510		601	83	
北京教育出版社	1	1		3	3		135	135		24	24	
北京科学技术出版社	64	49		88	73		6177	5042		3086	2470	
北京少年儿童出版社	364	306		702	639		56864	51863		11669	10715	
同心出版社	128	76		196	126		31056	21103		4768	3406	
北京十月文艺出版社	6	6		20	19		2460	2340		322	306	
中国书店	2	2		1	1		465	465		63	63	
天津人民出版社	57	2		62	7		4047	270		764	74	
天津教育出版社	15	5		72	29		3615	1638		794	396	
天津科学技术出版社	3	2		1			22	7		6	3	
新蕾出版社	110	53		96	39		6867	3386		1535	876	
百花文艺出版社	6	1		2			192	30		33	5	
天津人民美术出版社	1			2			30			5		
河北人民出版社	1			10			393			47		
河北教育出版社	5			6			115			21		
河北少年儿童出版社	96	54		302	32		11515	2284		2280	514	
花山文艺出版社	1	1		1	1		116	116		20	20	
河北美术出版社	6	5		8	7		273	233		108	90	
河北大学出版社	4			8			721			73		
山西人民出版社	1			1			24			8		
山西教育出版社	1			1	1		186	95		23	12	
希望出版社	64	51		277	81		7636	4566		1816	1092	
山西经济出版社	4	4		28	28		499	499		43	43	
内蒙古教育出版社	44	2	18	46	4	8	1123	286	138	274	86	31
内蒙古少年儿童出版社	152	152		98	98		8725	8725		1404	1404	
内蒙古文化出版社	4	4					41	41		9	9	
内蒙古大学出版社	1	1		1	1		30	30		5	5	
辽宁少年儿童出版社	286	230		478	358		19503	14484		4209	3214	
春风文艺出版社	24	18		166	156		5870	5085		1684	1538	
辽宁美术出版社	4			1			87			18		
辽宁民族出版社	16	10		9	5		167	96		159	97	
辽宁万卷出版公司	17	17		11	11		1103	1103		266	266	
辽海出版社	29			31			614			101		
沈阳出版社	5			2			45			11		

全国各出版社少年儿童读物出版数量(续表3)

地 方 出 版 社

	种 数(种)		租型种数(种)	总 印 数(万册)			总印张(千印张)			定价总金额(万元)		
	合计	新出		合计	新出	租型	合计	新出	租型	合计	新出	租型
大连出版社	5	2		2	1		284	111		46	18	
辽宁大学出版社	1	1					14	14		3	3	
辽宁师范大学出版社	44	25		532	398		17376	13188		3096	2412	
大连海事大学出版社	1	1					21	21		5	5	
白山出版社	15	15		12	12		604	604		93	93	
延边教育出版社	30	13		7	4		324	193		68	37	
北方妇女儿童出版社	121	106		373	267		36620	25754		4163	3160	
吉林文史出版社	3	2		2	2		268	248		35	25	
吉林美术出版社	196	149		551	342		26044	18514		2971	2360	
吉林摄影出版社	80	64		235	198		31988	27810		2420	2048	
长春出版社	29	29		36	36		2428	2428		487	487	
延边人民出版社	11	8		39	10		6085	831		1458	203	
东北师范大学出版社	1	1		1	1		50	50		6	6	
吉林出版集团	1	1		1	1		160	160		100	100	
黑龙江人民出版社	1	1					39	39		10	10	
黑龙江科学技术出版社	8	8		8	8		647	647		162	162	
黑龙江少年儿童出版社	12	6		33	5		756	392		256	112	
北方文艺出版社	1	1		2	2		192	192		23	23	
黑龙江朝鲜民族出版社	2	2					24	24		4	4	
黑龙江美术出版社	29	29		7	7		417	417		127	127	
哈尔滨出版社	34	34		127	127		6002	6002		1251	1251	
上海人民出版社	5	5		4	4		246	246		56	56	
上海教育出版社	59	13		91	11		4016	514		1043	213	
上海科技教育出版社	6			9			61			20		
上海科学普及出版社	4			2			232			32		
少年儿童出版社	442	294		666	470		19693	11991		7756	5817	
上海辞书出版社	3	2		3	3		190	183		45	42	
上海人民美术出版社	120	107		170	159		13597	13354		1980	1938	
上海古籍出版社	1	1		1	1		13	13		5	5	
上海译文出版社	7	1		29	1		1801	51		519	34	
中国福利会出版社	55	35		87	68		4006	2858		7147	5666	
上海画报出版社	5	3		4	2		129	63		45	25	
文汇出版社	2			1			62			10		
第二军医大学出版社	5			1			97			17		
上海大学出版社	1						5			2		
上海音乐出版社	3			1			126			28		
江苏教育出版社	62	26		760	190		13686	5188		3527	1036	

全国各出版社少年儿童读物出版数量(续表4)

地 方 出 版 社

	种 数(种)		租型种数(种)	总 印 数(万册)			总印张(千印张)			定价总金额(万元)		
	合计	新出		合计	新出	租型	合计	新出	租型	合计	新出	租型
江苏少年儿童出版社	926	384		2717	972		96212	38855		19283	8805	
江苏文艺出版社	4	4		3	3		237	237		42	42	
江苏美术出版社	11	7		54	11		873	259		253	53	
古吴轩出版社	1	1					30	30		7	7	
南京出版社	3	3		4	4		239	239		52	52	
河海大学出版社	77	39		143	77		9208	6263		1282	916	
苏州大学出版社	1	1		4	4		82	82		45	45	
南京师范大学出版社	1	1					10	10		3	3	
浙江人民出版社	4	2		3	2		220	103		33	16	
浙江教育出版社	119	33		386	62		17667	6657		2985	1121	
浙江科学技术出版社	9	5		7	1		172	32		57	25	
浙江少年儿童出版社	845	346		1414	748		87285	49364		15982	9408	
浙江文艺出版社	20	20		166	166		2433	2433		624	624	
浙江人民美术出版社	117	72		73	52		2707	1852		1079	780	
浙江古籍出版社	3	3		15	15		778	778		575	575	
宁波出版社	125	36		176	27		12128	2592		1418	366	
安徽科学技术出版社	13	13		7	7		553	553		279	279	
安徽少年儿童出版社	562	240		4216	678		114761	18482		21301	5028	
安徽美术出版社	1	1		1	1		20	20		30	30	
黄山书社	4	3		2	1		45	39		10	9	
福建人民出版社	7			78			5822			1793		
福建教育出版社	21	16		44	34		2345	1655		585	444	
福建少年儿童出版社	73	73		70	70		2200	2200		543	543	
海峡文艺出版社	3	3		2	2		178	178		27	27	
福建美术出版社	10	9		5	5		173	164		76	71	
海潮摄影艺术出版社	3	3		1	1		68	68		38	38	
鹭江出版社	2			20			290			46		
江西人民出版社	1	1		4	4		256	256		64	64	
二十一世纪出版社	363	122		1033	241		49293	14765		11626	3109	
江西美术出版社	23	22		61	55		3486	3386		888	867	
江西高校出版社	9	9		29	29		1686	1686		255	255	
山东人民出版社	3	3		11	11		1030	1030		109	109	
山东教育出版社	1			8			808			69		
山东科学技术出版社	14	10		8	4		322	157		54	40	
明天出版社	97	55		284	154		12981	7979		3186	1837	
山东文艺出版社	15	9		7	5		556	408		68	54	
山东美术出版社	15	15		12	12		599	599		76	76	

全国各出版社少年儿童读物出版数量(续表5)

地方出版社

	种数(种)		租型种数(种)	总印数(万册)			总印张(千印张)			定价总金额(万元)		
	合计	新出		合计	新出	租型	合计	新出	租型	合计	新出	租型
山东画报出版社	1						23			6		
山东友谊出版社	4	4		1	1		52	52		14	14	
齐鲁书社	3	1		92	75		7328	6075		708	586	
济南出版社	7	7		7	7		277	277		68	68	
青岛出版社	36	14		151	44		8754	2979		1816	611	
河南人民出版社	1	1					26	26		6	6	
海燕出版社	173	142		170	139		5763	4626		1532	1298	
河南文艺出版社	7	7		3	3		416	416		62	62	
文心出版社	51	49		70	69		4887	4847		956	945	
大象出版社	1	1					37	37		38	38	
河南大学出版社	1	1		1	1		98	98		28	28	
郑州大学出版社	1						46			7		
湖北少年儿童出版社	356	230		551	239		20180	11137		4519	2747	
湖北美术出版社	41	41		75	75		2605	2605		1268	1268	
长江出版社	1	1										
湖南教育出版社	23	4		184	71		2759	1061		671	293	
湖南科学技术出版社	6	6		6	6		193	193		79	79	
湖南少年儿童出版社	234	159		222	136		8056	3691		1971	1197	
湖南文艺出版社	3	3		1	1		145	145		32	32	
广东教育出版社	1	1		1	1		38	38		23	23	
广东高等教育出版社	18	18		17	17		324	324		83	83	
广东省地图出版社	1			1			30			17		
岭南美术出版社	32	32		23	23		790	790		137	137	
新世纪出版社	108	35	14	223	46	16	4159	1655	299	991	505	46
海天出版社	11	10		27	27		1506	1473		314	309	
广州出版社	30	30		203	203		5942	5942		2201	2201	
珠海出版社	10	10		8	8		345	345		77	77	
汕头大学出版社	1	1		2	2		71	71		36	36	
中山大学出版社	4			5			1154			212		
暨南大学出版社	1	1		2	2		143	143		28	28	
深圳报业集团出版社	40	40		82	82		1698	1698		679	679	
接力出版社	135	48		455	137		27307	8737		5764	1912	
广西民族出版社	10	5	7	56	3	47	3327	87	2869	339	13	265
广西美术出版社	6	6		1	1		38	38		13	13	
海南出版社	6	5		9	3		340	150		74	42	
南方出版社	2	2					73	73		14	14	
南海出版公司	5	5		15	15		750	750		150	150	
重庆出版社	29	23		47	32		1290	1069		485	434	
西南师范大学出版社	73	45		113	62		2192	1366		724	448	
重庆大学出版社	4	4		1	1		13	13		12	12	

全国各出版社少年儿童读物出版数量(续表6)

地 方 出 版 社

	种 数(种)		租型种数(种)	总 印 数(万册)			总印张(千印张)			定价总金额(万元)		
	合计	新出		合计	新出	租型	合计	新出	租型	合计	新出	租型
四川科学技术出版社	19	19		18	18		1033	1033		304	304	
四川少年儿童出版社	305	133		423	187		10450	5721		3099	1649	
四川文艺出版社	6	5		3	2		51	32		26	20	
四川民族出版社	24	24		12	12		607	607		137	137	
四川美术出版社	22	22		9	9		210	210		68	68	
天地出版社	39	9		21	7		1110	72		262	32	
成都地图出版社	16	8		33	15		939	421		148	67	
成都时代出版社	1			12			1440			60		
西南财经大学出版社	1	1		1	1		28	28		13	13	
贵州民族出版社	1	1		1	1		25	25		11	11	
云南教育出版社	8	8		12	12		1200	1200		190	190	
云南美术出版社	1	1		1	1		63	63		11	11	
云南民族出版社	1	1					8	8		32	32	
西藏人民出版社	12	5		5	2		140	74		39	21	
陕西人民出版社	4	4		3	3		203	203		86	86	
陕西人民教育出版社	23	9		12	4		272	98		252	206	
陕西科学技术出版社	6	6		9	9		418	418		99	99	
未来出版社	13	13		8	8		367	367		100	100	
太白文艺出版社	1	1					27	27		4	4	
陕西人民美术出版社	8	7		4	4		450	446		71	70	
陕西旅游出版社	16	10		12	10		1713	1255		673	525	
西安出版社	6			6			143			28		
西安地图出版社	15	13		16	14		388	383		232	193	
陕西师范大学出版社	5	4		23	22		883	835		223	218	
西安交通大学出版社	63	54		168	138		14869	13749		5636	5313	
甘肃少年儿童出版社	15	4		35	6		932	406		193	71	
甘肃文化出版社	3	3		2	2		758	758		145	145	
甘肃民族出版社	1	1					22	22		6	6	
敦煌文艺出版社	20	20		16	16		2080	2080		253	253	
青海人民出版社	1						5			1		
宁夏人民出版社	2	2		1	1		89	89		17	17	
宁夏少年儿童出版社	22	22		7	7		200	200		58	58	
新疆人民出版社	85	63		173	51		13902	2639		959	257	
新疆教育出版社	17	6		47	13		1275	368		553	183	
新疆青少年出版社	39	17		15	10		656	448		114	86	
喀什维吾尔文出版社	5	5		2	2		123	123		69	69	
克孜勒苏柯尔克孜文出版社	14	14		4	4		147	147		68	68	
伊犁人民出版社	37	1		60			3246	16		328	3	
新疆大学出版社	4	3		2	2		224	164		48	45	
新疆人民卫生出版社	1	1		1	1		26	26		10	10	

全 国 课 本 出 版 数 量

	种数(种)		租型种数(种)	总印数(万册)		总印张(千印张)		定价总金额(万元)	
	合计	新出		合计	租型	合计	租型	合计	租型
课本合计	**53997**	**18829**	**9030**	**332428**	**142994**	**23594404**	**9285713**	**2541472**	**848466**
(1)大专及大专以上课本	33525	13571	1	26868		4955463	69	686599	9
(2)中专、技校课本	4126	1237		5726		761467		95375	
(3)中学课本	5028	932	4055	151841	77425	10960399	6265269	1004915	545377
(4)小学课本	5399	990	4548	140111	65290	6159831	3000000	635488	301376
(5)业余教育课本	2113	822	2	2770	26	344590	964	51195	94
(6)扫盲课本	10	4		23		1960		303	
(7)教学用书	3796	1273	424	5089	253	410694	19411	67597	1610

全国课本出版数量与去年相比增减百分比

	种数(种)		租型种数(种)	总印数(万册)		总印张(千印张)		定价总金额(万元)	
	合计	新出		合计	租型	合计	租型	合计	租型
课本合计	**3.99**	**8.5**	**-20.07**	**-5.22**	**-19.49**	**-7.74**	**-24.77**	**-1.58**	**-19.33**
(1)大专及大专以上课本	10.32	14.88	-83.33	8.98		8	-63.87	10.12	-76.92
(2)中专、技校课本	25.26	56.38		6.39		-0.34	-100	9.55	
(3)中学课本	-10.15	-22.85	-18.75	-1.93	-12.58	-9.07	-20.22	-4.06	-15.54
(4)小学课本	-14.52	-21.8	-20.04	-11.59	-26.18	-17.03	-32.41	-11.2	-24.87
(5)业余教育课本	-1.49	-3.63		2.86	550	8.26	234.72	12.9	248.15
(6)扫盲课本	11.11	-42.86		360		214.61		293.51	
(7)教学用书	-9.08	-10.1	-29.92	8.05	-55.22	-3.19	-58.04	7.08	-64.64

课 本 出 版 数 量

中 央 出 版 社

	种数(种)		租型种数(种)	总印数(万册)		总印张(千印张)		定价总金额(万元)	
	合计	新出		合计	租型	合计	租型	合计	租型
课本合计	**32737**	**10851**		**84531**		**8276163**		**1020407**	
(1)大专及大专以上课本	23288	8736		20464		3907499		537586	
(2)中专、技校课本	3460	926		4820		654338		81748	
(3)中学课本	1748	180		34231		2150987		216883	
(4)小学课本	1341	90		21082		1077837		109042	
(5)业余教育课本	1741	675		2388		308487		45165	
(6)扫盲课本	2			2		242		34	
(7)教学用书	1157	244		1544		176773		29949	

课本出版数量与去年相比增减百分比

中 央 出 版 社

	种数		租型种数	总印数		总印张		定价总金额	
	合计	新出		合计	租型	合计	租型	合计	租型
课本合计	**15.45**	**18.68**		**12.06**		**10.39**		**12.57**	
(1)大专及大专以上课本	14.69	19.9		9.72		8.94		10.55	
(2)中专、技校课本	23.7	63.03		-0.76		-6.03		3.91	
(3)中学课本	8.71	-46.59		19.27		24.46		27.13	
(4)小学课本	26.03	-50.28		5.42		0.07		-1.46	
(5)业余教育课本	11.46	24.77		16.03		14.95		17.82	
(6)扫盲课本									
(7)教学用书	13.43	6.09		31.85		26.35		36.75	

课 本 出 版 数 量

地 方 出 版 社

	种数(种)		租型种数(种)	总印数(万册)		总印张(千印张)		定价总金额(万元)	
	合计	新出		合计	租型	合计	租型	合计	租型
课 本 合 计	**21260**	**7978**	**9030**	**247897**	**142994**	**15318241**	**9285713**	**1521065**	**848466**
(1)大专及大专以上课本	10237	4835	1	6404		1047964	69	149013	9
(2)中专、技校课本	666	311		906		107129		13627	
(3)中学课本	3280	752	4055	117610	77425	8809412	6265269	788032	545377
(4)小学课本	4058	900	4548	119029	65290	5081994	3000000	526446	301376
(5)业余教育课本	372	147	2	382	26	36103	964	6030	94
(6)扫盲课本	8	4		21		1718		269	
(7)教学用书	2639	1029	424	3545	253	233921	19411	37648	1610

课本出版数量与去年相比增减百分比

地 方 出 版 社

	种 数		租型种数	总 印 数		总 印 张		定价总金额	
	合计	新出		合计	租型	合计	租型	合计	租型
课 本 合 计	**-9.79**	**-2.84**	**-20.03**	**-9.96**	**-19.49**	**-15.26**	**-24.77**	**-9.23**	**-19.32**
(1)大专及大专以上课本	1.52	6.80		6.70		4.66	360.00	8.59	800.00
(2)中专、技校课本	34.00	39.46		72.57		58.14		62.48	
(3)中学课本	-17.75	-13.66	-18.75	-6.75	-12.58	-14.68	-20.22	-10.13	-15.54
(4)小学课本	-22.73	-17.05	-20.04	-14.04	-26.18	-19.93	-32.41	-12.98	-24.87
(5)业余教育课本	-36.19	-52.88	100.00	-39.84	550.00	-27.68	234.72	-14.03	248.15
(6)扫盲课本	-11.11	-42.86		320.00		175.76		249.35	
(7)教学用书	-16.35	-13.24	-29.92	0.17	-55.22	-17.72	-58.04	-8.68	-64.64

全国各地区课本出版总量

	课本合计								
	种数(种)		租型种数(种)	总印数(万册)		总印张(千印张)		定价总金额(万元)	
	合计	新出		合计	租型	合计	租型	合计	租型
全国总计	**53997**	**18829**	**9030**	**332428**	**142994**	**23594404**	**9285713**	**2541472**	**848466**
中　　央	**32737**	**10851**		**84531**		**8276163**		**1020407**	
地　　方	**21260**	**7978**	**9030**	**247897**	**142994**	**15318241**	**9285713**	**1521065**	**848466**
北　　京	517	178		800		60948		7728	
天　　津	562	252	222	1732	1273	143138	88838	16501	8330
河　　北	489	96	347	12745	6072	796699	433327	67488	34773
山　　西	48	2	378	5678	5418	342297	329404	30393	29097
内 蒙 古	301	113	197	2195	1589	142753	101504	12096	8805
辽　　宁	1487	579		1712		155810		23146	
吉　　林	307	108	834	6163	5942	398142	380713	35064	33110
黑 龙 江	290	183	434	3275	2939	208922	191719	20027	17694
上　　海	2549	810	15	8373	12	688800	1319	78201	145
江　　苏	2182	914	499	25867	12442	1411984	721866	153559	74158
浙　　江	758	164	266	10108	5696	637798	396753	65071	36104
安　　徽	353	248	304	7266	6417	468487	428328	45562	40696
福　　建	292	178	284	4930	3797	290107	247860	27989	23554
江　　西	306	161	414	7036	5449	435903	372828	38590	30704
山　　东	1045	295	297	11747	5506	728929	318310	79192	33787
河　　南	590	276	341	16963	13580	1002377	840632	96006	77758
湖　　北	1613	657	606	11872	8627	842272	600610	80729	53137
湖　　南	859	292	380	23091	9893	1246172	648107	133705	61998
广　　东	1093	292	189	16171	8856	1046140	592987	107079	58743
广　　西	497	97	402	13799	7005	714517	454744	70433	43875
海　　南	49	5	201	1705	1354	98080	84691	9263	7467
重　　庆	1268	476	265	6098	2303	373244	159467	44283	15158
四　　川	662	417	260	11201	8002	793494	574341	70984	49589
贵　　州	117	11	318	6119	5518	388030	360820	28611	25900
云　　南	887	199	62	11710	10	679433	807	64459	48
西　　藏	183	40	304	1063	706	64205	44788	6053	4268
陕　　西	1400	656	552	10945	7990	714010	507032	70276	46195
甘　　肃	80	62	314	5592	5522	343904	333904	28753	27554
青　　海	165	100	260	897	757	60440	51397	4342	3822
宁　　夏	17	17	85	357	319	19757	18617	2145	1997
新　　疆	294	100		687		21449		3337	
台　　湾									

各地区、各类课本出版数量

	大专及大专以上课本								
	种数(种)		租型种数(种)	总印数(万册)		总印张(千印张)		定价总金额(万元)	
	合计	新出		合计	租型	合计	租型	合计	租型
全国总计	**33525**	**13571**	**1**	**26868**		**4955463**	**69**	**686599**	**9**
中　　央	**23288**	**8736**		**20464**		**3907499**		**537586**	
地　　方	**10237**	**4835**	**1**	**6404**		**1047964**	**69**	**149013**	**9**
北　　京	163	102		62		8638		1377	
天　　津	511	250		267		42769		6955	
河　　北	25	21		18		2822		675	
山　　西	4			2		310		34	
内 蒙 古	72	60		38		5773		749	
辽　　宁	1085	461		710		112793		17049	
吉　　林	35	33		25		3456		602	
黑 龙 江	158	157		36		4979		818	
上　　海	768	319		1679		273140		32133	
江　　苏	1364	592		789		131077		18804	
浙　　江	258	62		124		19572		3079	
安　　徽	262	188		100		17442		2516	
福　　建	92	70		38		8607		1127	1
江　　西	129	102		49		8152		1246	
山　　东	439	180		244		47740		6806	
河　　南	288	181		106		17889		2708	
湖　　北	1165	536	1	561		94344	69	14125	8
湖　　南	263	140		125		18780		3721	
广　　东	637	195		305		51600		7781	
广　　西	42	3		80		9862		1215	
海　　南	4	2		2		104		44	
重　　庆	848	326		369		54327		9359	
四　　川	423	255		170		28439		4261	
贵　　州	10	4		6		808		129	
云　　南	125	56		37		5392		863	
西　　藏									
陕　　西	1001	479		441		76080		10206	
甘　　肃	54	51		13		2097		480	
青　　海	1	1		1		35		5	
宁　　夏	3	3		2		224		41	
新　　疆	8	6		5		713		105	
台　　湾									

各地区、各类课本出版数量(续表1)

	中专、技校课本								
	种数(种)		租型种数(种)	总印数(万册)		总印张(千印张)		定价总金额(万元)	
	合计	新出		合计	租型	合计	租型	合计	租型
全国总计	**4126**	**1237**		**5726**		**761467**		**95375**	
中　　央	**3460**	**926**		**4820**		**654338**		**81748**	
地　　方	**666**	**311**		**906**		**107129**		**13627**	
北　　京	12	5		4		638		87	
天　　津	8			22		3290		340	
河　　北	1			1		75		11	
山　　西									
内 蒙 古	1	1		2		255		34	
辽　　宁	32	9		12		1193		164	
吉　　林									
黑 龙 江	3	3		1		88		15	
上　　海	63	23		106		11177		1770	
江　　苏	26	12		207		31101		3414	
浙　　江	13	4		23		2011		271	
安　　徽	48	47		16		1987		317	
福　　建				1		122		15	
江　　西	15	8		6		575		92	
山　　东	21			30		3618		384	
河　　南	71	41		43		5982		825	
湖　　北	25	14		12		1629		216	
湖　　南	37	3		108		11133		1236	
广　　东	65	5		58		7683		1107	
广　　西	6	1		17		1792		280	
海　　南									
重　　庆	94	35		79		9968		1376	
四　　川	94	92		67		7978		1127	
贵　　州	1			10		650		78	
云　　南	2	2		1		130		17	
西　　藏	6					21		2	
陕　　西	21	5		80		3971		439	
甘　　肃	1	1				62		10	
青　　海									
宁　　夏									
新　　疆									
台　　湾									

各地区、各类课本出版数量(续表2)

	中学课本								
	种数(种)		租型种数(种)	总印数(万册)		总印张(千印张)		定价总金额(万元)	
	合计	新出		合计	租型	合计	租型	合计	租型
全国总计	**5028**	**932**	**4055**	**151841**	**77425**	**10960399**	**6265269**	**1004915**	**545377**
中　　央	**1748**	**180**		**34231**		**2150987**		**216883**	
地　　方	**3280**	**752**	**4055**	**117610**	**77425**	**8809412**	**6265269**	**788032**	**545377**
北　　京	110	23		272		23343		2507	
天　　津	8		94	736	687	62525	59139	5448	5169
河　　北	103	10	166	5896	3826	472829	331426	36019	25107
山　　西	28	1	125	2792	2632	224542	215397	18435	17570
内 蒙 古	89	11	78	1079	818	87474	68014	6528	5328
辽　　宁	59	22		182		10055		1302	
吉　　林	110	32	381	3333	3258	261562	254109	21527	20918
黑 龙 江	15		204	1934	1916	145673	145172	13103	13032
上　　海	534	101	2	3494	3	238750	134	23762	8
江　　苏	186	45	267	13217	7615	803703	497443	75206	47516
浙　　江	173	28	144	4732	3337	374171	271437	36336	24430
安　　徽	6	3	185	4199	4137	324376	321482	31058	30738
福　　建	59	52	119	2293	2114	182734	170413	16771	15741
江　　西	44	21	191	3246	2777	270092	249598	21956	19772
山　　东	227	37	153	6524	3034	462992	217174	47837	22381
河　　南	63	18	137	6975	6150	589095	548231	49888	45900
湖　　北	168	50	216	6600	5265	537600	450699	44831	37478
湖　　南	202	41	189	12210	5776	844738	467853	83570	44132
广　　东	128	25	81	6946	3754	515423	307122	49802	29942
广　　西	213	18	165	6480	3488	421690	294153	38625	26228
海　　南	19		101	745	613	54870	49710	5101	4387
重　　庆	92	36	122	1854	1223	140015	109418	13489	9785
四　　川	69	28	106	5881	4393	489225	388126	40436	31943
贵　　州	35	1	112	2537	2326	216486	203594	14962	13815
云　　南	258	31		4386		364535		31493	
西　　藏	62	17	154	454	379	33237	27656	2920	2505
陕　　西	68	25	234	5005	4530	384475	357757	33829	31569
甘　　肃	10	4	169	2890	2853	220796	216257	16871	16488
青　　海	95	61	113	415	370	36779	32181	2482	2261
宁　　夏	3	3	47	159	151	11880	11574	1267	1234
新　　疆	44	8		144		3747		671	
台　　湾									

各地区、各类课本出版数量(续表3)

	小学课本								
	种数(种)		租型种数(种)	总印数(万册)		总印张(千印张)		定价总金额(万元)	
	合计	新出		合计	租型	合计	租型	合计	租型
全国总计	**5399**	**990**	**4548**	**140111**	**65290**	**6159831**	**3000000**	**635488**	**301376**
中　央	**1341**	**90**		**21082**		**1077837**		**109042**	
地　方	**4058**	**900**	**4548**	**119029**	**65290**	**5081994**	**3000000**	**526446**	**301376**
北　京	189	25		405		21975		2692	
天　津	17	1	109	695	576	33200	28561	3606	3066
河　北	202	36	172	6721	2234	311584	101251	29558	9610
山　西	12	1	228	2868	2771	115818	112459	11784	11399
内蒙古	100	30	105	1068	765	48569	33027	4725	3440
辽　宁	175	46		720		21466		2794	
吉　林	114	21	453	2791	2684	132153	126604	12846	12192
黑龙江	86	16	158	1190	990	50708	44764	5392	4524
上　海	441	58		2588		105669		11785	
江　苏	167	81	232	10104	4827	389210	224423	44153	26642
浙　江	169	23	116	5073	2356	231323	124808	23626	11626
安　徽	29	2	97	2932	2270	123179	105721	11564	9912
福　建	117	40	159	2589	1677	98078	77144	10020	7795
江　西	91	24	213	3716	2669	154821	123066	14965	10919
山　东	175	35	144	4757	2472	199275	101136	22339	11406
河　南	102	23	178	9616	7413	379378	290801	41023	31763
湖　北	201	41	308	4660	3339	204163	147374	20933	15378
湖　南	182	33	174	10525	4096	359472	178699	42441	17765
广　东	129	42	108	8805	5102	465754	285865	47353	28801
广　西	197	60	226	7199	3508	279294	159352	30135	17562
海　南	23	2	100	946	741	42062	34981	3950	3080
重　庆	170	44	143	3762	1080	165878	50049	19318	5373
四　川	52	20	121	5043	3580	264397	183829	24764	17481
贵　州	69	4	206	3565	3192	170005	157226	13424	12085
云　南	402	73	62	7145	10	296090	807	30580	48
西　藏	74	9	132	599	324	30048	16874	3064	1745
陕　西	104	23	281	5129	3452	223826	148610	21579	14566
甘　肃	7		138	2620	2607	117447	116310	10954	10874
青　海	69	38	147	481	387	23626	19216	1855	1561
宁　夏	10	10	38	196	168	7645	7043	835	763
新　疆	183	39		521		15881		2389	
台　湾									

各地区、各类课本出版数量(续表4)

	业余教育课本								
	种数(种)		租型种数(种)	总印数(万册)		总印张(千印张)		定价总金额(万元)	
	合计	新出		合计	租型	合计	租型	合计	租型
全国总计	**2113**	**822**	**2**	**2770**	**26**	**344590**	**964**	**51195**	**94**
中　央	**1741**	**675**		**2388**		**308487**		**45165**	
地　方	**372**	**147**	**2**	**382**	**26**	**36103**	**964**	**6030**	**94**
北　京	18	11		22		3207		676	
天　津									
河　北	4	3		5		401		46	
山　西									
内蒙古									
辽　宁	72	19		47		6648		1070	
吉　林	8	8		8		460		48	
黑龙江	2	2	2	26	26	989	964	99	94
上　海	65	18		48		5389		1061	
江　苏	25	12		31		4383		709	
浙　江	32	14		21		2102		270	
安　徽	8	8		9		378		61	
福　建	2	2				99		16	
江　西	13	3		13		1863		278	
山　东	5	1		2		287		51	
河　南									
湖　北	8			3		388		88	
湖　南	6	1		4		497		60	
广　东	9	3		7		1088		190	
广　西	1					3			
海　南	1	1		1		83		18	
重　庆									
四　川	8	8		7		393		94	
贵　州									
云　南	36	23		17		2896		527	
西　藏									
陕　西	44	7		108		4283		634	
甘　肃	1					8		1	
青　海									
宁　夏									
新　疆	4	3		3		258		33	
台　湾									

各地区、各类课本出版数量(续表5)

	扫盲课本								
	种数(种)		租型种数(种)	总印数(万册)		总印张(千印张)		定价总金额(万元)	
	合计	新出		合计	租型	合计	租型	合计	租型
全国总计	**10**	**4**		**23**		**1960**		**303**	
中　　央	**2**			**2**		**242**		**34**	
地　　方	**8**	**4**		**21**		**1718**		**269**	
北　　京									
天　　津									
河　　北									
山　　西									
内 蒙 古									
辽　　宁	1	1				19		3	
吉　　林	2	2		4		238		24	
黑 龙 江									
上　　海									
江　　苏	1			5		329		40	
浙　　江									
安　　徽									
福　　建									
江　　西									
山　　东									
河　　南									
湖　　北	2			1		92		17	
湖　　南									
广　　东									
广　　西									
海　　南	1			10		915		145	
重　　庆				1		27		5	
四　　川	1	1				98		35	
贵　　州									
云　　南									
西　　藏									
陕　　西									
甘　　肃									
青　　海									
宁　　夏									
新　　疆									
台　　湾									

各地区、各类课本出版数量(续表6)

	教学用书								
	种数(种)		租型种数(种)	总印数(万册)		总印张(千印张)		定价总金额(万元)	
	合计	新出		合计	租型	合计	租型	合计	租型
全国总计	**3796**	**1273**	**424**	**5089**	**253**	**410694**	**19411**	**67597**	**1610**
中　　央	**1157**	**244**		**1544**		**176773**		**29949**	
地　　方	**2639**	**1029**	**424**	**3545**	**253**	**233921**	**19411**	**37648**	**1610**
北　　京	25	12		35		3147		389	
天　　津	18	1	19	12	10	1354	1138	152	95
河　　北	154	26	9	104	12	8988	650	1179	56
山　　西	4		25	16	15	1627	1548	140	128
内 蒙 古	39	11	14	8	6	682	463	60	37
辽　　宁	63	21		41		3636		764	
吉　　林	38	12		2		273		17	
黑 龙 江	26	5	70	88	7	6485	819	600	44
上　　海	678	291	13	458	9	54675	1185	7690	137
江　　苏	413	172		1514		52181		11233	
浙　　江	113	33	6	135	3	8619	508	1489	48
安　　徽			22	10	10	1125	1125	46	46
福　　建	22	14	6	9	6	467	303	40	17
江　　西	14	3	10	6	3	400	164	53	13
山　　东	178	42		190		15017		1775	
河　　南	66	13	26	223	17	10033	1600	1562	95
湖　　北	44	16	81	35	23	4056	2468	519	273
湖　　南	169	74	17	119	21	11552	1555	2677	101
广　　东	125	22		50		4592		846	
广　　西	38	15	11	23	9	1876	1239	178	85
海　　南	1			1		46		5	
重　　庆	64	35		33		3029		736	
四　　川	15	13	33	33	29	2964	2386	267	165
贵　　州	2	2		1		81		18	
云　　南	64	14		124		10390		979	
西　　藏	41	14	18	10	3	899	258	67	18
陕　　西	162	117	37	182	8	21375	665	3589	60
甘　　肃	7	6	7	69	62	3494	1337	437	192
青　　海									
宁　　夏	1	1				8		2	
新　　疆	55	44		14		850		139	
台　　湾									

全国各出版社课本出版数量

中央出版社

	课本合计								
	种数(种)		租型种数(种)	总印数(万册)		总印张(千印张)		定价总金额(万元)	
	合计	新出		合计	租型	合计	租型	合计	租型
中央合计	**32737**	**10851**		**84531**		**8276163**		**1020407**	
人民美术出版社	122	9		528		17201		3231	
人民音乐出版社	152	17		388		21436		3287	
印刷工业出版社	15	10		3		327		82	
中国盲文出版社	29	21		1		33		41	
中国戏剧出版社	4	4		1		206		83	
中国财政经济出版社	158	79		261		31955		4199	
人民体育出版社	51	5		48		8748		1210	
中国协和医科大学出版社	2	2		1		206		31	
北京大学出版社	1460	485		1005		185622		29533	
中国人民大学出版社	855	336		1149		271606		30625	
外语教学与研究出版社	751	212		5870		554332		71278	
人民教育出版社	2059	227		12302		1109452		109264	
中国农业出版社	637	230		325		61527		8337	
中国轻工业出版社	298	92		85		14351		2679	
中国纺织出版社	197	67		76		11935		2496	
煤炭工业出版社	155	80		97		14867		2586	
石油工业出版社	101	45		40		7283		1032	
中国水利水电出版社	126	60		47		7987		1251	
科学普及出版社	118	90		511		29639		3308	
机械工业出版社	2699	872		1256		195882		33063	
冶金工业出版社	110	46		38		6565		1186	
化学工业出版社	1228	525		603		94231		15625	
中国建筑工业出版社	711	189		451		80278		12897	
中国铁道出版社	559	290		281		46298		6796	
人民交通出版社	616	260		273		48238		7741	
人民邮电出版社	625	185		272		45171		6384	
地质出版社	231	60		1623		73211		9336	
气象出版社	5	5		2		458		90	
北京交通大学出版社	539	214		250		47673		7310	
中国地图出版社	425	44		9304		274909		37536	
人民卫生出版社	805	303		1458		316635		44151	
中国商务出版社	102	54		51		8171		1353	
语文出版社	172	28		1491		104585		10086	
法律出版社	139	50		99		28312		3444	
中国林业出版社	235	147		93		19211		2789	

全国各出版社课本出版数量(续表1)

中央出版社

	课本合计								
	种数(种)		租型种数(种)	总印数(万册)		总印张(千印张)		定价总金额(万元)	
	合计	新出		合计	租型	合计	租型	合计	租型
教育科学出版社	302	43		10712		587703		59963	
清华大学出版社	2423	1024		1513		302454		42150	
中国商业出版社	233	68		248		35730		5017	
中国劳动社会保障出版社	1404	486		2014		251178		35620	
中国环境科学出版社	53	32		41		3887		578	
北京师范大学出版社	530	78		12446		945570		86996	
中国物资出版社	95	53		38		6898		1092	
中国金融出版社	143	69		111		22103		3496	
电子工业出版社	1563	641		880		163101		22484	
中央广播电视大学出版社	529	100		981		185956		26852	
经济科学出版社	166	96		219		56016		7776	
高等教育出版社	5581	1361		9135		1575849		191540	
对外经济贸易大学出版社	284	160		172		29944		4853	
中央民族大学出版社	45	28		11		1753		285	
北京语言大学出版社	188	66		123		18409		4233	
中国政法大学出版社	243	72		165		41115		4409	
中国农业科学技术出版社	5	3		2		373		54	
北京理工大学出版社	469	283		213		35343		5698	
中国农业大学出版社	246	140		93		14833		1938	
中国传媒大学出版社	56	19		33		6030		1098	
兵器工业出版社	37	24		11		1885		347	
华夏出版社	33	2		66		7334		1123	
中国医药科技出版社	128	25		80		16064		2467	
中国长安出版社	6	6		1		86		6	
中国计划出版社	66	66		31		5630		836	
学苑出版社	5			1		399		68	
北京邮电大学出版社	207	107		83		14155		2182	
中央音乐学院出版社	18	10		5		771		170	
北京大学医学出版社	191	83		115		21761		3444	
中国中医药出版社	167	45		115		26807		3361	
星球地图出版社	313	9		4388		125739		21000	
中国电力出版社	508	300		197		32079		4832	
国家行政学院出版社	9	9		5		667		99	

全国各出版社课本出版数量(续表2)

地 方 出 版 社

	课本合计								
	种数(种)		租型种数(种)	总印数(万册)		总印张(千印张)		定价总金额(万元)	
	合计	新出		合计	租型	合计	租型	合计	租型
地 方 合 计:	**21260**	**7978**	**9030**	**247897**	**142994**	**15318241**	**9285713**	**1521065**	**848466**
北京出版社	317	100		482		32974		3860	
北京教育出版社	14			15		656		101	
北京科学技术出版社	6	5		7		1795		433	
北京少年儿童出版社	12			7		231		31	
同心出版社	10	10		25		2525		290	
北京工业大学出版社	69	29		23		3740		561	
首都师范大学出版社	89	34		241		19027		2452	
天津教育出版社	38	2	44	393	255	22525	14856	2294	1529
天津科学技术出版社	8			22		3290		340	
天津人民美术出版社	5		21	134	101	3178	2406	534	398
南开大学出版社	314	160		178		27697		4598	
天津大学出版社	197	90		88		14872		2332	
河北人民出版社	107	9		2082		119570		10774	
河北教育出版社	180	34		1889		130733		11121	
河北科学技术出版社			6	182	182	17575	17575	1466	1466
河北少年儿童出版社	101	29		1362		46590		4319	
花山文艺出版社	3	2		20		1432		125	
河北美术出版社	56	18		874		26861		3918	
河北大学出版社	42	4		446		38186		2458	
山西人民出版社			343	4928	4928	307690	307690	26835	26835
山西教育出版社	21		35	602	490	29524	21714	3005	2262
山西科学技术出版社	20	2		108		3430		305	
北岳文艺出版社	1					36		4	
山西经济出版社	6			40		1617		244	
内蒙古教育出版社	214	40	197	2099	1589	132074	101504	10995	8805
内蒙古科学技术出版社	1	1				51		14	
内蒙古大学出版社	86	72		96		10628		1087	
辽宁教育出版社	34	5		99		2728		387	
辽宁民族出版社	78	34		130		3625		532	
万卷出版公司	5	5		7		353		59	
辽海出版社	94	3		344		10860		1233	
大连出版社	14	10		7		1193		183	
东北财经大学出版社	465	212		389		64217		9505	

全国各出版社课本出版数量(续表3)

地方出版社

	课本合计								
	种数(种)		租型种数(种)	总印数(万册)		总印张(千印张)		定价总金额(万元)	
	合计	新出		合计	租型	合计	租型	合计	租型
东北大学出版社	134	77		44		6063		953	
辽宁大学出版社	31	19		38		1738		256	
辽宁师范大学出版社	68	28		293		15486		2334	
大连海事大学出版社	170	62		51		8198		1391	
大连理工大学出版社	389	119		307		41157		6289	
白山出版社	5	5		3		192		24	
延边教育出版社	225	50		112		9822		738	
北方妇女儿童出版社	22			50		2499		435	
吉林美术出版社	2	2		5		84		10	
吉林摄影出版社	2	2		12		600		72	
长春出版社	10	10		5		264		24	
东北师范大学出版社	3	1		4		339		40	
吉林大学出版社	1	1				6		1	
吉林出版集团有限责任公司	42	42	834	5975	5942	384528	380713	33744	33110
黑龙江教育出版社	64	4		29		1071		85	
黑龙江少年儿童出版社	41	13		102		6642		661	
北方文艺出版社	1	1		1		128		19	
黑龙江美术出版社	23	4		167		4310		743	
哈尔滨地图出版社	1	1				9		3	
哈尔滨工程大学出版社	153	153		33		4404		747	
黑龙江大学出版社	7	7		4		579		68	
上海人民出版社	11	3		17		2987		345	
上海教育出版社	806	143	15	3251	12	182305	1319	18304	145
上海科学技术出版社	30	3		189		14033		1281	
上海科技教育出版社	263	37		1728		114044		11186	
上海科学普及出版社	1					30		4	
少年儿童出版社	31	13		133		6406		1283	
上海辞书出版社	8	5		49		3845		447	
上海人民美术出版社	113	87		52		4561		1672	
上海古籍出版社	18			29		4007		496	
上海译文出版社	18	1		7		997		147	
上海音乐学院出版社	31	17		15		1569		401	
上海书画出版社	118	24		518		14227		2214	
立信会计出版社	1	1				30		8	
上海三联书店	2			1		85		15	

全国各出版社课本出版数量(续表4)

地方出版社

	课本合计								
	种数(种)		租型种数(种)	总印数(万册)		总印张(千印张)		定价总金额(万元)	
	合计	新出		合计	租型	合计	租型	合计	租型
复旦大学出版社	6			26		4125		689	
华东理工大学出版社	299	173		213		34439		5210	
华东师范大学出版社	212	79		496		52403		6436	
上海交通大学出版社	1			1		109		14	
上海外语教育出版社	240	54		1411		218894		23627	
同济大学出版社	29	16		12		2149		315	
东华大学出版社	3	3		1		209		45	
上海财经大学出版社	185	116		79		16037		2191	
上海大学出版社	79	29		23		3419		591	
上海音乐出版社	44	6		122		7890		1280	
江苏人民出版社	5	1		20		1225		143	
江苏教育出版社	422	196		6640		319739		31152	
江苏科学技术出版社	31	7		2216		99132		10914	
江苏少年儿童出版社	80	4		1882		67676		6510	
江苏文艺出版社	2	2		1		219		40	
南京出版社	4	1		15		835		98	
译林出版社	19	3		448		32323		2936	
东南大学出版社	520	191		228		38078		6059	
河海大学出版社	135	42		89		14294		2028	
南京大学出版社	160	82		121		21661		2767	
苏州大学出版社	224	100		257		37578		4901	
中国矿业大学出版社	341	208		122		21243		3305	
南京师范大学出版社	234	73		1379		35728		8484	
广陵书社	3	2		6		239		47	
江苏大学出版社	2	2		1		148		17	
浙江人民出版社	10	2		12		1217		186	
浙江教育出版社	160	19	22	1595	419	91379	25357	10802	2054
浙江科学技术出版社	111	25		177		10580		1590	
浙江文艺出版社	6			65		6311		718	
浙江人民美术出版社	29	4		437		11110		1982	
浙江摄影出版社	16			500		27173		3073	
杭州出版社	15	13		10		4580	120	522	13
西泠印社出版社	11	11		6		1264		199	
浙江大学出版社	269	84		154		23199		3200	
中国美术学院出版社	42	6		22		2080		549	

全国各出版社课本出版数量(续表5)

地方出版社

	课本合计								
	种数(种)		租型种数(种)	总印数(万册)		总印张(千印张)		定价总金额(万元)	
	合计	新出		合计	租型	合计	租型	合计	租型
安徽教育出版社	39	37		12		1593		241	
安徽科学技术出版社	1	1		1		80		14	
安徽美术出版社	24			548		12255		1125	
黄山书社	8	8		7		182		51	
中国科学技术大学出版社	200	124		81		14382		1971	
安徽大学出版社	6	3		175		7906		795	
合肥工业大学出版社	75	75		25		3761		669	
福建人民出版社	26	7	36	429	388	23993	20352	2538	2065
福建教育出版社	143	107		821		25399		2646	
福建科学技术出版社	6	3	8	79	77	5790	5413	550	494
福建少年儿童出版社	51		21	470	232	20946	14103	1644	1190
福建美术出版社			11	32	32	1010	1010	148	148
鹭江出版社	2	1	1	7	1	273	26	50	3
厦门大学出版社	64	60		25		5740		759	
江西人民出版社	5	5		5		721		89	
江西教育出版社	13	7		15		711		58	
江西科学技术出版社	77	49		379		24968		2435	
百花洲文艺出版社	14	3		9		296		41	
二十一世纪出版社	21	1		174		7976		755	
江西美术出版社	28			643		12859		2252	
江西高校出版社	148	96		362		15544		2256	
山东人民出版社	68	5		1119		62227		5715	
山东教育出版社	225	83		2150		137624		14100	
山东科学技术出版社	107	2		808		64329		7179	
山东美术出版社	28	1		360		12158		1599	
山东友谊出版社	6	2		19		789		115	
齐鲁书社	20			20		2394		264	
泰山出版社	99			938		50348		5297	
青岛出版社	23	1		281		7230		980	
山东大学出版社	166	38		255		29751		4334	
中国石油大学出版社	194	75		202		29300		3741	
中国海洋大学出版社	104	83		41		7283		1142	
黄河出版社	5	5		12		1426		325	
河南人民出版社	34	15		14		1720		212	
河南科学技术出版社	95	26		826		37494		4877	

全国各出版社课本出版数量(续表6)

地方出版社

	课本合计								
	种数(种)		租型种数(种)	总印数(万册)		总印张(千印张)		定价总金额(万元)	
	合计	新出		合计	租型	合计	租型	合计	租型
海燕出版社	61	10		958		40530		4013	
河南文艺出版社	70	12		1108		40844		4171	
文心出版社	12	12		6		255		38	
中州古籍出版社	1			2		122		11	
中原农民出版社	16	7		54		3146		228	
大象出版社	71	58		310		21808		2424	
河南大学出版社	76	42		24		5960		830	
郑州大学出版社	142	94		51		8985		1343	
湖北人民出版社	18			168		10911		989	
湖北教育出版社	137	32		900		52401		3802	
湖北科学技术出版社	37	12		193		8256		892	
湖北少年儿童出版社	12			29		800		81	
崇文书局	21			173		5850		705	
湖北美术出版社	110	60		219		6377		1857	
武汉出版社	51	7		259		13622		1445	
华中科技大学出版社	436	189		374		37839		5833	
华中师范大学出版社	205	102		572		49017		4417	
武汉大学出版社	469	201	1	283		51076	69	6380	8
武汉理工大学出版社	1	1				58		8	
中国地质大学出版社	107	44		25		3693		964	
长江出版社	9	9		50		1831		227	
湖南人民出版社	37	29		66		5832		1033	
湖南教育出版社	107	59		214		17118		2093	
湖南科学技术出版社	51	16		88		9543		1097	
湖南少年儿童出版社	9	2		73		1856		236	
湖南文艺出版社	42	3		90		6860		1830	
湖南美术出版社	87	2		1023		33239		6125	
岳麓书社	20	1		125		12041		1509	
湖南师范大学出版社	90	37	5	1587	35	68301	3180	5913	372
湖南大学出版社	114	40		123		14361		2385	
国防科技大学出版社	91	54		26		4697		646	
湘潭大学出版社	5	5		2		260		54	
广东人民出版社	59	37		607		36671		3515	
广东教育出版社	217	24		4620		282085		27257	
广东高等教育出版社	218	56		591		49945		5676	

全国各出版社课本出版数量(续表7)

地方出版社

	课本合计								
	种数(种)		租型种数(种)	总印数(万册)		总印张(千印张)		定价总金额(万元)	
	合计	新出		合计	租型	合计	租型	合计	租型
广东科技出版社	35	9		212		14435		1519	
岭南美术出版社	34			879		21410		3513	
广东新世纪出版社	26	10		177		9471		819	
华南理工大学出版社	346	112		114		19332		3035	
中山大学出版社	158	44		115		19804		3002	
广西人民出版社	68		8	371	63	14623	3559	1373	355
广西教育出版社	98	11	10	1339	137	58471	7273	4902	729
广西科学技术出版社	53	4		1619		66193		6909	
接力出版社	36	3		654		25889		2778	
广西民族出版社	36	19	65	1709	1005	75666	50031	7056	5020
广西美术出版社	89	55		1104		27869		4725	
广西师范大学出版社	117	5	39	2109	906	102784	50859	10065	5146
海南出版社	45	4		338		12386		1612	
南方出版社	1			11		938		148	
南海出版公司	3	1		2		65		36	
重庆出版社			252	1934	1934	142590	142590	13035	13035
西南师范大学出版社	504	176	13	3558	369	167611	16877	22446	2123
重庆大学出版社	764	300		606		63043		8802	
四川人民出版社	35	8		1204		81259		6767	
四川科学技术出版社	3	1		8		520		53	
四川少年儿童出版社	27	21	18	1933	958	93963	39404	8734	3984
四川文艺出版社	9	2	6	1153	482	57428	19655	5332	1986
四川美术出版社	6	3		16		382		112	
成都时代出版社	6	5		5		360		71	
电子科技大学出版社	195	165		95		13357		1957	
四川大学出版社	114	38		119		13185		1650	
西南财经大学出版社	145	83		72		12058		1834	
西南交通大学出版社	122	91		34		5700		855	
贵州人民出版社	4			4		74		5	
贵州教育出版社	62	3		339		13466		1576	
贵州民族出版社	18	5	27	451	360	11338	8620	1679	1382
贵州大学出版社	3	3		2		325		59	
云南人民出版社	425	30		9755		598456		56502	
云南教育出版社	85	8		1456		44380		3888	
云南科学技术出版社	163	66		248		13228		1479	

全国各出版社课本出版数量(续表8)

地方出版社

	课本合计								
	种数(种)		租型种数(种)	总印数(万册)		总印张(千印张)		定价总金额(万元)	
	合计	新出		合计	租型	合计	租型	合计	租型
晨光出版社	22	3		90		6484		397	
云南美术出版社	1	1				7		13	
云南民族出版社	2	1	62	11	10	835	807	56	48
云南大学出版社	189	90		150		16043		2124	
西藏人民出版社	183	40	304	1063	706	64205	44788	6053	4268
陕西人民出版社	14		230	3149	3129	227028	226078	19363	19243
陕西人民教育出版社	36	11	90	1225	882	84492	63738	7476	6022
陕西科学技术出版社	54	11	2	279	46	13634	3729	1394	408
未来出版社	46	17		1050		48381		4531	
太白文艺出版社	2		87	1196	1191	82651	82458	7711	7691
陕西人民美术出版社	7	2	61	1464	1434	46565	45539	5511	5337
陕西旅游出版社	11			60		3225		428	
西安出版社	1					65		9	
陕西师范大学出版社	56	35	5	501	148	30434	11123	3145	1006
西安电子科技大学出版社	405	162		206		37795		4554	
西安交通大学出版社	325	176	19	691	243	51362	11663	7180	1221
西北大学出版社	139	50	31	572	442	40805	28514	4244	2552
西北工业大学出版社	123	61		39		6675		927	
西北农林科技大学出版社	70	66		20		3022		530	
第四军医大学出版社	111	65		18		3686		558	
甘肃人民出版社	2	1	314	5523	5522	334029	333904	27566	27554
甘肃教育出版社	17	4		43		3509		223	
甘肃少年儿童出版社	2	1		1		39		6	
兰州大学出版社	59	56		25		6327		958	
青海人民出版社	2	1	184	691	683	48789	48250	3597	3566
青海民族出版社	163	99	76	206	74	11651	3147	745	256
宁夏人民出版社	3	3	85	324	319	18831	18617	2030	1997
宁夏人民教育出版社	14	14		33		926		115	
新疆人民出版社	36	14		26		1191		147	
新疆科学技术出版社	10	2		28		1557		107	
新疆青少年出版社	38	27		9		531		56	
新疆美术摄影出版社	191	41		613		17012		2838	
新疆大学出版社	8	5		6		880		125	
新疆人民卫生出版社	10	10		5		262		61	
新疆生产建设兵团出版社	1	1				16		3	

在地方图书出版数量中各省(自治区、直辖市)所占百分比

	种数		租型种数	总印数			总印张			定价总金额		
	合计	新出		合计	新出	租型	合计	新出	租型	合计	新出	租型
地方	**100**	**100**	**100**	**100**	**100**	**100**	**100**	**100**	**100**	**100**	**100**	**100**
北京	3.85	3.62		1.39	3.57		2.29	4.97		3.11	5.36	
天津	2.43	2.72	2.22	0.98	1.4	0.9	1.31	1.84	0.93	1.61	2.43	0.96
河北	1.6	1.61	3.69	3.5	1.54	4.23	3.33	1.35	4.59	2.53	1.15	4.08
山西	1.54	1.67	4.06	2.62	2.35	3.67	2.78	2.45	3.47	2.43	2.07	3.37
内蒙古	1.77	1.73	4.21	1.74	2.44	2.3	1.93	2.59	2.41	1.82	2.46	2.24
辽宁	4.33	4.4	0.04	1.49	3.05	0.07	1.72	3.02	0.03	2.42	3.61	0.06
吉林	3.8	3.49	8.19	2.8	2.87	3.92	3.33	3.48	3.89	3.34	3.19	3.67
黑龙江	2.43	3.38	4.26	1.18	1.46	1.94	1.34	2.02	1.96	1.56	2.35	1.96
上海	13.25	13.11	0.19	5	8.17	0.09	7.49	10.95	0.05	9.66	13.13	0.09
江苏	8.4	8.09	5	11.03	16.1	8.23	10.24	13.82	7.38	10.26	11.22	8.24
浙江	5.33	4.17	2.84	5.68	4.5	4.11	4.96	4.05	4.21	5.09	4.31	4.29
安徽	2.4	2.16	3.02	3.83	1.55	4.37	3.04	1.29	4.43	2.98	1.51	4.64
福建	2.1	2.91	2.83	1.89	2.81	2.58	1.76	2.5	2.56	1.84	2.4	2.67
江西	2.02	2.36	4.06	3.17	5.12	3.6	2.75	3.73	3.81	2.72	3.41	3.41
山东	4.69	3.92	3.01	4.98	3.69	3.83	5.49	4.29	3.64	5.32	4.16	4.37
河南	2.94	3.35	3.46	5.04	3.28	9.07	4.57	2.83	8.83	3.94	2.69	8.76
湖北	5.21	5.86	6.05	4.73	5.74	5.71	5	5.82	6.14	4.95	5.99	5.91
湖南	3.3	3.16	3.77	6.97	5.72	6.62	5.74	4.18	6.65	5.58	3.8	6.95
广东	4.42	4.93	1.99	5.18	4.65	5.86	5.29	5.08	6.06	5.41	5.52	6.52
广西	3.93	2.97	4.38	5.64	3.45	4.72	4.63	2.84	4.73	4.41	2.93	4.96
海南	1.55	1.06	2.01	1.22	0.84	0.9	1.68	1.25	0.87	1.67	1.29	0.84
重庆	2.67	2.73	3.02	2.27	2.69	1.6	2.17	2.64	1.66	2.38	2.62	1.75
四川	3.98	4.74	2.82	4.37	6.05	5.41	4.64	5.48	5.98	4.06	4.43	5.64
贵州	0.67	0.73	3.63	1.92	0.3	4.19	1.58	0.25	3.93	1.1	0.37	3.25
云南	2.44	2.19	0.66	3.56	1.42	0.1	3.07	1.16	0.06	2.73	1.55	0.1
西藏	0.29	0.25	3.07	0.27	0.14	0.48	0.28	0.25	0.47	0.24	0.21	0.49
陕西	4.11	4.11	5.52	3.95	2.89	5.4	4.08	3.57	5.26	4.06	3.68	5.24
甘肃	1	1.12	3.12	1.44	0.4	3.66	1.38	0.57	3.45	1.08	0.64	3.14
青海	0.33	0.5	2.55	0.23	0.2	0.5	0.24	0.2	0.52	0.18	0.18	0.42
宁夏	0.29	0.52	0.83	0.11	0.19	0.21	0.11	0.18	0.19	0.15	0.25	0.22
新疆	2.94	2.45	5.5	1.84	1.41	1.75	1.79	1.37	1.84	1.37	1.05	1.75
台湾												

	图书总计					使用《中国标 书籍				
	种数(种) 合计	种数(种) 新出	印数(万册、张)	印张(千印张)	总定价(万元)	种数(种) 合计	种数(种) 新出	印数(万册、张)	印张(千印张)	总定价(万元)
全国总计	**248283**	**136226**	**629331**	**48650689**	**6767166**	**192912**	**116443**	**294103**	**24875482**	**4159446**
中　　央	**120496**	**67092**	**180547**	**18846519**	**3032322**	**87509**	**56080**	**95153**	**10470976**	**1968429**
地　　方	**127787**	**69134**	**448784**	**29804170**	**3734844**	**105403**	**60363**	**198950**	**14404506**	**2191017**
北　　京	4916	2502	6227	683089	116127	4399	2324	5427	622141	108399
天　　津	3105	1877	4419	388977	60154	2542	1625	2679	242674	42947
河　　北	2042	1115	15729	992863	94342	1553	1019	2984	196164	26854
山　　西	1964	1154	11767	829536	90931	1916	1152	6089	487239	60538
内 蒙 古	2261	1193	7799	575819	67808	1960	1080	5604	433066	55712
辽　　宁	5533	3043	6686	513324	90204	4038	2458	4969	357449	67021
吉　　林	4857	2415	12573	992082	124828	4550	2307	6410	593857	89756
黑 龙 江	3099	2336	5285	400613	58344	2769	2113	1892	190291	37033
上　　海	16935	9063	22439	2231675	360611	14305	8176	13990	1539769	279104
江　　苏	10735	5592	49514	3050981	383035	8411	4599	23323	1613300	223807
浙　　江	6810	2880	25501	1478087	190289	5476	2357	14667	810912	119370
安　　徽	3070	1492	17177	904808	111230	2709	1239	9899	436149	65559
福　　建	2678	2009	8462	524605	68616	2372	1817	3518	233492	39975
江　　西	2581	1635	14210	819746	101466	2272	1474	7169	383065	62677
山　　东	5998	2713	22353	1635072	198752	4953	2418	10606	906143	119560
河　　南	3760	2313	22607	1363171	146980	3170	2037	5644	360794	50974
湖　　北	6657	4054	21248	1489821	185052	5024	3377	9288	645628	103698
湖　　南	4215	2182	31278	1710445	208391	3228	1781	7843	458529	72802
广　　东	5646	3409	23234	1575820	202044	4550	3116	7061	529633	94946
广　　西	5020	2056	25298	1378948	164721	4509	1946	11485	663647	94118
海　　南	1975	736	5470	499520	62411	1926	731	3765	396300	52614
重　　庆	3407	1886	10180	646391	88840	2126	1398	4080	273076	44514
四　　川	5091	3275	19593	1383179	151665	4429	2858	8392	589685	80681
贵　　州	861	502	8626	471074	41269	744	491	2507	83044	12658
云　　南	3117	1514	15962	916295	102058	2227	1312	4250	236690	37557
西　　藏	371	172	1192	83918	9067	187	131	129	19708	3003
陕　　西	5252	2842	17717	1215298	151701	3783	2132	6575	498759	79923
甘　　肃	1277	775	6463	411168	40388	1197	713	871	67264	11635
青　　海	422	348	1010	71036	6681	257	248	113	10596	2339
宁　　夏	372	359	503	33642	5504	355	342	146	13885	3359
新　　疆	3760	1692	8262	533167	51335	3466	1592	7575	511557	47884
台　　湾										

数量(书籍、课本、图片)

准书号》部分					不使用《中国标准书号》部分—图片合计					附：活页文选影印书等用纸	
课本											
种数(种)		印数(万册、张)	印张(千印张)	总定价(万元)	种数(种)		印数(万册、张)	印张(千印张)	总定价(万元)	印张(千印张)	总定价(万元)
合计	新出				合计	新出					
53997	**18829**	**332428**	**23594404**	**2541472**	**1374**	**954**	**2800**	**64019**	**23920**	**116784**	**42328**
32737	**10851**	**84531**	**8276163**	**1020407**	**250**	**161**	**863**	**14052**	**6976**	**85328**	**36510**
21260	**7978**	**247897**	**15318241**	**1521065**	**1124**	**793**	**1937**	**49967**	**16944**	**31456**	**5818**
517	178	800	60948	7728							
562	252	1732	143138	16501	1		8	751	144	2414	562
489	96	12745	796699	67488							
48	2	5678	342297	30393							
301	113	2195	142753	12096							
1487	579	1712	155810	23146	8	6	5	49	34	16	3
307	108	6163	398142	35064						83	8
290	183	3275	208922	20027	40	40	118	1400	1284		
2549	810	8373	688800	78201	81	77	76	2839	2874	267	432
2182	914	25867	1411984	153559	142	79	324	9970	3421	15727	2248
758	164	10108	637798	65071	576	359	726	25637	4471	3740	1377
353	248	7266	468487	45562	8	5	12	172	109		
292	178	4930	290107	27989	14	14	14	963	615	43	37
306	161	7036	435903	38590	3		5	23	21	755	178
1045	295	11747	728929	79192							
590	276	16963	1002377	96006							
1613	657	11872	842272	80729	20	20	88	1840	615	81	10
859	292	23091	1246172	133705	128	109	344	3224	1664	2520	220
1093	292	16171	1046140	107079	3	1	2	23	12	24	7
497	97	13799	714517	70433	14	13	14	474	126	310	44
49	5	1705	98080	9263						5140	534
1268	476	6098	373244	44283	13	12	2	71	43		
662	417	11201	793494	70984							
117	11	6119	388030	28611							
887	199	11710	679433	64459	3	3	2	24	5	148	37
183	40	1063	64205	6053	1	1		3	9	2	2
1400	656	10945	714010	70276	69	54	197	2504	1497	25	5
80	62	5592	343904	28753							
165	100	897	60440	4342							
17	17	357	19757	2145							
294	100	687	21449	3337						161	114

全国各出版社图书出版

中央

	图书总计					使用《中国标书籍				
	种数(种) 合计	种数(种) 新出	印数(万册、张)	印张(千印张)	总定价(万元)	种数(种) 合计	种数(种) 新出	印数(万册、张)	印张(千印张)	总定价(万元)
中央	**120496**	**67092**	**180547**	**18846519**	**3032322**	**87509**	**56080**	**95153**	**10470976**	**1968429**
人民出版社	862	768	906	114106	20953	862	768	906	114106	20953
人民文学出版社	879	394	1407	189395	33870	879	394	1407	189395	33870
商务印书馆	880	411	1356	336594	44182	880	411	1356	336594	44182
东方出版中心	228	158	680	51049	8537	228	158	680	51049	8537
中华书局	698	406	949	131783	23917	698	406	949	131783	23917
人民美术出版社	604	377	837	40426	18093	481	368	304	23053	14718
人民音乐出版社	552	175	637	49213	8593	395	154	248	26803	5067
中国大百科全书出版社	614	325	918	103900	16682	614	325	918	103900	16682
中国对外翻译出版公司	266	137	245	28962	4736	266	137	245	28962	4736
印刷工业出版社	134	94	26	3402	842	119	84	23	3069	759
现代出版社	171	129	147	15738	3501	171	129	147	15328	3375
中国盲文出版社	181	89	20	2586	726	152	68	19	2553	685
生活·读书·新知三联书店	371	193	334	49953	10878	371	193	334	49953	10878
中国书籍出版社	154	134	134	19689	3706	154	134	134	19689	3706
商务印书馆国际有限公司	85	20	65	20069	2554	85	20	65	20069	2554
中国戏剧出版社	92	86	144	21870	4368	88	82	143	21664	4285
中国社会科学出版社	784	677	309	56776	11028	784	677	309	56776	11028
中国财政经济出版社	1203	752	1687	262714	43053	1044	672	1426	230720	38848
企业管理出版社	298	298	149	29483	6453	298	298	149	29483	6453
民族出版社	711	601	220	28946	6103	711	601	220	28899	5994
中国青年出版社	567	405	518	72531	16025	567	405	518	72531	16025
中国少年儿童出版社	1394	361	2778	211989	29030	1394	361	2778	211989	29030
中国工人出版社	245	166	771	51541	7497	244	165	765	51483	7467
人民体育出版社	335	132	186	22632	3753	284	127	138	13884	2543
中国协和医科大学出版社	130	123	85	21023	4085	128	121	84	20817	4054
文物出版社	326	289	154	14826	11961	326	289	154	14826	11961
中国电影出版社	163	136	93	12778	2405	163	136	93	12778	2405
人民日报出版社	147	147	235	38350	7017	147	147	235	38350	7017
新华出版社	542	431	663	77212	15109	542	431	663	76390	13257
世界知识出版社	259	218	185	27242	5037	259	218	185	27242	5037
北京图书馆出版社	208	173	66	11947	5064	208	173	66	11933	5044
群众出版社	330	294	218	32229	5753	330	294	218	32229	5753

数量(书籍、课本、图片)

出版社

准书号》部分					不使用《中国标准书号》部分—图片合计					附：活页文选影印书等用纸	
课本											
种数(种)		印数(万册、张)	印张(千印张)	总定价(万元)	种数(种)		印数(万册、张)	印张(千印张)	总定价(万元)	印张(千印张)	总定价(万元)
合计	新出				合计	新出					
32737	**10851**	**84531**	**8276163**	**1020407**	**250**	**161**	**863**	**14052**	**6976**	**85328**	**36510**
122	9	528	17201	3231	1		5	53	22	119	122
152	17	388	21436	3287	5	4	1	974	239		
15	10	3	327	82						6	1
										410	126
29	21	1	33	41							
4	4	1	206	83							
158	79	261	31955	4199	1	1		39	6		
										47	109
					1	1	6	58	30		
51	5	48	8748	1210							
2	2	1	206	31							
										822	1852
										14	20

全国各出版社图书出版

中 央

	图书总计					使用《中国标 书籍				
	种数(种)		印数(万册、张)	印张(千印张)	总定价(万元)	种数(种)		印数(万册、张)	印张(千印张)	总定价(万元)
	合计	新出				合计	新出			
北京大学出版社	3218	1386	2705	402984	69387	1758	901	1700	217362	39854
中国人民大学出版社	1950	1153	1996	466694	62971	1095	817	847	195088	32346
外语教学与研究出版社	2379	922	11102	952683	135699	1628	710	5232	398351	64421
人民教育出版社	3183	482	14340	1295240	134113	1124	255	2038	185788	24849
中国农业出版社	1829	1018	1323	134891	23543	1191	787	995	73129	14964
中国轻工业出版社	854	438	435	55004	13278	556	346	350	40580	10509
中国纺织出版社	855	577	669	92861	19195	658	510	593	80861	16629
煤炭工业出版社	401	213	262	37496	7788	239	126	150	22479	5127
石油工业出版社	666	490	380	64642	12149	565	445	340	57359	11117
中国水利水电出版社	1179	783	508	84597	18721	1053	723	461	75166	16687
原子能出版社	252	225	81	9777	2458	252	225	81	9777	2458
科学出版社	5599	2431	5652	631384	102810	5599	2431	5652	631384	102810
科学普及出版社	870	537	1332	89013	13906	752	447	821	59347	10566
科学技术文献出版社	467	330	285	40345	6171	467	330	285	40345	6171
机械工业出版社	5296	2287	2688	422399	80415	2597	1415	1432	226517	47352
冶金工业出版社	432	274	125	23352	5461	322	228	87	16722	4199
化学工业出版社	3094	1856	1423	219538	44347	1866	1331	820	124795	28387
中国建筑工业出版社	1862	925	1207	240939	55679	1151	736	756	147741	37108
中国铁道出版社	1318	814	915	140984	24602	758	523	634	84873	14607
人民交通出版社	1162	598	869	139278	32084	536	332	583	89313	23495
中国标准出版社	508	402	114	29068	13677	508	402	114	23547	8121
中国计量出版社	255	207	107	16651	4970	253	205	107	13931	2966
人民邮电出版社	2823	1517	1635	283776	55043	2198	1332	1363	238605	48659
海洋出版社	262	217	103	13327	3606	262	217	103	13327	3606
地质出版社	788	375	3226	135707	20802	514	304	1346	59833	10439
地震出版社	279	242	208	34731	7149	279	242	208	34731	7149
气象出版社	305	197	361	21325	4034	299	191	359	20620	3779
北京交通大学出版社	607	252	278	52225	8068	68	38	28	4552	758
中国地图出版社	1012	240	11041	324934	47165	587	196	1737	50025	9629
人民卫生出版社	2350	1356	2297	486525	78556	1499	1012	802	168743	33711
国防工业出版社	816	574	1824	85997	17137	816	574	1824	79348	15549
中国旅游出版社	389	285	302	35745	11375	365	262	261	35212	10421
中国商务出版社	236	172	95	16051	3264	134	118	44	7880	1911
新世界出版社	611	300	1792	144687	19517	611	300	1792	144687	19517
外文出版社	686	462	603	73950	15909	685	462	602	73940	15899

数量(书籍、课本、图片)（续表1）

出版社

准书号》部分 课本					不使用《中国标准书号》部分—图片合计					附：活页文选影印书等用纸	
种数(种)		印数(万册、张)	印张(千印张)	总定价(万元)	种数(种)		印数(万册、张)	印张(千印张)	总定价(万元)	印张(千印张)	总定价(万元)
合计	新出				合计	新出					
1460	485	1005	185622	29533							
855	336	1149	271606	30625							
751	212	5870	554332	71278							
2059	227	12302	1109452	109264							
637	230	325	61527	8337	1	1	3	50	13	185	229
298	92	85	14351	2679						73	90
197	67	76	11935	2496						65	70
155	80	97	14867	2586	7	7	15	150	75		
101	45	40	7283	1032							
126	60	47	7987	1251						1444	783
118	90	511	29639	3308						27	32
2699	872	1256	195882	33063							
110	46	38	6565	1186						65	76
1228	525	603	94231	15625						512	335
711	189	451	80278	12897						12920	5674
559	290	281	46298	6796	1	1		10	6	9803	3193
616	260	273	48238	7741	10	6	13	203	178	1524	670
										5521	5556
					2	2		14	18	2706	1986
625	185	272	45171	6384							
231	60	1623	73211	9336	43	11	257	2663	1027		
5	5	2	458	90	1	1		6	4	241	161
539	214	250	47673	7310							
425	44	9304	274909	37536							
805	303	1458	316635	44151	46	41	37	898	471	249	223
										6649	1588
					24	23	41	520	942	13	12
102	54	51	8171	1353							
					1		1	10	10		

全国各出版社图书出版

中 央

	图书总计					使用《中国标 书籍				
	种数(种) 合计	种数(种) 新出	印数(万册、张)	印张(千印张)	总定价(万元)	种数(种) 合计	种数(种) 新出	印数(万册、张)	印张(千印张)	总定价(万元)
解放军出版社	175	134	123	20917	4037	175	134	123	20917	4037
解放军文艺出版社	191	99	123	19651	3740	191	99	123	19651	3740
语文出版社	565	135	2390	162415	16762	393	107	899	57830	6676
中国文史出版社	181	171	99	18099	5098	181	171	99	18099	5098
中共中央党校出版社	209	171	135	16705	3815	209	171	135	16705	3815
法律出版社	1345	1076	1224	162727	28780	1206	1026	1125	134415	25336
中国统计出版社	241	223	65	18222	9875	241	223	65	18222	9875
中国摄影出版社	122	92	42	5035	6829	122	92	42	5035	6829
中国林业出版社	543	427	227	35485	8561	308	280	134	16264	5762
时事出版社	148	82	53	11418	2099	148	82	53	11418	2099
文化艺术出版社	251	244	136	24876	6418	251	244	136	24876	6418
教育科学出版社	903	269	15225	757036	85053	594	219	4512	168377	24947
清华大学出版社	4595	2240	2808	537809	85071	2172	1216	1295	235355	42921
中国广播电视出版社	120	94	81	12273	2135	120	94	81	12273	2135
中国商业出版社	407	226	448	68548	11847	174	158	200	32818	6830
中国劳动社会保障出版社	2019	856	3239	329229	48302	609	365	1215	77350	12460
中国环境科学出版社	307	216	394	35640	7193	254	184	353	31543	6382
知识产权出版社	367	281	154	23059	4826	367	281	154	23059	4826
北京师范大学出版社	1875	521	18474	1132845	113841	1345	443	6028	187275	26845
中国宇航出版社	211	123	169	19609	4440	211	123	169	19609	4440
中国工商出版社	89	72	69	10074	2054	89	72	69	10074	2054
作家出版社	346	217	759	91826	16444	346	217	759	91826	16444
中医古籍出版社	70	68	50	8702	1647	70	68	50	8702	1647
中国物资出版社	255	190	151	27301	4720	160	137	113	20403	3628
光明日报出版社	107	99	538	53693	7886	107	99	538	53693	7886
长征出版社	49	49	21	3491	792	49	49	21	3491	792
中国妇女出版社	188	140	373	35645	5276	188	140	373	35645	5276
中国金融出版社	451	329	428	76316	14540	305	260	310	54145	11021
长城出版社	47	47	25	5068	4498	47	47	25	5068	4498
红旗出版社	133	121	130	14192	3297	133	121	130	14192	3297
中国海关出版社	71	71	133	33862	8535	71	71	133	33862	8535
中国档案出版社	109	107	156	9859	2263	109	107	156	9859	2263
电子工业出版社	3390	1896	2642	447545	72715	1827	1255	1762	270691	46553
朝华出版社	228	149	245	29863	5102	228	149	245	29863	5102
中央广播电视大学出版社	764	215	1369	226213	33633	235	115	388	40257	6781

数量(书籍、课本、图片)(续表2)

出版社

准书号》部分					不使用《中国标准书号》部分—图片合计					附：活页文选影印书等用纸	
课本											
种数(种)		印数(万册、张)	印张(千印张)	总定价(万元)	种数(种)		印数(万册、张)	印张(千印张)	总定价(万元)	印张(千印张)	总定价(万元)
合计	新出				合计	新出					
172	28	1491	104585	10086							
139	50	99	28312	3444							
235	147	93	19211	2789						10	10
302	43	10712	587703	59963	7	7	1	46	16	910	127
2423	1024	1513	302454	42150							
233	68	248	35730	5017							
1404	486	2014	251178	35620	6	5	10	489	135	212	87
53	32	41	3887	578						210	233
530	78	12446	945570	86996							
95	53	38	6898	1092							
143	69	111	22103	3496	3		7	68	23		
1563	641	880	163101	22484						13753	3678
529	100	981	185956	26852							

全国各出版社图书出版

中 央

	图书总计					使用《中国标 书籍				
	种数(种)		印数	印张	总定价	种数(种)		印数	印张	总定价
	合计	新出	(万册、张)	(千印张)	(万元)	合计	新出	(万册、张)	(千印张)	(万元)
中国友谊出版公司	109	104	110	18536	3200	109	104	110	18536	3200
人民军医出版社	1035	781	466	72278	18493	1031	779	465	72241	18427
军事科学出版社	112	93	69	11346	2031	112	93	69	11346	2031
金盾出版社	2229	439	1387	114308	16908	2229	439	1387	114308	16908
经济科学出版社	919	749	606	126725	20335	753	653	387	70709	12559
中国文联出版社	258	254	57	7914	2831	258	254	57	7914	2831
高等教育出版社	6984	2052	11413	1829051	230707	1403	691	2278	253202	39167
紫禁城出版社	57	55	19	3264	2433	57	55	19	3259	2423
中共党史出版社	265	241	136	27447	5074	265	241	136	27447	5074
对外经济贸易大学出版社	369	236	203	34839	6237	85	76	31	4895	1384
经济管理出版社	346	319	145	24309	5118	346	319	145	24309	5118
军事谊文出版社	56	56	28	4150	1254	56	56	28	4150	1254
国际文化出版公司	100	86	40	6152	1224	100	86	40	6152	1224
中国画报出版社	158	130	154	13398	3457	156	128	153	13394	3449
中国经济出版社	347	319	162	25198	5251	347	319	162	25198	5251
中国石化出版社	413	264	142	24484	5422	413	264	142	24484	5422
中央民族大学出版社	205	164	77	11727	2162	160	136	66	9974	1877
北京语言大学出版社	539	227	279	35350	9425	351	161	156	16941	5192
中国政法大学出版社	442	189	271	59281	7288	199	117	106	18166	2879
中国人民公安大学出版社	586	362	251	40557	7861	586	362	251	40557	7861
社会科学文献出版社	576	556	230	46755	10678	576	556	230	46755	10678
中国农业科学技术出版社	287	216	94	9372	2680	282	213	92	8999	2626
北京航空航天大学出版社	346	254	182	36537	5627	346	254	182	36537	5627
北京理工大学出版社	730	423	702	67855	10583	261	140	489	32512	4885
中国国际广播出版社	120	94	81	12273	2135	120	94	81	12273	2135
中国农业大学出版社	436	256	150	22297	3369	190	116	57	7464	1431
航空工业出版社	184	184	120	16584	3006	184	184	120	16584	3006
中国传媒大学出版社	320	232	124	19878	4476	264	213	91	13848	3378
北京体育大学出版社	473	239	206	23314	4774	473	239	206	23314	4774
经济日报出版社	231	209	113	18780	3991	231	209	113	18780	3991
兵器工业出版社	266	232	96	20905	4331	229	208	85	19020	3984
华艺出版社	38	38	12	1848	524	38	38	12	1848	524
中国和平出版社	541	109	1635	95130	11755	541	109	1635	95130	11755
华夏出版社	453	290	480	81308	12147	420	288	414	73974	11024

数量(书籍、课本、图片)(续表3)

出版社

准书号》部分					不使用《中国标准书号》部分—图片合计					附：活页文选影印书等用纸	
课本											
种数(种) 合计	种数(种) 新出	印数(万册、张)	印张(千印张)	总定价(万元)	种数(种) 合计	种数(种) 新出	印数(万册、张)	印张(千印张)	总定价(万元)	印张(千印张)	总定价(万元)
					4	2	1	37	66		
166	96	219	56016	7776							
5581	1361	9135	1575849	191540							
										5	10
284	160	172	29944	4853							
					2	2	1	4	8		
45	28	11	1753	285							
188	66	123	18409	4233							
243	72	165	41115	4409							
5	3	2	373	54							
469	283	213	35343	5698							
246	140	93	14833	1938							
56	19	33	6030	1098							
37	24	11	1885	347							
33	2	66	7334	1123							

全国各出版社图书出版

中 央

	图书总计					使用《中国标……书籍				
	种数(种)		印数	印张	总定价	种数(种)		印数	印张	总定价
	合计	新出	(万册、张)	(千印张)	(万元)	合计	新出	(万册、张)	(千印张)	(万元)
中国医药科技出版社	295	156	136	26232	4688	167	131	56	10168	2221
国防大学出版社	84	84	30	7197	1097	84	84	30	5810	1037
人民法院出版社	222	205	197	48373	9156	222	205	197	48373	9156
中国藏学出版社	71	65	24	3538	652	71	65	24	3538	652
研究出版社	50	50	15	2261	521	50	50	15	2261	521
中国长安出版社	157	157	102	20395	3588	151	151	101	20309	3582
中国计划出版社	363	315	249	43111	12814	297	249	218	29602	8493
中央文献出版社	182	179	80	17344	4673	182	179	80	17344	4673
海潮出版社	194	180	117	21621	3574	194	180	117	21621	3574
学苑出版社	268	140	92	13654	3009	262	139	91	13253	2938
北京邮电大学出版社	279	167	130	22146	3441	72	60	47	7864	1174
人民武警出版社	45	44	30	4557	772	45	44	30	4140	713
团结出版社	194	142	135	27993	5824	194	142	135	27993	5824
华文出版社	155	101	432	52121	9315	155	101	432	52121	9315
中央音乐学院出版社	55	39	20	3226	869	37	29	15	2455	699
中国市场出版社	165	154	83	12187	2778	165	154	83	12187	2778
中国民族摄影艺术出版社	68	68	28	2869	2661	68	68	28	2866	2656
中国华侨出版社	238	233	125	23371	3808	238	233	125	23371	3808
中信出版社	414	261	640	91329	20407	414	261	640	91329	20407
中华地图学社	41	28	95	3434	1008	24	19	44	2830	696
中国人事出版社	143	123	213	24600	5651	143	123	213	24600	5651
开明出版社	140	57	176	20625	2846	140	57	176	20625	2846
中国人口出版社	285	227	242	20558	4616	285	227	242	20558	4616
中国民主法制出版社	107	94	341	40929	7106	107	94	341	40929	7106
中国时代经济出版社	332	290	224	34239	5766	332	290	224	34239	5766
蓝天出版社	256	180	340	41411	8545	256	180	340	41411	8545
世界图书出版公司	774	442	772	85842	6406	774	442	772	85842	6406
群言出版社	330	294	218	32229	5753	330	294	218	32229	5753
北京大学医学出版社	389	239	200	39761	10378	198	156	85	18000	6934
华龄出版社	73	67	55	7049	1963	73	67	55	7049	1963
金城出版社	145	121	95	15435	2705	145	121	95	15435	2705
中国法制出版社	636	636	802	79864	14593	635	635	802	79860	14561
新星出版社	171	166	157	22262	4794	171	166	157	22262	4794
中国检察出版社	195	167	108	17384	3027	195	167	108	17384	3027
中国发展出版社	180	129	106	18010	3498	180	129	106	18010	3498

数量(书籍、课本、图片)(续表4)

出版社

准书号》部分 课本 种数(种) 合计	新出	印数(万册、张)	印张(千印张)	总定价(万元)	不使用《中国标准书号》部分—图片合计 种数(种) 合计	新出	印数(万册、张)	印张(千印张)	总定价(万元)	附：活页文选影印书等用纸 印张(千印张)	总定价(万元)
128	25	80	16064	2467							
										1387	60
6	6	1	86	6							
66	66	31	5630	836						7879	3485
5		1	399	68	1	1		2	3		
207	107	83	14155	2182						127	85
										417	59
18	10	5	771	170							
										3	5
					17	9	51	604	312		
191	83	115	21761	3444							
					1	1		4	32		

全国各出版社图书出版

中 央

	图书总计					使用《中国标书籍				
	种数(种)		印数(万册、张)	印张(千印张)	总定价(万元)	种数(种)		印数(万册、张)	印张(千印张)	总定价(万元)
	合计	新出				合计	新出			
中国中医药出版社	487	258	251	48566	7259	320	213	136	21759	3898
中国社会出版社	734	393	916	92406	16504	734	393	916	92406	16504
中国建材工业出版社	272	173	133	20668	4558	272	173	133	20665	4554
当代中国出版社	164	124	161	27364	4929	164	124	161	27364	4929
大众文艺出版社	169	147	246	22780	6330	169	147	246	22780	6330
现代教育出版社	217	187	315	25929	3277	217	187	315	25929	3277
中国致公出版社	107	107	60	11556	1935	107	107	60	11556	1935
中国大地出版社	132	122	50	6552	2175	132	122	50	6552	2175
党建读物出版社	75	55	390	43702	6953	75	55	390	43702	6953
中国城市出版社	153	123	161	26433	5316	153	123	161	26433	5316
中华工商联合出版社	160	150	93	11138	2061	160	150	93	11138	2061
中国三峡出版社	96	95	49	6498	1225	96	95	49	6498	1225
线装书局	99	99	110	26264	13646	99	99	110	26264	13646
星球地图出版社	440	65	4851	136303	25967	64	23	54	3452	1669
中国方正出版社	167	119	474	34557	5645	167	119	474	34557	5645
民主与建设出版社	75	59	51	7368	1512	75	59	51	7368	1512
五洲传播出版社	174	174	57	4961	4153	174	174	57	4961	4153
中国民航出版社	49	49	15	2702	618	49	49	15	2702	618
九洲出版社	210	181	83	15111	5428	210	181	83	15111	5428
当代世界出版社	227	178	297	43289	8711	227	178	297	43289	8711
中央编译出版社	271	220	131	24844	4764	271	220	131	24844	4764
西苑出版社	123	84	185	28146	4508	123	84	185	28146	4508
学习出版社	65	65	149	18342	5216	65	65	149	18342	5216
中国税务出版社	166	146	224	37620	6603	166	146	224	36060	6093
方志出版社	262	262	55	23233	9470	262	262	55	23233	9470
中国电力出版社	2039	1240	1131	164362	36123	1531	940	934	116860	26042
军事医学科学出版社	156	147	91	15443	3091	156	147	91	15429	3091
中国言实出版社	83	83	29	6798	1273	83	83	29	6798	1273
宗教文化出版社	149	124	55	8793	1801	149	124	55	8793	1801
国家行政学院出版社	118	85	49	8448	1549	109	76	44	7781	1450
台海出版社	40	40	28	3765	782	40	40	28	3765	782
海豚出版社	138	104	292	9831	1904	137	103	291	9823	1897
华语教学出版社	175	96	213	37438	5263	174	95	210	37408	5228

数量(书籍、课本、图片)（续表5）

出版社

准书号》部分					不使用《中国标准书号》部分—图片合计					附：活页文选影印书等用纸	
课本											
种数(种) 合计	种数(种) 新出	印数(万册、张)	印张(千印张)	总定价(万元)	种数(种) 合计	种数(种) 新出	印数(万册、张)	印张(千印张)	总定价(万元)	印张(千印张)	总定价(万元)
167	45	115	26807	3361							
										3	4
313	9	4388	125739	21000	63	33	409	7112	3298		
										1560	510
508	300	197	32079	4832						15423	5249
										14	
9	9	5	667	99							
					1	1	1	8	7		
					1	1	3	30	35		

全国各出版社图书出版

地 方

	图书总计					使用《中国标书籍				
	种数(种)		印数(万册、张)	印张(千印张)	总定价(万元)	种数(种)		印数(万册、张)	印张(千印张)	总定价(万元)
	合计	新出				合计	新出			
地　　方	**127787**	**69134**	**448784**	**29804170**	**3734844**	**105403**	**60363**	**198950**	**14404506**	**2191017**
北京出版社	841	375	1466	118734	20487	524	275	984	85760	16627
北京教育出版社	1576	513	2023	211656	30248	1562	513	2008	211000	30147
北京科学技术出版社	246	186	196	22763	7512	240	181	189	20968	7079
北京少年儿童出版社	379	309	711	57337	11744	367	309	704	57106	11713
北京古籍出版社	1	1		30	6	1	1		30	6
北京美术摄影出版社	18	17	13	1152	775	18	17	13	1152	775
北京燕山出版社	79	73	58	9152	2628	79	73	58	9152	2628
同心出版社	287	196	400	55763	9057	277	186	375	53238	8767
北京工艺美术出版社	57	57	21	1956	1470	57	57	21	1956	1470
北京十月文艺出版社	55	45	199	30915	4839	55	45	199	30915	4839
旅游教育出版社	288	165	193	26079	4499	288	165	193	26079	4499
京华出版社	68	57	42	7306	1169	68	57	42	7306	1169
中国书店	194	113	101	15710	4426	194	113	101	15710	4426
文津出版社	13	13	2	225	50	13	13	2	225	50
北京工业大学出版社	208	146	134	25001	3950	139	117	111	21261	3389
首都经济贸易大学出版社	226	78	116	27476	3499	226	78	116	27476	3499
首都师范大学出版社	380	158	552	71834	9768	291	124	311	52807	7316
天津人民出版社	360	271	499	52332	7520	360	271	499	52332	7520
天津教育出版社	519	186	1404	111413	11099	480	184	1003	85723	8099
天津科学技术出版社	265	155	217	27375	3158	257	155	195	24085	2818
新蕾出版社	239	117	224	15568	2641	239	117	224	15568	2641
百花文艺出版社	293	242	168	22533	4224	293	242	168	22533	4224
天津人民美术出版社	225	120	465	14082	6450	220	120	331	10904	5916
天津古籍出版社	106	97	29	6901	2843	106	97	29	6901	2843
天津科技翻译出版公司	116	76	45	5441	1566	116	76	45	5441	1566
天津社会科学院出版社	55	55	20	3392	661	55	55	20	3392	661
天津杨柳青画社	184	131	78	3552	2590	184	131	78	3552	2590
南开大学出版社	399	229	203	31338	5304	85	69	25	3641	706
天津大学出版社	344	198	150	23474	5695	147	108	62	8602	3363
河北人民出版社	522	210	3013	181925	18515	415	201	931	62355	7741
河北教育出版社	474	154	2592	171780	15452	294	120	703	41047	4331
河北科学技术出版社	220	185	519	43734	5240	220	185	337	26159	3774
河北少年儿童出版社	236	107	1853	70539	7938	135	78	491	23949	3619

数量(书籍、课本、图片)(续表6)

出版社

准书号》部分 课本 种数(种) 合计	新出	印数(万册、张)	印张(千印张)	总定价(万元)	不使用《中国标准书号》部分—图片合计 种数(种) 合计	新出	印数(万册、张)	印张(千印张)	总定价(万元)	附:活页文选影印书等用纸 印张(千印张)	总定价(万元)
21260	**7978**	**247897**	**15318241**	**1521065**	**1124**	**793**	**1937**	**49967**	**16944**	**31456**	**5818**
317	100	482	32974	3860							
14		15	656	101							
6	5	7	1795	433							
12		7	231	31							
10	10	25	2525	290							
69	29	23	3740	561							
89	34	241	19027	2452							
38	2	393	22525	2294	1		8	751	144	2414	562
8		22	3290	340							
5		134	3178	534							
314	160	178	27697	4598							
197	90	88	14872	2332							
107	9	2082	119570	10774							
180	34	1889	130733	11121							
		182	17575	1466							
101	29	1362	46590	4319							

全国各出版社图书出版

地方

	图书总计					使用《中国标 书籍				
	种数(种)		印数(万册、张)	印张(千印张)	总定价(万元)	种数(种)		印数(万册、张)	印张(千印张)	总定价(万元)
	合计	新出				合计	新出			
花山文艺出版社	234	219	310	30091	3981	231	217	290	28659	3856
河北美术出版社	255	184	1077	37832	6969	199	166	203	10971	3051
河北大学出版社	101	56	475	41210	2940	59	52	29	3024	482
山西人民出版社	357	260	6760	461592	46622	357	260	1832	153902	19787
山西教育出版社	524	120	2282	217771	23776	503	120	1680	188247	20771
山西科学技术出版社	220	167	181	12583	2150	200	165	73	9153	1845
希望出版社	604	379	2361	118015	14234	604	379	2361	118015	14234
北岳文艺出版社	95	80	43	6938	1347	94	80	43	6902	1343
山西古籍出版社	57	57	19	3416	1086	57	57	19	3416	1086
山西经济出版社	84	71	96	7262	1258	78	71	56	5645	1014
书海出版社	23	20	25	1959	458	23	20	25	1959	458
内蒙古人民出版社	509	409	2300	196004	33316	509	409	2300	196004	33316
内蒙古教育出版社	1133	268	5169	338015	28735	919	228	3070	205941	17740
内蒙古科学技术出版社	121	66	42	6945	1012	120	65	42	6894	998
内蒙古少年儿童出版社	152	152	98	8725	1404	152	152	98	8725	1404
内蒙古文化出版社	56	56	38	7101	896	56	56	38	7101	896
远方出版社	128	96	24	2912	565	128	96	24	2912	565
内蒙古大学出版社	162	146	128	16117	1880	76	74	32	5489	793
辽宁人民出版社	166	141	307	23593	3799	166	141	307	23593	3799
辽宁教育出版社	518	119	789	44557	6587	484	114	690	41829	6200
辽宁科学技术出版社	477	391	316	25372	10100	477	391	316	25372	10100
辽宁少年儿童出版社	292	232	499	21098	4391	292	232	499	21098	4391
春风文艺出版社	114	103	265	18628	3803	114	103	265	18628	3803
辽宁美术出版社	22	1	6	376	153	22	1	6	360	150
辽宁民族出版社	331	204	245	13804	2351	245	164	110	10130	1785
万卷出版公司	191	139	193	15588	3079	186	134	186	15235	3020
辽海出版社	318	19	693	24713	2910	224	16	349	13853	1677
沈阳出版社	305	172	289	22973	3468	305	172	289	22973	3468
大连出版社	243	122	218	31202	4815	229	112	211	30009	4632
东北财经大学出版社	543	279	437	71055	10678	78	67	48	6838	1173
东北大学出版社	202	137	58	8211	1372	68	60	14	2148	419
辽宁大学出版社	364	232	289	33625	5572	333	213	251	31887	5316
辽宁师范大学出版社	276	181	1297	60674	8820	208	153	1004	45188	6486
大连海事大学出版社	225	103	63	9929	1850	55	41	12	1731	459
大连理工大学出版社	853	376	674	82075	15120	464	257	367	40918	8831
白山出版社	93	92	48	5851	1336	88	87	45	5659	1312

数量(书籍、课本、图片)(续表7)

出 版 社

准书号》部分 课本 种数(种) 合计	新出	印数(万册、张)	印张(千印张)	总定价(万元)	不使用《中国标准书号》部分—图片合计 种数(种) 合计	新出	印数(万册、张)	印张(千印张)	总定价(万元)	附：活页文选影印书等用纸 印张(千印张)	总定价(万元)
3	2	20	1432	125							
56	18	874	26861	3918							
42	4	446	38186	2458							
		4928	307690	26835							
21		602	29524	3005							
20	2	108	3430	305							
1			36	4							
6		40	1617	244							
214	40	2099	132074	10995							
1	1		51	14							
86	72	96	10628	1087							
34	5	99	2728	387							
										16	3
78	34	130	3625	532	8	6	5	49	34		
5	5	7	353	59							
94	3	344	10860	1233							
14	10	7	1193	183							
465	212	389	64217	9505							
134	77	44	6063	953							
31	19	38	1738	256							
68	28	293	15486	2334							
170	62	51	8198	1391							
389	119	307	41157	6289							
5	5	3	192	24							

全国各出版社图书出版

地 方

	图书总计					使用《中国标 书籍				
	种数(种)		印数(万册、张)	印张(千印张)	总定价(万元)	种数(种)		印数(万册、张)	印张(千印张)	总定价(万元)
	合计	新出				合计	新出			
吉林人民出版社	255	206	123	14841	2957	255	206	123	14841	2957
吉林教育出版社	551	58	1038	69278	8969	551	58	1038	69278	8969
吉林科学技术出版社	173	122	101	14833	2461	173	122	101	14833	2461
延边教育出版社	1134	229	1901	162750	21453	909	179	1789	152928	20715
北方妇女儿童出版社	164	127	450	43111	5263	142	127	400	40612	4828
吉林文史出版社	130	46	94	8817	1640	130	46	94	8817	1640
吉林美术出版社	354	284	664	35231	7717	352	282	659	35147	7707
吉林摄影出版社	106	80	337	46582	3927	104	78	325	45982	3855
时代文艺出版社	79	68	90	10564	1505	79	68	90	10564	1505
长春出版社	155	155	198	20402	3076	145	145	193	20138	3052
延边人民出版社	500	219	458	53319	13627	500	219	458	53236	13619
东北师范大学出版社	613	318	860	93515	11596	610	317	856	93176	11556
吉林大学出版社	147	143	23	2052	398	146	142	23	2046	397
延边大学出版社	167	74	99	13996	2815	167	74	99	13996	2815
吉林出版集团有限责任公司	329	286	6137	402791	37424	287	244	162	18263	3680
黑龙江人民出版社	327	315	103	13876	3160	327	315	103	13876	3160
黑龙江教育出版社	440	206	100	6834	982	376	202	71	5763	897
黑龙江科学技术出版社	328	297	204	30624	6557	328	297	204	30624	6557
黑龙江少年儿童出版社	271	66	529	23667	3195	230	53	427	17025	2534
北方文艺出版社	128	127	131	20742	3412	127	126	130	20614	3393
黑龙江朝鲜民族出版社	104	100	23	3564	597	104	100	23	3564	597
黑龙江美术出版社	221	192	226	8826	3370	198	188	59	4516	2627
哈尔滨出版社	264	222	486	59858	9579	264	222	486	59798	9572
哈尔滨地图出版社	350	294	374	17140	5842	309	253	256	15731	4555
东北林业大学出版社	159	145	22	2706	566	159	145	22	2706	566
哈尔滨工程大学出版社	223	223	55	6373	1110	70	70	22	1969	363
哈尔滨工业大学出版社	276	141	88	14035	2198	276	141	88	14035	2198
黑龙江大学出版社	8	8	5	649	82	1	1	1	70	14
上海人民出版社	1008	845	948	124102	23522	997	842	931	121115	23177
上海教育出版社	1997	576	4659	264165	31360	1191	433	1408	81860	13056
上海科学技术出版社	794	432	1831	179784	23595	764	429	1642	165751	22314
上海科技教育出版社	713	209	2167	141450	15784	450	172	439	27406	4598
上海科学普及出版社	368	251	271	27016	5080	367	251	271	26986	5076
少年儿童出版社	536	336	860	29495	9733	501	323	727	23034	8423
上海文艺出版社	114	99	276	45220	7018	114	99	276	45220	7018
上海辞书出版社	355	244	313	54992	9389	347	239	264	51147	8942

数量(书籍、课本、图片)(续表8)

出版社

准书号》部分 课本 种数(种) 合计	新出	印数(万册、张)	印张(千印张)	总定价(万元)	不使用《中国标准书号》部分—图片合计 种数(种) 合计	新出	印数(万册、张)	印张(千印张)	总定价(万元)	附: 活页文选影印书等用纸 印张(千印张)	总定价(万元)
225	50	112	9822	738							
22		50	2499	435							
2	2	5	84	10							
2	2	12	600	72							
10	10	5	264	24							
										83	8
3	1	4	339	40							
1	1		6	1							
42	42	5975	384528	33744							
64	4	29	1071	85							
41	13	102	6642	661							
1	1	1	128	19							
23	4	167	4310	743							
			60	7							
1	1		9	3	40	40	118	1400	1284		
153	153	33	4404	747							
7	7	4	579	68							
11	3	17	2987	345							
806	143	3251	182305	18304							
30	3	189	14033	1281							
263	37	1728	114044	11186							
1			30	4							
31	13	133	6406	1283	4			55	27		
8	5	49	3845	447							

全国各出版社图书出版

地方

	图书总计					使用《中国标 书籍				
	种数(种)		印数	印张	总定价	种数(种)		印数	印张	总定价
	合计	新出	(万册、张)	(千印张)	(万元)	合计	新出	(万册、张)	(千印张)	(万元)
上海人民美术出版社	526	400	371	29601	11523	365	265	252	22700	7536
上海古籍出版社	481	280	194	29795	7899	463	280	165	25788	7403
上海译文出版社	459	260	476	61638	10191	441	259	469	60641	10044
上海音乐学院出版社	122	86	42	4799	1256	91	69	27	3230	855
中国福利会出版社	76	56	101	5270	7398	76	56	101	5270	7398
上海书画出版社	352	150	603	20096	5773	205	97	76	5161	2601
上海书店	189	163	112	12564	3029	189	163	112	12561	3023
上海科学技术文献出版社	409	324	264	29746	6629	409	324	264	29746	6629
上海锦绣文章出版社	65	48	34	2832	1080	65	48	34	2832	1080
立信会计出版社	496	192	264	45137	7139	495	191	264	45107	7131
上海远东出版社	291	203	331	31382	5940	291	203	331	31382	5940
上海三联书店	253	225	199	30346	6673	251	225	198	30261	6658
文汇出版社	183	146	188	22658	4288	183	146	188	22658	4288
学林出版社	276	197	137	17909	3542	276	197	137	17909	3542
上海社会科学院出版社	188	151	75	10488	2389	188	151	75	10488	2389
复旦大学出版社	1051	486	1080	176000	28312	1045	486	1054	171875	27623
华东理工大学出版社	339	195	239	37303	5747	40	22	26	2864	537
华东师范大学出版社	1228	516	1957	206867	29475	1016	437	1461	154464	23039
上海交通大学出版社	759	393	674	71981	11631	758	393	673	71872	11617
上海外语教育出版社	1038	270	2609	372338	45231	798	216	1198	153444	21604
第二军医大学出版社	118	2	38	6348	1522	118	2	38	6348	1522
上海中医药大学出版社	74	61	27	4508	915	74	61	27	4508	915
同济大学出版社	386	275	181	29949	6077	357	259	169	27800	5762
东华大学出版社	152	140	75	9283	2074	149	137	74	9074	2029
上海财经大学出版社	372	275	147	27426	4281	187	159	68	11389	2090
上海大学出版社	338	148	123	15672	2803	259	119	100	12253	2212
百家出版社	220	168	142	14147	3367	220	168	142	14147	3367
上海音乐出版社	465	154	358	31819	6591	421	148	236	23929	5311
上海文化出版社	144	107	73	7549	2355	144	107	73	7549	2355
江苏人民出版社	812	437	3407	215081	31091	807	436	3387	213856	30948
江苏教育出版社	2235	1375	14653	836631	96726	1741	1154	7972	514529	64922
江苏科学技术出版社	1145	641	4154	242445	30440	1114	634	1938	143313	19526
江苏少年儿童出版社	1006	388	4600	163888	25793	868	337	2464	89082	16948
江苏文艺出版社	452	447	611	57869	7873	450	445	610	57650	7833
江苏美术出版社	446	230	1444	104377	15620	446	230	1444	104377	15620
古吴轩出版社	100	90	68	5446	2376	95	85	56	5090	1967

数量(书籍、课本、图片)(续表9)

出版社

准书号》部分 课本					不使用《中国标准书号》部分—图片合计					附：活页文选影印书等用纸	
种数(种) 合计	种数(种) 新出	印数(万册、张)	印张(千印张)	总定价(万元)	种数(种) 合计	种数(种) 新出	印数(万册、张)	印张(千印张)	总定价(万元)	印张(千印张)	总定价(万元)
113	87	52	4561	1672	48	48	67	2076	1889	264	426
18		29	4007	496							
18	1	7	997	147							
31	17	15	1569	401							
118	24	518	14227	2214	29	29	9	708	958		
										3	6
1	1		30	8							
2		1	85	15							
6		26	4125	689							
299	173	213	34439	5210							
212	79	496	52403	6436							
1		1	109	14							
240	54	1411	218894	23627							
29	16	12	2149	315							
3	3	1	209	45							
185	116	79	16037	2191							
79	29	23	3419	591							
44	6	122	7890	1280							
5	1	20	1225	143							
422	196	6640	319739	31152	72	25	41	2363	652		
31	7	2216	99132	10914							
80	4	1882	67676	6510	58	47	254	7130	2335		
2	2	1	219	40							
					5	5	12	350	388	6	21

全国各出版社图书出版

地方

	图书总计					使用《中国标书籍				
	种数(种)		印数(万册、张)	印张(千印张)	总定价(万元)	种数(种)		印数(万册、张)	印张(千印张)	总定价(万元)
	合计	新出				合计	新出			
南京出版社	289	71	522	42113	6934	285	70	507	41278	6836
译林出版社	610	212	3055	201911	23002	591	209	2607	169588	20066
东南大学出版社	1094	407	965	163128	23736	573	216	736	109981	15580
河海大学出版社	249	116	241	25134	3737	114	74	152	10840	1709
南京大学出版社	557	240	538	65196	8875	397	158	417	43535	6108
苏州大学出版社	491	210	687	80229	10384	267	110	430	42651	5483
中国矿业大学出版社	452	291	198	33105	5328	111	83	76	11862	2023
南京师范大学出版社	554	252	1767	74563	13313	314	177	372	38056	4653
凤凰出版社	143	99	138	15284	2767	143	99	138	15284	2767
广陵书社	88	74	16	1709	688	85	72	10	1470	641
江苏大学出版社	12	12	8	1006	194	10	10	7	858	177
浙江人民出版社	494	308	665	47858	8629	459	293	629	45494	8300
浙江教育出版社	1572	451	10449	519233	60560	1260	356	8656	419684	48418
浙江科学技术出版社	680	300	1595	81893	11135	535	257	1379	69446	9304
浙江少年儿童出版社	1113	417	1839	116052	19617	1033	364	1738	114272	18751
浙江文艺出版社	317	124	550	39883	5559	301	114	349	32713	4598
浙江人民美术出版社	380	231	701	23124	6806	302	178	243	9585	4171
浙江摄影出版社	224	126	769	53566	6678	115	69	208	22254	3159
浙江古籍出版社	380	188	340	23892	4952	247	105	194	17184	3981
杭州出版社	177	105	72	12312	2595	162	92	62	7678	2067
西泠印社出版社	94	94	34	7522	5254	83	83	28	4034	4116
宁波出版社	203	99	206	16007	2533	203	99	206	16007	2533
浙江大学出版社	930	351	415	59735	8966	661	267	261	36536	5766
中国美术学院出版社	149	86	46	4481	2842	107	80	24	2401	2293
安徽人民出版社	225	174	309	19596	3451	225	174	309	19596	3451
安徽教育出版社	829	136	3560	170328	21577	790	99	3548	168735	21336
安徽科学技术出版社	476	240	666	45187	7317	471	238	655	44958	7238
安徽少年儿童出版社	588	244	4754	136662	23409	588	244	4754	136662	23409
安徽文艺出版社	98	97	60	7939	1490	98	97	60	7939	1490
安徽美术出版社	160	94	663	17284	3598	132	90	113	5006	2429
黄山书社	116	112	123	12007	2093	108	104	116	11825	2042
中国科学技术大学出版社	202	126	81	14430	1984	2	2		48	13
安徽大学出版社	228	121	490	45154	4235	222	118	315	37248	3440
合肥工业大学出版社	148	148	54	7893	1380	73	73	29	4132	711
福建人民出版社	400	191	1180	64585	9875	374	184	751	40592	7337
福建教育出版社	731	630	1829	92601	11210	588	523	1008	67202	8564

数量(书籍、课本、图片)(续表10)

出 版 社

准书号》部分					不使用《中国标准书号》部分—图片合计					附：活页文选影印书等用纸	
课本											
种数(种)		印数(万册、张)	印张(千印张)	总定价(万元)	种数(种)		印数(万册、张)	印张(千印张)	总定价(万元)	印张(千印张)	总定价(万元)
合计	新出				合计	新出					
4	1	15	835	98							
19	3	448	32323	2936							
520	191	228	38078	6059	1		1	10	6	15059	2091
135	42	89	14294	2028							
160	82	121	21661	2767							
224	100	257	37578	4901							
341	208	122	21243	3305							
234	73	1379	35728	8484	6	2	16	117	40	662	136
3	2	6	239	47							
2	2	1	148	17							
10	2	12	1217	186	25	13	24	1147	143		
160	19	1595	91379	10802	152	76	198	6778	919	1392	421
111	25	177	10580	1590	34	18	39	1797	230	70	11
					80	53	101	1780	866		
6		65	6311	718	10	10	136	859	243		
29	4	437	11110	1982	49	49	21	2429	653		
16		500	27173	3073	93	57	61	4139	446		
					133	83	146	6708	971		
15	13	10	4580	522						54	6
11	11	6	1264	199						2224	939
269	84	154	23199	3200							
42	6	22	2080	549							
39	37	12	1593	241							
1	1	1	80	14	4	1	10	149	65		
24		548	12255	1125	4	4	2	23	44		
8	8	7	182	51							
200	124	81	14382	1971							
6	3	175	7906	795							
75	75	25	3761	669							
26	7	429	23993	2538							
143	107	821	25399	2646							

全国各出版社图书出版

地 方

	图书总计					使用《中国标 书籍				
	种数(种)		印数(万册、张)	印张(千印张)	总定价(万元)	种数(种)		印数(万册、张)	印张(千印张)	总定价(万元)
	合计	新出				合计	新出			
福建科学技术出版社	227	153	200	16906	3836	221	150	121	11116	3286
福建少年儿童出版社	326	226	871	41328	4609	275	226	401	20382	2965
海峡文艺出版社	143	91	245	17044	2347	143	91	245	17044	2347
福建美术出版社	160	119	107	6332	5449	148	107	64	4374	4705
海潮摄影艺术出版社	72	72	39	7415	1430	71	71	37	7372	1387
福建省地图出版社	73	73	81	2950	1224	72	72	80	2935	1211
鹭江出版社	369	281	781	57731	7028	367	280	774	57458	6978
厦门大学出版社	111	107	41	8532	1216	47	47	16	2792	457
海风出版社	66	66	21	2225	738	66	66	21	2225	738
江西人民出版社	334	185	681	49313	6829	329	180	676	48592	6740
江西教育出版社	428	394	2559	100331	11370	415	387	2544	99620	11312
江西科学技术出版社	274	148	587	39704	4818	197	99	208	14736	2383
百花洲文艺出版社	185	138	171	14182	2040	171	135	162	13886	1999
二十一世纪出版社	603	249	1995	91688	17714	579	248	1816	82934	16760
江西美术出版社	452	282	1121	37139	9548	424	282	478	24280	7296
江西高校出版社	305	239	1647	114561	18443	157	143	1285	99017	16187
山东人民出版社	497	211	1924	171265	20275	429	206	805	109038	14560
山东教育出版社	1022	276	4625	305218	29012	797	193	2475	167594	14912
山东科学技术出版社	630	216	1586	118832	14277	523	214	778	54503	7098
明天出版社	242	139	800	54818	8472	242	139	800	54818	8472
山东文艺出版社	194	110	285	27430	3581	194	110	285	27430	3581
山东美术出版社	198	159	471	22717	6570	170	158	111	10559	4971
山东画报出版社	200	112	165	17124	3699	200	112	165	17124	3699
山东省地图出版社	120	120	97	16729	4509	120	120	97	16729	4509
山东友谊出版社	194	41	421	32402	3406	188	39	402	31613	3291
齐鲁书社	240	142	941	60060	6832	220	142	921	57666	6568
济南出版社	111	99	167	15060	2337	111	99	167	15060	2337
泰山出版社	149	48	958	53175	5790	50	48	20	2827	493
青岛出版社	1182	428	3407	257492	30973	1159	427	3126	250262	29993
山东大学出版社	385	193	502	91975	14266	219	155	247	62224	9932
中国石油大学出版社	367	184	342	46088	6312	173	109	140	16788	2571
中国海洋大学出版社	184	152	73	13518	2158	80	69	32	6235	1016
黄河出版社	83	83	47	7099	1882	78	78	35	5673	1557
河南人民出版社	267	214	108	15805	3596	233	199	94	14085	3384
河南科学技术出版社	332	200	1081	58699	8741	237	174	255	21205	3864
海燕出版社	687	355	2723	116574	13330	626	345	1765	76044	9317

数量(书籍、课本、图片)(续表11)

出 版 社

准书号》部分 课本					不使用《中国标准书号》部分—图片合计					附：活页文选影印书等用纸	
种数(种) 合计	种数(种) 新出	印数(万册、张)	印张(千印张)	总定价(万元)	种数(种) 合计	种数(种) 新出	印数(万册、张)	印张(千印张)	总定价(万元)	印张(千印张)	总定价(万元)
6	3	79	5790	550							
51		470	20946	1644							
		32	1010	148	12	12	11	948	596		
					1	1	2	10	16	33	27
					1	1	1	5	3	10	10
2	1	7	273	50							
64	60	25	5740	759							
5	5	5	721	89							
13	7	15	711	58							
77	49	379	24968	2435							
14	3	9	296	41							
21	1	174	7976	755	3		5	23	21	755	178
28		643	12859	2252							
148	96	362	15544	2256							
68	5	1119	62227	5715							
225	83	2150	137624	14100							
107	2	808	64329	7179							
28	1	360	12158	1599							
6	2	19	789	115							
20		20	2394	264							
99		938	50348	5297							
23	1	281	7230	980							
166	38	255	29751	4334							
194	75	202	29300	3741							
104	83	41	7283	1142							
5	5	12	1426	325							
34	15	14	1720	212							
95	26	826	37494	4877							
61	10	958	40530	4013							

全国各出版社图书出版

地方

	图书总计					使用《中国标书籍				
	种数(种)		印数(万册、张)	印张(千印张)	总定价(万元)	种数(种)		印数(万册、张)	印张(千印张)	总定价(万元)
	合计	新出				合计	新出			
河南文艺出版社	211	138	1191	56322	6546	141	126	83	15478	2375
河南美术出版社	148	106	126	8091	3066	148	106	126	8091	3066
文心出版社	349	159	403	23906	3313	337	147	397	23651	3275
中州古籍出版社	151	118	94	10518	2720	150	118	92	10396	2709
中原农民出版社	186	121	338	19848	2662	170	114	284	16702	2434
大象出版社	751	425	2413	142833	16261	680	367	2103	121025	13837
黄河水利出版社	159	158	42	7033	1801	159	158	42	7033	1801
河南大学出版社	210	135	74	14449	2598	134	93	50	8489	1768
郑州大学出版社	297	184	244	22820	3314	155	90	193	13835	1971
湖北人民出版社	410	357	376	42116	6678	392	357	208	31205	5689
湖北教育出版社	766	356	2268	138923	15168	629	324	1368	86522	11366
湖北科学技术出版社	558	216	1518	73457	9945	519	202	1324	65036	8969
湖北少年儿童出版社	744	423	2059	86627	12347	732	423	2030	85827	12266
长江文艺出版社	274	232	968	115446	16672	274	232	968	115446	16672
崇文书局	174	50	1048	60734	6834	153	50	875	54884	6129
湖北美术出版社	527	442	792	25819	11169	399	364	486	17686	8771
武汉出版社	443	180	1033	62715	8516	392	173	774	49093	7071
华中科技大学出版社	734	409	493	56046	13634	298	220	119	18207	7801
华中师范大学出版社	390	230	787	77233	8066	185	128	215	28216	3649
武汉大学出版社	979	575	670	92343	12977	510	374	387	41267	6597
武汉理工大学出版社	410	408	206	36039	5299	409	407	206	35981	5291
中国地质大学出版社	142	75	30	4258	1139	35	31	5	565	175
长江出版社	106	101	373	17524	3479	97	92	323	15693	3252
湖南人民出版社	301	275	448	49746	7825	264	246	382	43914	6792
湖南教育出版社	744	371	3924	179637	23073	637	312	3710	162519	20980
湖南科学技术出版社	470	253	1401	85674	15301	419	237	1313	73773	14008
湖南少年儿童出版社	655	233	1570	53600	7909	646	231	1497	51744	7673
湖南文艺出版社	294	130	277	30120	6458	252	127	187	23260	4628
湖南美术出版社	336	162	1221	46251	12416	249	160	198	13012	6291
湖南地图出版社	166	135	391	6128	2832	38	26	47	2904	1168
岳麓书社	149	69	370	55230	5653	129	68	245	43189	4144
湖南师范大学出版社	233	122	1651	77439	7240	143	85	64	9138	1327
中南大学出版社	264	136	104	17930	3040	264	136	104	17930	3040
湖南大学出版社	252	156	207	29696	4816	138	116	84	15335	2431
国防科技大学出版社	132	83	36	6394	906	41	29	10	1535	236
湘潭大学出版社	13	13	4	536	138	8	8	2	276	84

数量(书籍、课本、图片)(续表12)

出 版 社

准书号》部分 课本 种数(种) 合计	新出	印数(万册、张)	印张(千印张)	总定价(万元)	不使用《中国标准书号》部分—图片合计 种数(种) 合计	新出	印数(万册、张)	印张(千印张)	总定价(万元)	附:活页文选影印书等用纸 印张(千印张)	总定价(万元)
70	12	1108	40844	4171							
12	12	6	255	38							
1		2	122	11							
16	7	54	3146	228							
71	58	310	21808	2424							
76	42	24	5960	830							
142	94	51	8985	1343							
18		168	10911	989							
137	32	900	52401	3802							
37	12	193	8256	892	2	2	1	84	74	81	10
12		29	800	81							
21		173	5850	705							
110	60	219	6377	1857	18	18	87	1756	541		
51	7	259	13622	1445							
436	189	374	37839	5833							
205	102	572	49017	4417							
469	201	283	51076	6380							
1	1		58	8							
107	44	25	3693	964							
9	9	50	1831	227							
37	29	66	5832	1033							
107	59	214	17118	2093							
51	16	88	9543	1097						2358	196
9	2	73	1856	236							
42	3	90	6860	1830							
87	2	1023	33239	6125							
					128	109	344	3224	1664		
20	1	125	12041	1509							
90	37	1587	68301	5913							
114	40	123	14361	2385							
91	54	26	4697	646						162	24
5	5	2	260	54							

全国各出版社图书出版

地 方

	图书总计					使用《中国标 书籍				
	种数(种)		印数(万册、张)	印张(千印张)	总定价(万元)	种数(种)		印数(万册、张)	印张(千印张)	总定价(万元)
	合计	新出				合计	新出			
广东人民出版社	442	371	1051	71450	9371	383	334	444	34779	5856
广东教育出版社	807	271	7113	414380	41200	590	247	2493	132295	13943
广东高等教育出版社	352	122	753	73073	8883	134	66	162	23128	3207
广东科技出版社	280	161	645	39959	5813	242	151	431	25477	4275
广东经济出版社	419	321	350	40260	9537	419	321	350	40260	9537
广东省地图出版社	129	21	278	7215	2734	129	21	278	7215	2734
广东旅游出版社	125	62	60	6487	2024	125	62	60	6487	2024
岭南美术出版社	243	206	1018	40279	11526	209	206	139	18869	8013
广东新世纪出版社	560	209	917	43330	5419	534	199	740	33859	4600
花城出版社	289	264	219	31334	6170	289	264	219	31334	6170
海天出版社	222	192	165	19389	4135	222	192	165	19389	4135
广州出版社	193	193	523	30314	7187	193	193	523	30314	7187
珠海出版社	196	196	192	26287	4510	196	196	192	26287	4510
华南理工大学出版社	445	197	174	26804	4338	99	85	60	7472	1303
汕头大学出版社	75	75	125	12201	2990	75	75	125	12201	2990
中山大学出版社	380	184	475	65833	9577	222	140	360	46029	6575
暨南大学出版社	272	155	136	21549	4034	272	155	136	21549	4034
南方日报出版社	61	59	33	4127	1258	61	59	33	4127	1258
羊城晚报出版社	71	65	45	3154	1051	71	65	45	3154	1051
深圳报业集团出版社	85	85	106	5408	1544	85	85	106	5408	1544
广西人民出版社	432	240	758	49459	6883	364	240	387	34836	5510
广西教育出版社	825	286	2855	132947	13741	727	275	1516	74476	8839
广西科学技术出版社	288	209	1807	80684	10256	235	205	188	14491	3347
接力出版社	485	131	2992	145470	19638	449	128	2338	119581	16860
广西民族出版社	237	152	1988	96698	9944	201	133	279	21032	2888
广西美术出版社	350	265	1558	47759	10606	254	203	445	19214	5771
漓江出版社	399	295	692	65028	8368	392	289	687	64920	8308
广西师范大学出版社	2004	478	7736	417082	52554	1887	473	5627	314298	42489
海南出版社	745	318	1958	136012	21488	700	314	1620	118486	19342
南方出版社	757	152	1368	220734	23826	756	152	1357	219796	23678
南海出版公司	458	251	775	54548	8998	455	250	773	54483	8962
三环出版社	15	15	15	3535	632	15	15	15	3535	632
重庆出版社	1352	850	4832	343048	46416	1352	850	2898	200458	33381
西南师范大学出版社	940	456	4481	221210	30215	436	280	923	53599	7769
重庆大学出版社	1115	580	867	82133	12209	338	268	259	19019	3364
四川人民出版社	316	214	1748	122474	13406	281	206	544	41215	6639

数量(书籍、课本、图片)(续表13)

出版社

准书号》部分 课本					不使用《中国标准书号》部分—图片合计					附：活页文选影印书等用纸	
种数(种)		印数	印张	总定价	种数(种)		印数	印张	总定价	印张	总定价
合计	新出	(万册、张)	(千印张)	(万元)	合计	新出	(万册、张)	(千印张)	(万元)	(千印张)	(万元)
59	37	607	36671	3515							
217	24	4620	282085	27257							
218	56	591	49945	5676							
35	9	212	14435	1519	3	1	2	23	12	24	7
34		879	21410	3513							
26	10	177	9471	819							
346	112	114	19332	3035							
158	44	115	19804	3002							
68		371	14623	1373							
98	11	1339	58471	4902							
53	4	1619	66193	6909							
36	3	654	25889	2778							
36	19	1709	75666	7056							
89	55	1104	27869	4725	7	7	9	366	66	310	44
					7	6	5	108	60		
117	5	2109	102784	10065							
45	4	338	12386	1612						5140	534
1		11	938	148							
3	1	2	65	36							
		1934	142590	13035							
504	176	3558	167611	22446							
764	300	606	63043	8802	13	12	2	71	43		
35	8	1204	81259	6767							

全国各出版社图书出版

地 方

	图书总计					使用《中国标 书籍				
	种数(种)		印数(万册、张)	印张(千印张)	总定价(万元)	种数(种)		印数(万册、张)	印张(千印张)	总定价(万元)
	合计	新出				合计	新出			
四川教育出版社	291	98	2324	163533	15688	291	98	2324	163533	15688
四川科学技术出版社	319	264	173	19954	4651	316	263	165	19434	4598
四川少年儿童出版社	501	315	4233	194193	21934	474	294	2300	100230	13200
四川文艺出版社	80	59	1183	61481	6046	71	57	30	4053	714
四川民族出版社	587	218	1254	84484	8715	587	218	1254	84484	8715
四川美术出版社	227	214	69	3901	2592	221	211	53	3519	2480
四川辞书出版社	141	109	220	27515	3605	141	109	220	27515	3605
天地出版社	383	170	364	33508	4335	383	170	364	33508	4335
巴蜀书社	117	114	25	4147	1118	117	114	25	4147	1118
成都地图出版社	258	97	314	6838	2569	258	97	314	6838	2569
成都时代出版社	259	218	222	17202	4561	253	213	217	16842	4490
电子科技大学出版社	401	347	294	53738	6177	206	182	199	40381	4220
四川大学出版社	529	311	354	38855	6378	415	273	235	25670	4728
西南财经大学出版社	307	228	120	20426	3233	162	145	48	8368	1399
西南交通大学出版社	375	299	134	15648	3038	253	208	100	9948	2183
贵州人民出版社	328	192	1609	48675	7795	324	192	1605	48601	7790
贵州教育出版社	210	75	918	33455	3862	148	72	579	19989	2286
贵州科学技术出版社	146	146	60	4362	1139	146	146	60	4362	1139
贵州民族出版社	128	70	711	20978	3020	110	65	260	9640	1341
贵州大学出版社	19	19	5	777	161	16	16	3	452	102
云南人民出版社	793	338	10084	624119	62327	368	308	329	25663	5825
云南教育出版社	688	157	3089	131710	15825	603	149	1633	87330	11937
云南科学技术出版社	369	248	384	25525	5069	203	179	134	12273	3585
晨光出版社	582	199	2144	104973	10120	560	196	2054	98446	9691
德宏民族出版社	34	33	14	2166	428	34	33	14	2166	428
云南美术出版社	132	132	28	2952	2179	131	131	28	2945	2166
云南民族出版社	180	178	40	4839	2961	178	177	29	3899	2900
云南大学出版社	339	229	179	20011	3149	150	139	29	3968	1025
西藏人民出版社	361	162	1190	83684	9026	177	121	127	19474	2962
藏文古籍出版社	10	10	2	234	41	10	10	2	234	41
陕西人民出版社	503	385	3318	243213	22513	489	385	169	16185	3150
陕西人民教育出版社	1209	351	3973	270763	31541	1173	340	2748	186271	24065
陕西科学技术出版社	191	125	384	22665	2956	137	114	105	9031	1562
未来出版社	372	195	1870	79013	9641	326	178	820	30632	5110
太白文艺出版社	64	46	1225	85780	8192	62	46	29	3129	481
陕西人民美术出版社	76	56	1518	50329	7036	69	54	54	3760	1524

数量(书籍、课本、图片)(续表14)

出版社

准书号》部分 课本 种数(种) 合计	种数(种) 新出	印数 (万册、张)	印张 (千印张)	总定价 (万元)	不使用《中国标准书号》部分—图片合计 种数(种) 合计	种数(种) 新出	印数 (万册、张)	印张 (千印张)	总定价 (万元)	附：活页文选影印书等用纸 印张 (千印张)	总定价 (万元)
3	1	8	520	53							
27	21	1933	93963	8734							
9	2	1153	57428	5332							
6	3	16	382	112							
6	5	5	360	71							
195	165	95	13357	1957							
114	38	119	13185	1650							
145	83	72	12058	1834							
122	91	34	5700	855							
4		4	74	5							
62	3	339	13466	1576							
18	5	451	11338	1679							
3	3	2	325	59							
425	30	9755	598456	56502							
85	8	1456	44380	3888							
163	66	248	13228	1479	3	3	2	24	5		
22	3	90	6484	397						43	32
1	1		7	13							
2	1	11	835	56						105	5
189	90	150	16043	2124							
183	40	1063	64205	6053	1	1		3	9	2	2
14		3149	227028	19363							
36	11	1225	84492	7476							
54	11	279	13634	1394							
46	17	1050	48381	4531							
2		1196	82651	7711							
7	2	1464	46565	5511						4	1

地方

	图书总计					使用《中国标书籍				
	种数(种)		印数(万册、张)	印张(千印张)	总定价(万元)	种数(种)		印数(万册、张)	印张(千印张)	总定价(万元)
	合计	新出				合计	新出			
陕西旅游出版社	87	53	117	17762	3580	76	53	57	14537	3152
三秦出版社	50	46	20	3876	907	50	46	20	3876	907
西安出版社	181	86	581	36476	5739	180	86	581	36411	5730
西安地图出版社	303	222	420	14990	6099	248	182	227	13139	5028
陕西师范大学出版社	464	291	1866	162876	21722	408	256	1365	132442	18577
西安电子科技大学出版社	453	193	227	42347	5215	48	31	21	4552	661
西安交通大学出版社	430	265	869	68266	13201	91	75	174	16230	5591
西北大学出版社	248	139	671	53905	6230	109	89	99	13100	1986
西北工业大学出版社	331	158	117	18318	2539	208	97	78	11643	1612
西北农林科技大学出版社	113	105	28	3919	688	43	39	8	897	158
第四军医大学出版社	177	126	38	6610	1187	66	61	20	2924	629
甘肃人民出版社	75	72	5562	341192	29071	73	71	39	7163	1505
甘肃教育出版社	420	111	443	25822	3136	403	107	400	22313	2913
甘肃科学技术出版社	66	61	16	1873	456	66	61	16	1873	456
甘肃少年儿童出版社	216	42	229	9705	1245	214	41	228	9666	1239
甘肃文化出版社	179	179	111	16406	2920	179	179	111	16406	2920
甘肃民族出版社	108	101	25	2867	606	108	101	25	2867	606
甘肃人民美术出版社	37	36	9	1052	646	37	36	9	1052	646
敦煌文艺出版社	55	55	29	4397	818	55	55	29	4397	818
兰州大学出版社	121	118	39	7854	1490	62	62	14	1527	532
青海人民出版社	215	205	787	57573	5701	213	204	96	8784	2104
青海民族出版社	207	143	223	13463	980	44	44	17	1812	235
宁夏人民出版社	285	275	400	29005	4963	282	272	76	10174	2933
宁夏人民教育出版社	63	60	95	4253	450	49	46	62	3327	335
宁夏少年儿童出版社	24	24	8	384	91	24	24	8	384	91
新疆人民出版社	616	440	496	38111	5609	580	426	470	36920	5462
新疆教育出版社	1574	174	6058	384213	32145	1574	174	6058	384213	32145
新疆科学技术出版社	813	648	773	65533	5687	803	646	745	63976	5580
新疆青少年出版社	187	99	72	4922	704	149	72	63	4391	648
新疆美术摄影出版社	253	91	692	26108	4715	62	50	79	8935	1763
喀什维吾尔文出版社	29	16	20	1225	246	29	16	20	1225	246
克孜勒苏柯尔克孜文出版社	42	42	10	566	251	42	42	10	566	251
伊犁人民出版社	77	26	79	4409	528	77	26	79	4409	528
新疆大学出版社	66	56	30	3725	749	58	51	24	2845	624
新疆人民卫生出版社	59	56	24	3231	400	49	46	19	2969	339
新疆生产建设兵团出版社	44	44	8	1124	301	43	43	8	1108	298

数量(书籍、课本、图片)(续表15)

出版社

准书号》部分 课本					不使用《中国标准书号》部分—图片合计					附：活页文选影印书等用纸	
种数(种)		印数	印张	总定价	种数(种)		印数	印张	总定价	印张	总定价
合计	新出	(万册、张)	(千印张)	(万元)	合计	新出	(万册、张)	(千印张)	(万元)	(千印张)	(万元)
11		60	3225	428							
1			65	9							
					55	40	193	1830	1067	21	4
56	35	501	30434	3145							
405	162	206	37795	4554							
325	176	691	51362	7180	14	14	4	674	430		
139	50	572	40805	4244							
123	61	39	6675	927							
70	66	20	3022	530							
111	65	18	3686	558							
2	1	5523	334029	27566							
17	4	43	3509	223							
2	1	1	39	6							
59	56	25	6327	958							
2	1	691	48789	3597							
163	99	206	11651	745							
3	3	324	18831	2030							
14	14	33	926	115							
36	14	26	1191	147							
10	2	28	1557	107							
38	27	9	531	56							
191	41	613	17012	2838						161	114
8	5	6	880	125							
10	10	5	262	61							
1	1		16	3							

使用《中国标准书号》各类图书的平均印数、平均印张和平均定价

全　　国

	平均印数（万册/种）			平均印张（印张/册）			平均定价（元/册）			平均印张定价（元/印张）		
	新出	重印	租型	新出	重印	租型	新出	重印	租型	新出	重印	租型
使用《标准书号》部分合计	**1.13**	**2.89**	**14.87**	**10.33**	**7.1**	**6.47**	**19.12**	**8.94**	**5.95**	**1.85**	**1.26**	**0.92**
A 马列主义、毛泽东思想	3.43	1.14	13.21	16.88	14.33	7.33	16.03	19.01	11.88	0.95	1.33	1.62
B 哲学	0.69	1.03		15.87	13.69		29.91	22.01		1.88	1.61	
C 社会科学总论	0.52	0.74	0.3	16.43	17.54	23	30.59	24.9	27	1.86	1.42	1.17
D 政治、法律	1.01	1.05	25.15	13	14.77	4.65	23.7	20.53	7.33	1.82	1.39	1.58
E 军事	0.65	0.76		14.56	14.31		33.86	21.91		2.33	1.53	
F 经济	0.64	0.79		16.85	16.59		33.75	25.77		2	1.55	
G 文化、科学、教育、体育	2.21	4.75	14.48	7.12	5.82	6.49	9.89	6.57	5.94	1.39	1.13	0.92
H 语言、文字	0.8	1.73		13.79	15.26		25.58	21.34		1.85	1.4	
I 文学	0.98	1.35		12.56	12.38		22.72	18.88		1.81	1.52	
J 艺术	0.87	1.78	15.77	6.32	4.88	3.8	28.75	10.01	3.88	4.55	2.05	1.02
K 历史、地理	0.7	3.07	25.47	14.5	4.56	7.5	38.72	7.88	6.49	2.67	1.73	0.86
N 自然科学总论	0.72	2.62		10.88	6.42		21.4	7.7		1.97	1.2	
O 数理科学、化学	0.55	0.79		16.97	17.55	60	26.01	22.03	66	1.53	1.26	1.1
P 天文学、地球科学	0.49	0.53	3.32	8.7	12.35	12.61	24.06	19.8	12.65	2.77	1.6	1
Q 生物科学	0.52	0.7		14.68	18.27		33.06	24.69		2.25	1.35	
R 医药、卫生	0.59	0.72		16.32	17.64		34.46	27.03		2.11	1.53	
S 农业科学	0.56	0.64		8.27	9.13		19.86	13.09		2.4	1.43	
T 工业技术	0.56	0.63		16.88	16.16		34.73	23.81		2.06	1.47	
U 交通运输	0.69	0.78		12.94	13.4		28.06	26.23		2.17	1.96	
V 航空、航天	0.54	1.44		10.9	5.23		28.84	10.23		2.65	1.96	
X 环境科学	0.97	4.68		8.72	4.23		20.57	7.01		2.36	1.66	
Z 综合性图书	1	1.02		11.16	13.14		31.32	23.86		2.81	1.82	

使用《中国标准书号》各类图书的平均印数、平均印张和平均定价(续表1)

中　　央

	平均印数（万册/种）			平均印张（印张/册）			平均定价（元/册）			平均印张定价（元/印张）		
	新出	重印	租型	新出	重印	租型	新出	重印	租型	新出	重印	租型
使用《标准书号》部分合计	**0.85**	**2.3**		**13.92**	**8.81**		**27.27**	**11.68**		**1.96**	**1.33**	
A 马列主义、毛泽东思想	4.68	1.24		17.62	15.08		16.41	21.18		0.93	1.4	
B 哲学	0.77	1.34		16.63	13.07		31.44	21.05		1.89	1.61	
C 社会科学总论	0.58	0.83		16.81	18.63		31.84	26.11		1.89	1.4	
D 政治、法律	1.06	1.08		13.43	15.39		24.39	21.55		1.82	1.4	
E 军事	0.57	0.41		17.92	14.1		40.75	28.72		2.27	2.04	
F 经济	0.71	0.86		17.42	16.71		35.05	26.05		2.01	1.56	
G 文化、科学、教育、体育	1.43	5.36		9.44	6.35		14.53	7.3		1.54	1.15	
H 语言、文字	0.89	1.85		14.17	15.75		26.76	22.8		1.89	1.45	
I 文学	0.99	1.28		13.1	14.84		24.84	22.26		1.9	1.5	
J 艺术	1.05	0.93		6.75	9.28		31.9	17.5		4.72	1.88	
K 历史、地理	0.81	4.8		16.15	4.08		41.15	6.51		2.55	1.59	
N 自然科学总论	0.48	0.64		16.39	15.11		36.82	23.44		2.25	1.55	
O 数理科学、化学	0.6	0.86		18.89	18.52		28.73	22.51		1.52	1.22	
P 天文学、地球科学	0.52	0.43		8.52	15.25		23.87	23.18		2.8	1.52	
Q 生物科学	0.42	0.63		17.42	21.41		41.03	28.69		2.36	1.34	
R 医药、卫生	0.61	0.75		17.6	18.84		36.66	28.34		2.08	1.5	
S 农业科学	0.64	0.55		8.85	10.09		20.04	14.38		2.26	1.42	
T 工业技术	0.56	0.61		18.1	16.89		35.8	25.17		1.98	1.49	
U 交通运输	0.72	0.75		13.52	14.86		30.32	29.12		2.24	1.96	
V 航空、航天	0.33	0.41		15.54	16.55		44.36	36.71		2.85	2.22	
X 环境科学	0.56	0.54		13.35	17.31		32.07	26.98		2.4	1.56	
Z 综合性图书	0.99	1.11		11.75	13.23		36.26	25.56		3.09	1.93	

使用《中国标准书号》各类图书的平均印 数、平均印张和平均定价(续表2)

地　　方

	平均印数（万册/种）			平均印张（印张/册）			平均定价（元/册）			平均印张定价（元/印张）		
	新出	重印	租型	新出	重印	租型	新出	重印	租型	新出	重印	租型
使用《标准书号》部分合计	**1.4**	**3.43**	**14.87**	**8.18**	**6.06**	**6.47**	**14.24**	**7.25**	**5.95**	**1.74**	**1.2**	**0.92**
A 马列主义、毛泽东思想	0.78	1	13.21	7.38	13.09	7.33	11.19	15.41	11.88	1.52	1.18	1.62
B 哲学	0.57	0.61		14.5	15.48		27.13	24.79		1.87	1.6	
C 社会科学总论	0.45	0.57	0.3	15.82	14.39	23	28.55	21.38	27	1.81	1.49	1.17
D 政治、法律	0.87	0.95	25.15	11.44	12.15	4.65	21.17	16.24	7.33	1.85	1.34	1.58
E 军事	0.82	1.53		9.56	14.42		23.59	18.08		2.47	1.25	
F 经济	0.52	0.65		15.29	16.26		30.23	25.01		1.98	1.54	
G 文化、科学、教育、体育	2.49	4.5	14.48	6.66	5.56	6.49	8.96	6.22	5.94	1.35	1.12	0.92
H 语言、文字	0.7	1.53		13.25	14.32		23.88	18.56		1.8	1.3	
I 文学	0.98	1.4		12.24	10.63		21.45	16.46		1.75	1.55	
J 艺术	0.81	2.14	15.77	6.13	4.07	3.8	27.4	8.65	3.88	4.47	2.12	1.02
K 历史、地理	0.6	1.16	25.47	12.54	6.78	7.5	35.83	14.23	6.49	2.86	2.1	0.86
N 自然科学总论	0.82	2.94		9.61	6.11		17.83	7.15		1.86	1.17	
O 数理科学、化学	0.49	0.65		13.7	15.22	60	21.39	20.87	66	1.56	1.37	1.1
P 天文学、地球科学	0.4	0.75	3.32	9.32	8.85	12.61	24.74	15.74	12.65	2.66	1.78	1
Q 生物科学	0.74	0.89		11.38	11.45		23.5	15.98		2.06	1.4	
R 医药、卫生	0.55	0.63		13.86	14.23		30.22	23.32		2.18	1.64	
S 农业科学	0.46	0.99		7.26	6.98		19.54	10.2		2.69	1.46	
T 工业技术	0.55	0.73		13.56	13.55		31.8	18.96		2.35	1.4	
U 交通运输	0.63	0.95		11.29	6.95		21.6	13.47		1.91	1.94	
V 航空、航天	1.06	2.08		7.35	3.82		16.94	6.93		2.31	1.81	
X 环境科学	2.18	20.61		5.1	2.91		11.6	4.99		2.28	1.72	
Z 综合性图书	1.01	0.88		10.66	12.97		27.15	20.51		2.55	1.58	

各地区使用《中国标准书号》图书的平均印数、平均印张、平均定价和平均印张定价

使用《标准书号》部分合计

	平均印数(万册/种)			平均印张(印张/册)			平均定价(元/册)			平均印张定价(元/印张)		
	新出	重印	租型	新出	重印	租型	新出	重印	租型	新出	重印	租型
全国总计	**1.13**	**2.89**	**14.87**	**10.33**	**7.1**	**6.47**	**19.12**	**8.94**	**5.95**	**1.85**	**1.26**	**0.92**
中　　央	**0.85**	**2.3**		**13.92**	**8.81**		**27.27**	**11.68**		**1.96**	**1.33**	
地　　方	**1.4**	**3.43**	**14.87**	**8.18**	**6.06**	**6.47**	**14.24**	**7.25**	**5.95**	**1.74**	**1.2**	**0.92**
北　　京	1.38	1.15		11.31	10.54		21.35	15.26		1.89	1.45	
天　　津	0.72	1.38	5.99	10.52	8.96	6.7	24.27	10.46	6.41	2.31	1.17	0.96
河　　北	1.34	8.44	17.06	7.08	5.59	7.01	10.59	5.34	5.73	1.5	0.95	0.82
山　　西	1.97	4.86	13.42	8.48	7.53	6.12	12.54	8.14	5.46	1.48	1.08	0.89
内 蒙 古	1.98	1.83	8.11	8.61	6.94	6.79	14.31	7.03	5.81	1.66	1.01	0.86
辽　　宁	0.97	1.46	25.5	8.05	7.52	2.9	16.84	11.02	4.91	2.09	1.47	1.69
吉　　林	1.15	1.58	7.12	9.84	8.78	6.41	15.82	12.4	5.57	1.61	1.41	0.87
黑 龙 江	0.57	1.22	6.77	12.09	5.43	6.52	23.95	8.89	6.02	1.98	1.64	0.92
上　　海	0.87	1.83	7.39	10.95	9.49	3.75	22.64	12.44	5.65	2.07	1.31	1.51
江　　苏	2.81	4.18	24.49	6.98	5.75	5.8	9.85	7.09	5.96	1.41	1.23	1.03
浙　　江	1.53	3.96	21.56	7.76	5.02	6.62	14.29	6.17	6.2	1.84	1.23	0.94
安　　徽	1	5.75	21.5	6.77	4.08	6.56	13.92	5.37	6.31	2.06	1.31	0.96
福　　建	1.36	2.75	13.55	7.23	4.17	6.44	12	6.2	6.18	1.66	1.49	0.96
江　　西	3.03	4.02	13.16	5.91	4.04	6.84	9.46	6.22	5.64	1.6	1.54	0.82
山　　东	1.31	3.95	18.9	9.45	7.25	6.15	16.07	7.86	6.79	1.7	1.08	1.1
河　　南	1.38	3.93	38.92	7.01	4.84	6.3	11.65	5.45	5.74	1.66	1.13	0.91
湖　　北	1.35	2.71	14.05	8.34	6.12	6.95	14.99	7	6.15	1.8	1.14	0.89
湖　　南	2.55	7.75	26.1	6.11	4.67	6.51	9.6	5.95	6.25	1.57	1.28	0.96
广　　东	1.32	4.41	43.7	8.88	5.91	6.69	16.89	6.82	6.63	1.9	1.15	0.99
广　　西	1.63	5	16.03	6.69	4.68	6.48	12.09	5.38	6.26	1.81	1.15	0.97
海　　南	1.1	2.65	6.69	12.03	9.48	6.22	21.92	11.11	5.52	1.82	1.17	0.89
重　　庆	1.39	3.39	7.85	7.97	5.35	6.74	13.85	7.16	6.54	1.74	1.34	0.97
四　　川	1.79	3.05	28.55	7.37	6.6	7.15	10.43	7.17	6.21	1.42	1.08	0.87
贵　　州	0.58	5.52	17.17	6.72	3.35	6.06	17.51	3.45	4.61	2.6	1.03	0.76
云　　南	0.91	9.01	2.21	6.6	5.67	4.23	15.46	5.53	6.18	2.34	0.97	1.46
西　　藏	0.79	1.66	2.32	14.54	5.51	6.34	20.82	5.5	6.09	1.43	1	0.96
陕　　西	0.98	2.77	14.55	10.25	6.32	6.3	18.24	8.06	5.77	1.78	1.27	0.92
甘　　肃	0.5	1.06	17.44	11.57	5.26	6.1	22.88	6.09	5.1	1.98	1.16	0.84
青　　海	0.56	0.78	2.91	7.9	7.25	6.79	12.93	5.72	5.05	1.64	0.79	0.74
宁　　夏	0.5	0.3	3.76	8.07	13.3	5.83	18.96	25.02	6.25	2.35	1.88	1.07
新　　疆	0.81	2.05	4.75	7.86	5.79	6.78	10.54	4.97	5.93	1.34	0.86	0.88
台　　湾												

各地区使用《中国标准书号》各类图书的
平均印数、平均印张、平均定价和平均印张定价(续表1)

A 马克思主义、列宁主义、毛泽东思想

	平均印数(万册/种)			平均印张(印张/册)			平均定价(元/册)			平均印张定价(元/印张)		
	新出	重印	租型	新出	重印	租型	新出	重印	租型	新出	重印	租型
全国总计	**3.43**	**1.14**	**13.21**	**16.88**	**14.33**	**7.33**	**16.03**	**19.01**	**11.88**	**0.95**	**1.33**	**1.62**
中　　央	**4.68**	**1.24**		**17.62**	**15.08**		**16.41**	**21.18**		**0.93**	**1.4**	
地　　方	**0.78**	**1**	**13.21**	**7.38**	**13.09**	**7.33**	**11.19**	**15.41**	**11.88**	**1.52**	**1.18**	**1.62**
北　　京	0.1	0.54		10.55	9.77		18.3	15.81		1.73	1.62	
天　　津	0.2	1.21		23	8.93		28	9		1.22	1.01	
河　　北												
山　　西	0.5	0.8		18.25	10.69		28	11.25		1.53	1.05	
内 蒙 古	0.3			14.25			20			1.4		
辽　　宁	0.32	0.54		18.7	14.76		31.74	19.92		1.7	1.35	
吉　　林	0.09	0.3		20.51	13.78		33.93	23.49		1.65	1.7	
黑 龙 江	0.28			9.89			19.04			1.92		
上　　海	0.55	0.61		15.43	14.15		21.83	20.31		1.41	1.44	
江　　苏	0.45	0.92		14.18	14.96		25.94	16.02		1.83	1.07	
浙　　江	1.1	0.1		14.88	12		19.36	19		1.3	1.58	
安　　徽	0.22	0.43		13.1	12.45		23.67	18.5		1.81	1.49	
福　　建	0.23	0.5		11.6	16.2		13.39	18.8		1.15	1.16	
江　　西	0.35			17.21			32.77			1.9		
山　　东	0.19	0.32		13.82	13.96		31.16	17.69		2.25	1.27	
河　　南	0.32	0.23		13.02	14.22		22.11	26		1.7	1.83	
湖　　北	0.22	3.37		17.6	12.52		29.43	13.44		1.67	1.07	
湖　　南	5.04	0.86		3.41	13.6		3.85	14.38		1.13	1.06	
广　　东	0.16			14.4			29.36			2.04		
广　　西		0.04			22.5			35			1.56	
海　　南	0.5			26			58			2.23		
重　　庆	0.31	1.17		29.16	10.26		50.63	14.86		1.74	1.45	
四　　川	0.14	1		22.03	8.85		34.59	13.07		1.57	1.48	
贵　　州	2.53			5.06			7.09			1.4		
云　　南	0.06	0.51		11.7	8.43		28	11		2.39	1.3	
西　　藏		0.5			10.91			4.5			0.41	
陕　　西	0.12	0.76	17.53	13.03	14.45	3.39	23.23	17.74	5.56	1.78	1.23	1.64
甘　　肃	0.1		7.47	13.5		19.67	28		31.67	2.07		1.61
青　　海												
宁　　夏												
新　　疆	1	0.4		1.63	26.25		6	32		3.68	1.22	
台　　湾												

各地区使用《中国标准书号》各类图书的平均印数、平均印张、平均定价和平均印张定价（续表2）

B 哲　学

	平均印数(万册/种)			平均印张(印张/册)			平均定价(元/册)			平均印张定价(元/印张)		
	新出	重印	租型	新出	重印	租型	新出	重印	租型	新出	重印	租型
全国总计	**0.69**	**1.03**		**15.87**	**13.69**		**29.91**	**22.01**		**1.88**	**1.61**	
中　央	**0.77**	**1.34**		**16.63**	**13.07**		**31.44**	**21.05**		**1.89**	**1.61**	
地　方	**0.57**	**0.61**		**14.5**	**15.48**		**27.13**	**24.79**		**1.87**	**1.6**	
北　京	0.87	0.82		17.11	15.03		25.75	21.65		1.51	1.44	
天　津	0.58	0.44		14.86	14.67		32.86	25.63		2.21	1.75	
河　北	0.15	0.31		14.81	25.37		23.58	35		1.59	1.38	
山　西	0.33	0.3		15.74	10.5		47.05	13.5		2.99	1.29	
内蒙古	0.46	0.3		17.93	20.67		26.2	25.8		1.46	1.25	
辽　宁	0.36	1.33		15.44	12.8		28	18.84		1.81	1.47	
吉　林	0.5	0.51		16.23	9		27.57	13.76		1.7	1.53	
黑龙江	0.87	1.05		15.04	11.26		25.53	18.2		1.7	1.62	
上　海	0.66	0.7		14.26	17.82		26.62	28.56		1.87	1.6	
江　苏	0.47	0.49		14.49	13.23		28.6	20.36		1.97	1.54	
浙　江	0.94	0.4		11.82	15.07		21.71	33.35		1.84	2.21	
安　徽	0.36	0.55		13.5	15.59		23.83	19.02		1.77	1.22	
福　建	0.35	0.15		16.71	21		32.26	34.15		1.93	1.63	
江　西	0.92	1.43		14.37	5.63		28.18	15.38		1.96	2.73	
山　东	0.51	0.53		14.22	22.21		25.68	36.82		1.81	1.66	
河　南	0.56	0.37		14.21	16.35		24.7	24.22		1.74	1.48	
湖　北	0.45	0.7		16.92	14.04		27.61	17.18		1.63	1.22	
湖　南	0.43	0.91		16.77	12.93		29.4	18.66		1.75	1.44	
广　东	0.64	0.45		13.65	14.13		30.71	20.28		2.25	1.43	
广　西	0.61	0.37		14.4	14.39		29.73	22.67		2.06	1.58	
海　南	1.03	4		11.02	5.45		26.93	18		2.44	3.3	
重　庆	0.38	0.32		9.96	20.25		17.96	38.31		1.8	1.89	
四　川	0.38	0.39		13.7	13.41		28.25	24.09		2.06	1.8	
贵　州	0.17			8.44			24.81			2.94		
云　南	0.38	0.28		8.38	14.27		29.8	23		3.56	1.61	
西　藏	0.32	0.47		12.99	13.93		22.42	20.71		1.73	1.49	
陕　西	0.43	0.34		14.58	16.39		26.08	22.77		1.79	1.39	
甘　肃	0.37	0.34		12.21	16.14		25.28	31.29		2.07	1.94	
青　海	0.33	0.5		17.94	26.5		29.07	53		1.62	2	
宁　夏	0.25	0.1		17.15	11		35.1	18		2.05	1.64	
新　疆	0.68	0.65		5.7	7		10.27	9.84		1.8	1.41	
台　湾												

各地区使用《中国标准书号》各类图书的
平均印数、平均印张、平均定价和平均印张定价（续表3）

C 社会科学总论

	平均印数(万册/种)			平均印张(印张/册)			平均定价(元/册)			平均印张定价(元/印张)		
	新出	重印	租型	新出	重印	租型	新出	重印	租型	新出	重印	租型
全国总计	**0.52**	**0.74**	**0.3**	**16.43**	**17.54**	**23**	**30.59**	**24.90**	**27**	**1.86**	**1.42**	**1.17**
中　　央	**0.58**	**0.83**		**16.81**	**18.63**		**31.84**	**26.11**		**1.89**	**1.40**	
地　　方	**0.45**	**0.57**	**0.3**	**15.82**	**14.39**	**23**	**28.55**	**21.38**	**27**	**1.81**	**1.49**	**1.17**
北　　京	0.88	0.65		15.46	13.16		25.69	20.07		1.66	1.53	
天　　津	0.34	0.44		13.91	15.22		31.12	23.99		2.24	1.58	
河　　北	0.34			13.82			23.22			1.68		
山　　西	0.20	1.00		16.68	10.00		46.79	15.80		2.80	1.58	
内 蒙 古	0.46			18.08			53.93			2.98		
辽　　宁	0.45	0.82		14.77	15.71		25.54	23.26		1.73	1.48	
吉　　林	0.25	0.30		9.09	12.17		19.78	13.50		2.18	1.11	
黑 龙 江	0.44	2.00		18.50	17.25		35.49	25.00		1.92	1.45	
上　　海	0.43	0.65		17.14	13.69		30.32	20.32		1.77	1.48	
江　　苏	0.40	0.51		18.10	14.23		32.36	20.47		1.79	1.44	
浙　　江	0.55	0.47		16.60	16.89		25.50	22.88		1.54	1.35	
安　　徽	0.37	0.29		16.72	21.63		27.07	39.52		1.62	1.83	
福　　建	0.23			14.45			22.14			1.53		
江　　西	0.68	0.30		11.67	12.56		24.38	20.40		2.09	1.62	
山　　东	0.49	0.44		14.44	14.73		23.56	22.21		1.63	1.51	
河　　南	0.48	0.25		18.24	7.80		39.22	13.20		2.15	1.69	
湖　　北	0.35	0.64	0.3	18.19	17.59	23	27.63	21.69	27	1.52	1.23	1.17
湖　　南	0.79	0.43		17.45	20.92		24.41	30.36		1.40	1.45	
广　　东	0.52	0.42		13.47	15.03		25.96	23.79		1.93	1.58	
广　　西	0.26	0.42		15.80	10.90		32.01	20.06		2.03	1.84	
海　　南	0.53	2.93		15.39	5.14		27.91	10.00		1.81	1.95	
重　　庆	0.44	0.44		15.01	17.91		29.84	29.80		1.99	1.66	
四　　川	0.45	0.38		13.43	12.89		20.43	19.90		1.52	1.54	
贵　　州	0.13	0.30		12.29	12.67		33.85	14.20		2.75	1.12	
云　　南	0.15	0.80		14.39	9.93		38.73	16.38		2.69	1.65	
西　　藏	0.10			12.88			125.00			9.70		
陕　　西	0.41	0.35		13.07	16.11		22.69	23.77		1.74	1.48	
甘　　肃	0.20			12.77			32.68			2.56		
青　　海	0.10			19.75			36.00			1.82		
宁　　夏	0.20	0.20		22.14	8.50		38.88	26.00		1.76	3.06	
新　　疆	0.20			19.99			55.03			2.75		
台　　湾												

各地区使用《中国标准书号》各类图书的平均印数、平均印张、平均定价和平均印张定价（续表4）

D 政治、法律

	平均印数(万册/种)			平均印张(印张/册)			平均定价(元/册)			平均印张定价(元/印张)		
	新出	重印	租型	新出	重印	租型	新出	重印	租型	新出	重印	租型
全国总计	**1.01**	**1.05**	**25.15**	**13**	**14.77**	**4.65**	**23.7**	**20.53**	**7.33**	**1.82**	**1.39**	**1.58**
中　　央	**1.06**	**1.08**		**13.43**	**15.39**		**24.39**	**21.55**		**1.82**	**1.4**	
地　　方	**0.87**	**0.95**	**25.15**	**11.44**	**12.15**	**4.65**	**21.17**	**16.24**	**7.33**	**1.85**	**1.34**	**1.58**
北　　京	0.69	0.65		18.88	22.24		43.14	29.77		2.29	1.34	
天　　津	0.35	0.43	20.68	15.2	18.15	2.32	27.36	27.94	4.29	1.8	1.54	1.85
河　　北	0.37	0.25	32.42	16.01	15.76	3	24.61	21.55	5.07	1.54	1.37	1.69
山　　西	0.34	0.5		24.12	3		58.67	58		2.43	19.33	
内 蒙 古	1.91	1.97		7.86	5.08		10.46	9.38		1.33	1.85	
辽　　宁	0.46	0.87	25.5	15.83	14.15	2.9	29.04	21.77	4.91	1.83	1.54	1.69
吉　　林	0.33	0.3		9.5	10.42		29.68	14.29		3.12	1.37	
黑 龙 江	0.45	0.28		15	14.55		25.7	25.51		1.71	1.75	
上　　海	0.62	0.49	32.19	14.93	18.05	3.07	27.36	26.05	5.04	1.83	1.44	1.64
江　　苏	4.3	0.87		10.49	16.2		22.56	23.65		2.15	1.46	
浙　　江	2.14	1.11	48.35	5.99	12.5	2.16	11.85	16.92	4.12	1.98	1.35	1.91
安　　徽	0.26	0.55	51.25	17.19	14.1	2.83	28.21	23.85	5.32	1.64	1.69	1.88
福　　建	0.4	0.19	42	21.65	11.37	2.31	29.48	21.57	3.5	1.36	1.9	1.52
江　　西	1.01	4.06		8.59	5.29		15.88	6.88		1.85	1.3	
山　　东	0.61	0.33	42.2	16.14	21.61	13.04	28.21	29.99	18.56	1.75	1.39	1.42
河　　南	0.35	0.29		14.47	20.02		35.07	30		2.42	1.5	
湖　　北	0.46	0.42		14.19	18.24		23.38	21.98		1.65	1.2	
湖　　南	0.36	0.61	32.13	13.64	8.3	3.06	28.82	11.09	5.11	2.11	1.34	1.67
广　　东	0.4	0.46		16.29	17.88		36.89	29.16		2.26	1.63	
广　　西	4.73	2.8	3.83	5.9	8.16	4.27	6.93	9.2	7.25	1.18	1.13	1.7
海　　南	1.21	2.21	4.3	12.74	3.76	3.4	18.8	10.47	6.06	1.48	2.78	1.78
重　　庆	0.68	0.44	24.52	11.85	15.7	2.4	25.9	19.61	4.37	2.19	1.25	1.82
四　　川	1.25	4.33	17.63	9.76	8.82	4.94	12.55	7.79	7.46	1.29	0.88	1.51
贵　　州	0.39	0.72	17.5	10.05	13.05	3.2	24.61	21.12	5.4	2.45	1.62	1.69
云　　南	0.31	0.43	33.65	13.11	27.73	3.87	37.71	40.51	6.15	2.88	1.46	1.59
西　　藏	0.58		2.23	7.9		6.18	25.22		7.68	3.19		1.24
陕　　西	0.9	0.39		16.23	17.24		30.12	23.02		1.86	1.34	
甘　　肃	0.25			9.55			27.86			2.92		
青　　海	0.18			15.81			29.15			1.84		
宁　　夏	0.24			17.43			35.53			2.04		
新　　疆	1.13	0.62		12.44	9.34		16.68	11.94		1.34	1.28	
台　　湾												

各地区使用《中国标准书号》各类图书的平均印数、平均印张、平均定价和平均印张定价（续表5）

E 军　事

	平均印数(万册/种)			平均印张(印张/册)			平均定价(元/册)			平均印张定价(元/印张)		
	新出	重印	租型	新出	重印	租型	新出	重印	租型	新出	重印	租型
全国总计	**0.65**	**0.76**		**14.56**	**14.31**		**33.86**	**21.91**		**2.33**	**1.53**	
中　央	**0.57**	**0.41**		**17.92**	**14.10**		**40.75**	**28.72**		**2.27**	**2.04**	
地　方	**0.82**	**1.53**		**9.56**	**14.42**		**23.59**	**18.08**		**2.47**	**1.25**	
北　京	0.42			15.58			56.48			3.63		
天　津	0.55			20.43			85.67			4.19		
河　北												
山　西	0.43	0.30		23.25	8.00		90.69	13.00		3.90	1.63	
内蒙古	0.69			15.09			19.57			1.30		
辽　宁	0.52	0.42		22.49	20.00		47.98	29.00		2.13	1.45	
吉　林	0.22	0.73		19.35	4.91		47.38	8.64		2.45	1.76	
黑龙江	0.93	1.06		12.84	7.97		30.37	11.85		2.37	1.49	
上　海	0.60	0.78		15.03	11.50		36.78	17.99		2.45	1.57	
江　苏	0.28	10.24		10.86	17.89		24.34	21.00		2.24	1.17	
浙　江	1.04	0.57		6.96	9.64		20.79	12.94		2.99	1.34	
安　徽	0.25	5.00		14.90	14.02		20.80	14.80		1.40	1.06	
福　建	0.15			14.73			25.00			1.70		
江　西	0.33			12.71			26.08			2.05		
山　东	0.60	0.64		13.80	17.76		30.55	26.18		2.21	1.47	
河　南	0.42	1.06		13.47	15.70		23.67	19.80		1.76	1.26	
湖　北	0.94	0.22		8.54	8.56		13.07	14.75		1.53	1.72	
湖　南	4.17	0.43		4.20	13.38		14.79	22.10		3.52	1.65	
广　东	0.56			17.04			32.48			1.91		
广　西	0.38	0.20		10.03	31.53		35.96	56.00		3.58	1.78	
海　南												
重　庆	0.76	3.00		16.17	3.13		35.45	3.00		2.19	0.96	
四　川	0.67	1.75		10.85	14.57		15.32	16.00		1.41	1.10	
贵　州	0.13			15.75			88.00			5.59		
云　南	0.30			8.90			12.04			1.35		
西　藏												
陕　西	0.33	0.69		17.59	13.30		31.71	16.78		1.80	1.26	
甘　肃	0.40			20.00			64.00			3.20		
青　海												
宁　夏	0.16			16.53			108.83			6.58		
新　疆	0.83			4.75			11.25			2.37		
台　湾												

各地区使用《中国标准书号》各类图书的平均印数、平均印张、平均定价和平均印张定价（续表6）

F 经　　济

	平均印数(万册/种)			平均印张(印张/册)			平均定价(元/册)			平均印张定价(元/印张)		
	新出	重印	租型	新出	重印	租型	新出	重印	租型	新出	重印	租型
全国总计	**0.64**	**0.79**		**16.85**	**16.59**		**33.75**	**25.77**		**2.00**	**1.55**	
中　央	**0.71**	**0.86**		**17.42**	**16.71**		**35.05**	**26.05**		**2.01**	**1.56**	
地　方	**0.52**	**0.65**		**15.29**	**16.26**		**30.23**	**25.01**		**1.98**	**1.54**	
北　京	0.70	0.60		14.02	18.72		25.91	25.23		1.85	1.35	
天　津	0.34	0.48		17.39	14.29		32.28	21.20		1.86	1.48	
河　北	0.21	0.21		18.18	24.76		34.71	43.57		1.91	1.76	
山　西	0.38	0.33		18.37	13.04		48.38	19.13		2.63	1.47	
内蒙古	0.27	0.10		23.99	33.00		41.83	33.00		1.74	1.00	
辽　宁	0.53	1.00		16.76	16.39		30.16	23.44		1.80	1.43	
吉　林	0.31	0.46		11.83	16.59		23.82	27.23		2.01	1.64	
黑龙江	0.21	0.74		15.92	7.26		39.58	20.28		2.49	2.79	
上　海	0.78	0.67		14.14	17.15		26.18	27.45		1.85	1.60	
江　苏	0.48	0.40		17.12	16.69		31.40	24.03		1.83	1.44	
浙　江	0.63	0.43		16.75	13.30		30.03	19.81		1.79	1.49	
安　徽	0.35	0.43		14.36	18.84		28.92	24.98		2.01	1.33	
福　建	0.27	0.28		19.70	28.64		34.06	36.79		1.73	1.28	
江　西	0.37	0.23		18.81	13.29		39.91	31.00		2.12	2.33	
山　东	0.58	0.33		18.40	17.41		39.87	25.58		2.17	1.47	
河　南	0.32	0.28		15.79	15.04		33.00	23.03		2.09	1.53	
湖　北	0.37	0.60		16.83	17.09		31.71	21.08		1.88	1.23	
湖　南	0.56	1.71		13.82	14.60		23.49	23.99		1.70	1.64	
广　东	0.55	0.42		15.19	16.73		33.61	29.32		2.21	1.75	
广　西	0.63	0.91		13.76	11.62		30.11	28.08		2.19	2.42	
海　南	0.65	0.52		15.74	11.96		33.31	21.54		2.12	1.80	
重　庆	0.50	0.38		13.44	16.82		26.39	21.83		1.96	1.30	
四　川	0.40	0.67		14.00	14.49		30.31	23.27		2.16	1.61	
贵　州	0.31	1.20		15.61	10.25		36.08	19.00		2.31	1.85	
云　南	0.19	0.37		16.62	16.47		56.89	25.84		3.42	1.57	
西　藏	0.12			19.27			28.17			1.46		
陕　西	0.41	0.78		15.63	9.50		33.70	21.17		2.16	2.23	
甘　肃	0.18	0.20		22.90	27.00		64.88	38.00		2.83	1.41	
青　海	0.16			17.41			54.43			3.13		
宁　夏	0.21			18.84			51.74			2.75		
新　疆	0.30			10.65			20.33			1.91		
台　湾												

各地区使用《中国标准书号》各类图书的平均印数、平均印张、平均定价和平均印张定价（续表7）

G 文化、科学、教育、体育

	平均印数(万册/种)			平均印张(印张/册)			平均定价(元/册)			平均印张定价(元/印张)		
	新出	重印	租型	新出	重印	租型	新出	重印	租型	新出	重印	租型
全国总计	**2.21**	**4.75**	**14.48**	**7.12**	**5.82**	**6.49**	**9.89**	**6.57**	**5.94**	**1.39**	**1.13**	**0.92**
中　　央	**1.43**	**5.36**		**9.44**	**6.35**		**14.53**	**7.3**		**1.54**	**1.15**	
地　　方	**2.49**	**4.5**	**14.48**	**6.66**	**5.56**	**6.49**	**8.96**	**6.22**	**5.94**	**1.35**	**1.12**	**0.92**
北　　京	1.69	1.32		9.15	9.62		15.59	13.56		1.7	1.41	
天　　津	0.9	2.43	5.73	10.38	8.32	6.98	12.64	7.59	6.55	1.22	0.91	0.94
河　　北	2.33	8.95	17.17	5.3	5.47	7.13	5.88	5.23	5.77	1.11	0.96	0.81
山　　西	3.64	5.39	13.42	7.64	7.45	6.12	9.19	7.96	5.46	1.2	1.07	0.89
内 蒙 古	2.72	1.91	8.16	7.71	6.7	6.84	10.89	6.52	5.85	1.41	0.97	0.85
辽　　宁	1.72	2.05		5.27	5.43		8.32	7.27		1.58	1.34	
吉　　林	1.55	1.6	7.12	9.52	8.78	6.41	13.31	12.66	5.57	1.4	1.44	0.87
黑 龙 江	0.73	1.06	6.73	8.1	5.24	6.67	15.45	6.89	6.14	1.91	1.31	0.92
上　　海	1.4	2.52	0.78	8.04	7.15	11.3	14.4	8.5	12.81	1.79	1.19	1.13
江　　苏	4.36	6	24.49	6.33	5.13	5.8	7.83	6.12	5.96	1.24	1.19	1.03
浙　　江	2.14	5.65	21.25	6.65	4.7	7.53	9.05	5.49	6.77	1.36	1.17	0.9
安　　徽	1.82	6.71	21.11	4.68	4.09	6.68	9.05	4.83	6.34	1.93	1.18	0.95
福　　建	1.98	3.36	13.55	6.52	3.96	6.48	8.1	5.48	6.2	1.24	1.38	0.96
江　　西	6.1	4.98	13.32	5.09	3.66	7.12	6.93	4.66	5.77	1.36	1.27	0.81
山　　东	2.4	5.07	18.54	7.63	6.98	5.78	9.66	7.33	6.14	1.27	1.05	1.06
河　　南	2.51	4.97	38.92	5.63	4.6	6.3	6.76	4.97	5.74	1.2	1.08	0.91
湖　　北	2.4	4.29	14.07	6.14	5.23	6.95	8.6	5.57	6.15	1.4	1.07	0.89
湖　　南	5.55	10.94	26.03	5.18	4.38	6.55	6.32	5.21	6.27	1.22	1.19	0.96
广　　东	2.67	7.38	43.7	7.46	5.51	6.69	9.7	5.78	6.63	1.3	1.05	0.99
广　　西	2.31	5.31	16.17	5.15	4.53	6.48	7.29	4.98	6.26	1.42	1.1	0.96
海　　南	2.04	2.76	6.66	11.66	9.39	6.36	17.03	10.7	5.62	1.46	1.14	0.88
重　　庆	2.67	5.66	8.07	6.41	4.77	7.02	8.78	5.98	6.71	1.37	1.25	0.96
四　　川	3.92	4.85	23.19	6.37	6.54	4.5	7.04	6.39	4.53	1.11	0.98	1.01
贵　　州	0.89	5.79	17.12	5.07	3.32	6.14	11.92	3.38	4.62	2.35	1.02	0.75
云　　南	1.55	9.47	0.21	5.81	5.81	7.87	7.14	5.44	6.46	1.23	0.94	0.82
西　　藏	1.24	1.91	2.32	15.62	5.44	6.35	17.88	5.14	6.05	1.14	0.94	0.95
陕　　西	1.65	3.92	14.51	8.49	5.78	6.4	12.41	7.07	5.85	1.46	1.22	0.91
甘　　肃	0.92	1.09	17.59	9.95	5.17	6.05	14.07	5.88	4.99	1.41	1.14	0.83
青　　海	0.78	0.81	2.82	6.5	6.52	7.07	6.57	3.74	5.3	1.01	0.57	0.75
宁　　夏	1.14	0.32	3.75	5.17	19.84	5.84	6.92	28	6.26	1.34	1.41	1.07
新　　疆	0.93	2.07	4.75	8.04	5.81	6.78	8.89	4.89	5.93	1.11	0.84	0.88
台　　湾												

各地区使用《中国标准书号》各类图书的平均印数、平均印张、平均定价和平均印张定价（续表8）

H 语言、文字

	平均印数(万册/种)			平均印张(印张/册)			平均定价(元/册)			平均印张定价(元/印张)		
	新出	重印	租型	新出	重印	租型	新出	重印	租型	新出	重印	租型
全国总计	**0.80**	**1.73**		**13.79**	**15.26**		**25.58**	**21.34**		**1.85**	**1.40**	
中　央	**0.89**	**1.85**		**14.17**	**15.75**		**26.76**	**22.80**		**1.89**	**1.45**	
地　方	**0.70**	**1.53**		**13.25**	**14.32**		**23.88**	**18.56**		**1.80**	**1.30**	
北　京	0.87	0.73		18.06	15.85		25.80	21.81		1.43	1.38	
天　津	0.55	0.41		11.52	11.01		23.27	19.30		2.02	1.75	
河　北	0.33			23.46			50.26			2.14		
山　西	0.43	0.79		15.72	18.90		25.04	24.52		1.59	1.30	
内蒙古	0.46	0.49		16.99	16.19		23.58	22.77		1.39	1.41	
辽　宁	0.69	0.74		14.45	14.15		26.09	23.81		1.81	1.68	
吉　林	0.63	0.37		13.73	11.22		22.18	16.61		1.62	1.48	
黑龙江	0.71	0.52		7.57	10.67		14.44	16.51		1.91	1.55	
上　海	0.73	2.94		14.46	15.01		25.59	18.58		1.77	1.24	
江　苏	0.75	1.07		12.52	12.97		19.52	17.72		1.56	1.37	
浙　江	1.16	0.65		12.08	9.89		18.50	14.76		1.53	1.49	
安　徽	0.66	0.64		12.95	12.64		22.57	19.75		1.74	1.56	
福　建	0.37	0.61		9.20	7.34		17.04	13.79		1.85	1.88	
江　西	0.72	1.52		11.78	7.56		19.77	12.53		1.68	1.66	
山　东	0.82	1.02		14.68	13.80		20.61	17.33		1.40	1.26	
河　南	0.46	0.42		11.86	11.12		21.82	16.26		1.84	1.46	
湖　北	0.44	0.63		15.93	19.67		23.67	26.68		1.49	1.36	
湖　南	0.58	1.16		13.64	14.39		20.88	17.14		1.53	1.19	
广　东	0.86	1.43		12.59	13.86		23.82	17.48		1.89	1.26	
广　西	0.62	2.10		16.81	14.69		30.47	18.34		1.81	1.25	
海　南	0.60	0.58		15.65	10.62		35.23	21.22		2.25	2.00	
重　庆	0.86	1.15		8.14	9.51		14.63	12.01		1.80	1.26	
四　川	0.59	0.70		15.16	13.16		23.29	15.82		1.54	1.20	
贵　州	0.31	0.05		7.42	16.00		12.42	28.00		1.67	1.75	
云　南	0.38	0.36		9.21	17.23		21.12	24.24		2.29	1.41	
西　藏	0.30	0.50		4.25	3.87		12.00	5.50		2.82	1.42	
陕　西	1.10	0.65		12.32	12.39		32.86	19.42		2.67	1.57	
甘　肃	0.20	0.30		19.65	13.16		37.33	15.00		1.90	1.14	
青　海	0.21			7.97			12.21			1.53		
宁　夏	0.23	0.30		7.72	23.33		20.71	25.00		2.68	1.07	
新　疆	0.43	0.51		12.15	10.44		17.71	13.41		1.46	1.29	
台　湾												

各地区使用《中国标准书号》各类图书的平均印数、平均印张、平均定价和平均印张定价（续表9）

I 文　学

	平均印数(万册/种)			平均印张(印张/册)			平均定价(元/册)			平均印张定价(元/印张)		
	新出	重印	租型	新出	重印	租型	新出	重印	租型	新出	重印	租型
全国总计	**0.98**	**1.35**		**12.56**	**12.38**		**22.72**	**18.88**		**1.81**	**1.52**	
中　央	**0.99**	**1.28**		**13.1**	**14.84**		**24.84**	**22.26**		**1.9**	**1.5**	
地　方	**0.98**	**1.4**		**12.24**	**10.63**		**21.45**	**16.46**		**1.75**	**1.55**	
北　京	1.86	0.92		15	12.48		24.09	19.35		1.61	1.55	
天　津	0.88	0.97		14.31	8.37		24.4	14.71		1.7	1.76	
河　北	0.68	1.26		13.47	5.16		21.49	5.56		1.6	1.08	
山　西	0.49	0.68		15.24	6.96		30.37	14.73		1.99	2.12	
内蒙古	1.47	2.89		10.28	10.97		24.33	26.76		2.37	2.44	
辽　宁	1.3	1.85		7.65	11.68		15.59	20.84		2.04	1.78	
吉　林	0.68	1.73		14.32	9.15		18.43	8.66		1.29	0.95	
黑龙江	0.88	1.11		14.16	12.41		21.47	18.63		1.52	1.5	
上　海	1.08	0.97		12.31	13.63		21.61	21.97		1.76	1.61	
江　苏	0.77	1.5		15.72	13.26		23.66	18.41		1.51	1.39	
浙　江	1.73	1.28		9.5	8.22		16.16	12.99		1.7	1.58	
安　徽	0.47	0.29		12.26	9.57		21.92	14.41		1.79	1.51	
福　建	0.69	0.78		11.45	9.21		20.37	16.1		1.78	1.75	
江　西	1.28	4.04		11.32	5.6		20.12	13.3		1.78	2.38	
山　东	0.57	1.15		12.9	9.4		25.9	12.37		2.01	1.32	
河　南	0.58	0.44		16.11	15.53		26.88	21.28		1.67	1.37	
湖　北	2.4	0.88		11.36	17.47		17.21	21.83		1.51	1.25	
湖　南	1.14	1.64		13.61	20.9		21.19	18.58		1.56	0.89	
广　东	0.74	1.33		12.62	14.52		24.06	27.08		1.91	1.87	
广　西	1.22	3.78		12.02	7.79		21.04	14.38		1.75	1.85	
海　南	0.92	2.68		9.86	12.42		22.42	18.61		2.27	1.5	
重　庆	0.9	0.54		12.52	12.69		24.76	20.62		1.98	1.63	
四　川	0.67	0.71		9.92	5.82		23.48	10.63		2.37	1.83	
贵　州	0.22	0.41		17.44	6.46		27.47	13.85		1.58	2.14	
云　南	0.29	0.5		12.62	11.34		49.03	23.21		3.88	2.05	
西　藏	0.36	0.46		11.47	4.89		21.42	6.46		1.87	1.32	
陕　西	0.55	0.61		13.8	18.99		21.87	18.44		1.59	0.97	
甘　肃	0.3	0.1		15.34	8.5		27.5	28		1.79	3.29	
青　海	0.21	0.75		12.18	18.53		24.32	32.91		2	1.78	
宁　夏	0.26	0.4		12.28	11.5		29.34	25.5		2.39	2.22	
新　疆	0.38	0.49		5.86	8.38		11	11.88		1.88	1.42	
台　湾												

各地区使用《中国标准书号》各类图书的平均印数、平均印张、平均定价和平均印张定价（续表10）

J 艺　　术

	平均印数(万册/种)			平均印张(印张/册)			平均定价(元/册)			平均印张定价(元/印张)		
	新出	重印	租型	新出	重印	租型	新出	重印	租型	新出	重印	租型
全国总计	**0.87**	**1.78**	**15.77**	**6.32**	**4.88**	**3.80**	**28.75**	**10.01**	**3.88**	**4.55**	**2.05**	**1.02**
中　　央	**1.05**	**0.93**		**6.75**	**9.28**		**31.90**	**17.50**		**4.72**	**1.88**	
地　　方	**0.81**	**2.14**	**15.77**	**6.13**	**4.07**	**3.80**	**27.40**	**8.65**	**3.88**	**4.47**	**2.12**	**1.02**
北　　京	0.58	0.57		12.93	15.00		62.55	28.94		4.84	1.93	
天　　津	1.18	0.33		4.12	6.79		21.98	27.90		5.33	4.11	
河　　北	0.53	0.38	6.74	6.15	9.61	3.43	25.42	71.46	2.85	4.14	7.44	0.83
山　　西	0.31	0.45		11.71	28.78		73.61	37.43		6.29	1.30	
内 蒙 古	1.27		5.20	5.35		3.01	15.23		3.08	2.85		1.02
辽　　宁	0.54	0.42		7.21	8.65		33.25	27.91		4.61	3.23	
吉　　林	1.28	2.59		6.73	5.03		19.74	5.60		2.93	1.11	
黑 龙 江	0.35	5.46		7.54	2.73		46.42	5.04		6.16	1.84	
上　　海	0.43	0.51	0.80	10.42	9.24	10.75	47.39	21.59	6.15	4.55	2.34	0.57
江　　苏	1.75	0.69		4.60	4.52		12.87	10.76		2.80	2.38	
浙　　江	0.85	0.73	18.26	5.41	5.72	4.14	31.07	14.60	4.25	5.74	2.55	1.03
安　　徽	0.80	10.59		6.83	2.67		24.37	6.43		3.57	2.41	
福　　建	0.61	0.25	4.13	8.73	5.49	6.41	45.90	29.06	8.70	5.26	5.30	1.36
江　　西	0.92	2.69	21.42	4.95	2.78	2.48	18.28	6.78	2.56	3.70	2.44	1.03
山　　东	0.71	5.66	0.30	10.47	3.66	21.50	46.12	5.42	166.67	4.41	1.48	7.75
河　　南	0.77	0.39		5.70	8.01		31.55	20.85		5.53	2.60	
湖　　北	0.71	1.27		5.26	4.88		27.50	9.97		5.23	2.04	
湖　　南	0.68	3.42		6.42	3.83		25.30	7.57		3.94	1.98	
广　　东	0.76	1.24		6.65	5.42		40.81	10.12		6.14	1.87	
广　　西	0.63	0.56		7.61	10.77		34.58	29.04		4.54	2.70	
海　　南	0.45		11.65	11.72		2.44	101.39		1.62	8.65		0.66
重　　庆	0.62	0.65	2.52	7.04	10.28	3.43	25.09	27.40	3.52	3.56	2.67	1.03
四　　川	1.10	1.38	50.84	2.78	1.92	4.10	12.60	5.93	4.15	4.54	3.08	1.01
贵　　州	0.26	0.31	23.21	5.72	5.81	2.00	56.55	15.37	3.49	9.88	2.65	1.74
云　　南	2.31	14.58		2.76	3.32		14.17	5.41		5.13	1.63	
西　　藏	0.40	0.37		5.50	5.36		39.79	54.41		7.23	10.14	
陕　　西	0.44	0.64	15.36	7.35	16.00	2.97	36.55	36.88	2.65	4.97	2.31	0.89
甘　　肃	0.24			17.46			97.74			5.60		
青　　海	0.22		4.56	15.20		3.76	94.50		2.35	6.22		0.63
宁　　夏	0.29		4.28	9.69		2.00	79.99		2.66	8.25		1.33
新　　疆	0.51	6.30		6.13	3.92		50.71	4.55		8.28	1.16	
台　　湾												

各地区使用《中国标准书号》各类图书的平均印数、平均印张、平均定价和平均印张定价（续表11）

K 历史、地理

	平均印数(万册/种)			平均印张(印张/册)			平均定价(元/册)			平均印张定价(元/印张)		
	新出	重印	租型	新出	重印	租型	新出	重印	租型	新出	重印	租型
全国总计	**0.70**	**3.07**	**25.47**	**14.50**	**4.56**	**7.50**	**38.72**	**7.88**	**6.49**	**2.67**	**1.73**	**0.86**
中　　央	**0.81**	**4.80**		**16.15**	**4.08**		**41.15**	**6.51**		**2.55**	**1.59**	
地　　方	**0.60**	**1.16**	**25.47**	**12.54**	**6.78**	**7.50**	**35.83**	**14.23**	**6.49**	**2.86**	**2.10**	**0.86**
北　　京	0.80	0.60		20.03	15.03		60.07	29.98		3.00	2.00	
天　　津	0.44	0.38		17.21	14.13		48.18	23.68		2.80	1.68	
河　　北	0.27	1.00		24.52	12.77		76.32	15.38		3.11	1.20	
山　　西	0.57	0.30		16.52	7.68		44.19	27.05		2.68	3.52	
内 蒙 古	0.99	1.74		11.07	4.54		31.43	5.20		2.84	1.15	
辽　　宁	0.33	0.36		13.58	14.03		35.81	29.23		2.64	2.08	
吉　　林	1.29	0.75		8.44	13.55		13.80	21.26		1.63	1.57	
黑 龙 江	0.71	2.72	8.34	14.74	4.47	2.30	38.15	11.53	2.74	2.59	2.58	1.19
上　　海	0.56	0.76		14.57	12.26		37.32	20.21		2.56	1.65	
江　　苏	0.52	0.61		14.02	16.17		41.58	26.08		2.97	1.61	
浙　　江	0.45	0.73	43.88	13.73	10.02	2.78	51.60	16.77	4.73	3.76	1.67	1.70
安　　徽	0.37	0.68		13.84	7.17		47.39	14.23		3.42	1.98	
福　　建	0.75	0.62		5.66	28.19		20.50	32.77		3.62	1.16	
江　　西	0.86	3.03	7.57	12.81	10.73	3.10	30.52	8.39	4.69	2.38	0.78	1.51
山　　东	0.68	0.77		13.29	7.92		32.51	14.81		2.45	1.87	
河　　南	0.41	0.40		13.65	18.68		59.15	43.60		4.33	2.33	
湖　　北	0.76	0.60		12.98	9.28		30.54	17.21		2.35	1.85	
湖　　南	0.56	1.31		10.24	12.96		43.20	21.87		4.22	1.69	
广　　东	0.74	1.85		8.15	2.75		23.98	10.84		2.94	3.94	
广　　西	0.90	0.42		12.86	13.59		34.59	36.81		2.69	2.71	
海　　南	0.73	0.30		15.64	22.44		29.39	43.30		1.88	1.93	
重　　庆	0.73	4.11		16.96	5.13		41.83	7.42		2.47	1.45	
四　　川	0.51	1.36	27.81	7.03	2.30	7.85	24.92	8.22	6.65	3.54	3.57	0.85
贵　　州	0.96	1.90		5.68	4.29		16.62	5.24		2.92	1.22	
云　　南	0.21	0.52		12.59	10.25		64.88	29.63		5.15	2.89	
西　　藏	0.48	0.32		11.42	11.56		25.55	21.97		2.24	1.90	
陕　　西	0.41	2.33		14.35	2.62		56.77	12.51		3.96	4.78	
甘　　肃	0.39	0.14	0.40	14.81	22.30	6.00	46.35	66.86	36.00	3.13	3.00	6.00
青　　海	0.27	0.40		16.22	8.75		74.09	18.00		4.57	2.06	
宁　　夏	0.27	0.26		15.29	9.46		56.88	23.41		3.72	2.47	
新　　疆	0.48	1.11		8.44	12.97		30.11	16.58		3.57	1.28	
台　　湾												

各地区使用《中国标准书号》各类图书的平均印数、平均印张、平均定价和平均印张定价（续表12）

N 自然科学总论

	平均印数(万册/种)			平均印张(印张/册)			平均定价(元/册)			平均印张定价(元/印张)		
	新出	重印	租型	新出	重印	租型	新出	重印	租型	新出	重印	租型
全国总计	**0.72**	**2.62**		**10.88**	**6.42**		**21.4**	**7.7**		**1.97**	**1.2**	
中　　央	**0.48**	**0.64**		**16.39**	**15.11**		**36.82**	**23.44**		**2.25**	**1.55**	
地　　方	**0.82**	**2.94**		**9.61**	**6.11**		**17.83**	**7.15**		**1.86**	**1.17**	
北　　京	1.35	1.2		13.38	13.97		20.63	18.17		1.54	1.3	
天　　津	0.8			8.18			13.8			1.69		
河　　北	0.07			7.51			15			2		
山　　西	0.3	0.3		27.5	8.33		36	14		1.31	1.68	
内 蒙 古	0.06	0.1		7.08	15.5		16	22		2.26	1.42	
辽　　宁	0.25	0.5		7.23	17.8		18.17	25		2.51	1.4	
吉　　林	1.07	0.15		4.44	12		8.02	25		1.8	2.08	
黑 龙 江	0.18	0.33		16.56	12.15		47.27	17.54		2.85	1.44	
上　　海	0.62	4.75		8.2	5.58		22.36	5.74		2.73	1.03	
江　　苏	0.26	0.66		21.41	7.41		36.75	16.41		1.72	2.21	
浙　　江	0.63	1.57		51.78	5.05		69.8	6.97		1.35	1.38	
安　　徽	0.2	0.3		16.76	16.67		56.14	33		3.35	1.98	
福　　建												
江　　西	1			12			25			2.08		
山　　东	1.13	2.47		8.6	6.63		10.12	7.54		1.18	1.14	
河　　南	0.46	0.33		16.8	14.31		55.6	30.54		3.31	2.13	
湖　　北	1.69	0.3		4.72	14.06		7.66	19.61		1.62	1.39	
湖　　南	1.25	2.24		6.71	5.37		13.65	12.43		2.03	2.32	
广　　东	0.31	0.3		13.08	19.67		26.55	28		2.03	1.42	
广　　西	0.89	1.6		11.63	28.5		40.61	36.8		3.49	1.29	
海　　南	0.5	0.3		32	10.25		68	16		2.13	1.56	
重　　庆	0.38	0.23		19.12	17.86		33.78	24		1.77	1.34	
四　　川	0.88	0.43		6.57	15.8		15.72	30.24		2.39	1.91	
贵　　州	0.5			4.88			7			1.43		
云　　南	0.08			30.38			100			3.29		
西　　藏	0.3			7.8			10			1.28		
陕　　西	0.25	0.12		13.27	13.82		35.81	27.52		2.7	1.99	
甘　　肃	0.1			8.25			12.5			1.52		
青　　海												
宁　　夏												
新　　疆	0.13			10.88			22.18			2.04		
台　　湾												

各地区使用《中国标准书号》各类图书的平均印数、平均印张、平均定价和平均印张定价（续表13）

O 数理科学、化学

	平均印数(万册/种)			平均印张(印张/册)			平均定价(元/册)			平均印张定价(元/印张)		
	新出	重印	租型	新出	重印	租型	新出	重印	租型	新出	重印	租型
全国总计	**0.55**	**0.79**		**16.97**	**17.55**	**60.00**	**26.01**	**22.03**	**66.00**	**1.53**	**1.26**	**1.10**
中　央	**0.60**	**0.86**		**18.89**	**18.52**		**28.73**	**22.51**		**1.52**	**1.22**	
地　方	**0.49**	**0.65**		**13.70**	**15.22**	**60.00**	**21.39**	**20.87**	**66.00**	**1.56**	**1.37**	**1.10**
北　京	0.30	0.70		27.75	28.57		40.00	36.71		1.44	1.29	
天　津	0.39	0.35		15.02	16.06		24.06	23.83		1.60	1.48	
河　北	0.33			14.78			33.33			2.26		
山　西	0.15			9.03			19.25			2.13		
内蒙古	0.23	1.10		16.72	13.36		20.60	15.23		1.23	1.14	
辽　宁	0.29	0.41		14.65	14.41		24.39	20.08		1.66	1.39	
吉　林	0.08	0.30		21.58	10.67		33.00	9.00		1.53	0.84	
黑龙江	0.21	0.35		15.82	16.59		25.57	22.65		1.62	1.37	
上　海	0.68	0.82		11.84	13.59		18.26	19.43		1.54	1.43	
江　苏	0.49	1.07		17.12	19.11		24.32	24.96		1.42	1.31	
浙　江	0.64	0.33		17.25	12.25	60.00	37.89	17.80	66.00	2.20	1.45	1.10
安　徽	0.32	0.38		16.56	14.01		23.12	20.32		1.40	1.45	
福　建	0.39	0.40		30.03	24.75		40.98	25.00		1.36	1.01	
江　西	0.30	0.86		15.30	13.27		25.88	17.20		1.69	1.30	
山　东	0.50	0.33		18.10	13.48		27.78	18.90		1.54	1.40	
河　南	0.33	0.37		20.37	18.36		30.42	27.55		1.49	1.50	
湖　北	0.85	0.72		10.06	12.81		13.93	16.87		1.38	1.32	
湖　南	0.49	0.39		13.78	13.16		23.82	20.91		1.73	1.59	
广　东	0.56	0.24		12.52	15.36		29.48	23.00		2.35	1.50	
广　西	0.39			7.57			16.83			2.22		
海　南	3.00			17.75			25.00			1.41		
重　庆	0.41	0.27		15.40	15.17		21.87	19.58		1.42	1.29	
四　川	0.30	0.50		16.34	8.97		25.49	15.71		1.56	1.75	
贵　州	0.10			8.13			26.00			3.20		
云　南	0.21	0.95		10.95	14.00		17.02	18.32		1.55	1.31	
西　藏												
陕　西	0.34	0.42		14.99	17.76		21.83	23.23		1.46	1.31	
甘　肃	0.19			14.78			26.20			1.77		
青　海												
宁　夏	0.08			14.46			35.67			2.47		
新　疆	0.55			13.27			17.36			1.31		
台　湾												

各地区使用《中国标准书号》各类图书的平均印数、平均印张、平均定价和平均印张定价（续表14）

P 天文学、地球科学

	平均印数(万册/种)			平均印张(印张/册)			平均定价(元/册)			平均印张定价(元/印张)		
	新出	重印	租型	新出	重印	租型	新出	重印	租型	新出	重印	租型
全国总计	**0.49**	**0.53**	**3.32**	**8.70**	**12.35**	**12.61**	**24.06**	**19.80**	**12.65**	**2.77**	**1.60**	**1**
中　　央	**0.52**	**0.43**		**8.52**	**15.25**		**23.87**	**23.18**		**2.80**	**1.52**	
地　　方	**0.40**	**0.75**	**3.32**	**9.32**	**8.85**	**12.61**	**24.74**	**15.74**	**12.65**	**2.66**	**1.78**	**1**
北　　京	0.65	0.50		11.49	16.20		61.74	20.00		5.37	1.23	
天　　津	0.63			9.31			15.78			1.70		
河　　北	0.25	0.20		14.75	14.50		68.62	15.00		4.65	1.03	
山　　西	0.23	0.30		13.79	7.67		174.13	13.00		12.62	1.70	
内 蒙 古	2.40			7.08			5.60			0.79		
辽　　宁	0.18	0.30		15.18	6.33		31.15	45.00		2.05	7.11	
吉　　林	0.53	2.30		5.51	14.00		11.06	19.80		2.01	1.41	
黑 龙 江	0.34			13.37			32.82			2.45		
上　　海	0.54	0.29		7.42	15.69		19.97	18.44		2.69	1.18	
江　　苏	0.28	0.33		16.88	17.77		29.18	24.68		1.73	1.39	
浙　　江	0.55	0.30		14.33	10.39		28.45	22.07		1.99	2.12	
安　　徽	0.35	0.50		12.18	18.60		26.24	26.80		2.15	1.44	
福　　建												
江　　西	0.10	3.53		14.44	13.00		28.00	25.00		1.94	1.92	
山　　东	0.16	0.21		16.98	19.18		37.02	24.74		2.18	1.29	
河　　南	0.41	0.40		7.94	12.81		20.25	28.50		2.55	2.22	
湖　　北	0.26	0.38		15.43	14.38		31.56	25.32		2.05	1.76	
湖　　南	0.15	0.35		8.67	13.15		40.67	22.83		4.69	1.74	
广　　东	0.13	0.50		19.28	3.80		60.93	4.80		3.16	1.26	
广　　西	0.42			5.63			24.80			4.40		
海　　南												
重　　庆		0.36			14.39			21.33			1.48	
四　　川	0.21	1.96		7.63	3.43		19.45	9.95		2.55	2.91	
贵　　州	1.08			3.67			27.63			7.53		
云　　南	2.06	10.05		2.65	1.05		12.11	1.59		4.57	1.51	
西　　藏	0.28	0.60		1.41	4.00		6.36	4.50		4.52	1.13	
陕　　西	0.22	0.10		14.03	17.00		29.88	24.00		2.13	1.41	
甘　　肃	0.11			10.75			20.36			1.89		
青　　海												
宁　　夏	0.43		3.32	5.80		12.61	17.23		12.65	2.97		1
新　　疆												
台　　湾												

各地区使用《中国标准书号》各类图书的平均印数、平均印张、平均定价和平均印张定价（续表15）

Q 生物科学

	平均印数(万册/种)			平均印张(印张/册)			平均定价(元/册)			平均印张定价(元/印张)		
	新出	重印	租型	新出	重印	租型	新出	重印	租型	新出	重印	租型
全国总计	**0.52**	**0.7**		**14.68**	**18.27**		**33.06**	**24.69**		**2.25**	**1.35**	
中　央	**0.42**	**0.63**		**17.42**	**21.41**		**41.03**	**28.69**		**2.36**	**1.34**	
地　方	**0.74**	**0.89**		**11.38**	**11.45**		**23.5**	**15.98**		**2.06**	**1.4**	
北　京	1.15	0.7		16.55	9.36		32.54	19.23		1.97	2.05	
天　津	0.7	0.3		9.65	30		15.69	42		1.63	1.4	
河　北	0.11			33.75			60			1.78		
山　西	0.43	0.3		16.87	16.17		103.65	21.5		6.14	1.33	
内蒙古	0.33			12.56	21.67		18.84	28.33		1.5	1.31	
辽　宁	0.32			7.43			21.05			2.83		
吉　林	2.12	8.43		20.75	13.48		13.19	10.97		0.64	0.81	
黑龙江	0.23	0.31		10.73	18.06		17.7	24		1.65	1.33	
上　海	1.36	0.6		4.85	9.16		12.34	13.71		2.54	1.5	
江　苏	0.41	1.05		17.35	20.04		31.5	27.64		1.82	1.38	
浙　江	0.39	0.66		9.18	9.07		33.74	14.24		3.68	1.57	
安　徽	0.28	0.54		45.63	1.79		42.72	7.49		0.94	4.18	
福　建	0.1			20.25			46.6			2.3		
江　西	3.97	0.7		12.92	9.29		24.77	15.5		1.92	1.67	
山　东	0.15	0.37		27.16	19.05		127.88	35		4.71	1.84	
河　南	0.33	0.32		12.89	15.44		33.37	30.75		2.59	1.99	
湖　北	0.31	0.32		15.73	11.63		30.41	18.16		1.93	1.56	
湖　南	0.24	0.31		10.54	19.34		44.79	29.5		4.25	1.53	
广　东	2.04	0.19		3.82	16.18		16.41	26.59		4.3	1.64	
广　西	0.86			10.74			22.24			2.07		
海　南												
重　庆	0.5	0.58		9.02	14.17		21.89	19.87		2.43	1.4	
四　川	0.84	1.43		8.27	2.95		21.68	8.68		2.62	2.94	
贵　州	0.1			29.7			99.65			3.35		
云　南	0.15	1.4		11.01	8.82		103.76	28.14		9.43	3.19	
西　藏	0.5			7.25			20			2.76		
陕　西	0.23	0.13		12.64	19.2		44.84	22.47		3.55	1.17	
甘　肃	0.22	0.5		8.62	13.8		19.69	19.8		2.29	1.43	
青　海	0.1			11.75			40			3.4		
宁　夏	0.37			16.43			38.04			2.32		
新　疆	0.1			5.5			20			3.64		
台　湾												

各地区使用《中国标准书号》各类图书的平均印数、平均印张、平均定价和平均印张定价（续表16）

R 医药、卫生

	平均印数(万册/种)			平均印张(印张/册)			平均定价(元/册)			平均印张定价(元/印张)		
	新出	重印	租型	新出	重印	租型	新出	重印	租型	新出	重印	租型
全国总计	**0.59**	**0.72**		**16.32**	**17.64**		**34.46**	**27.03**		**2.11**	**1.53**	
中　央	**0.61**	**0.75**		**17.60**	**18.84**		**36.66**	**28.34**		**2.08**	**1.50**	
地　方	**0.55**	**0.63**		**13.86**	**14.23**		**30.22**	**23.32**		**2.18**	**1.64**	
北　京	0.75	0.74		13.84	14.01		32.87	36.44		2.38	2.60	
天　津	0.28	0.30		19.21	13.24		62.73	25.87		3.27	1.95	
河　北	0.81	0.36		15.36	16.56		24.20	24.04		1.58	1.45	
山　西	0.31	0.89		15.94	9.54		30.67	16.37		1.92	1.72	
内蒙古	1.06	0.37		12.26	23.12		28.31	28.78		2.31	1.24	
辽　宁	0.47	0.56		9.86	6.46		31.93	20.41		3.24	3.16	
吉　林	0.50	0.86		14.96	17.43		29.95	21.16		2.00	1.21	
黑龙江	0.61	1.13		17.96	22.68		29.98	33.04		1.67	1.46	
上　海	0.52	0.42		14.17	15.32		32.82	28.08		2.32	1.83	
江　苏	0.78	0.75		15.01	17.63		26.37	25.69		1.76	1.46	
浙　江	0.80	0.39		8.24	11.58		19.12	18.13		2.32	1.57	
安　徽	0.39	0.68		16.23	11.01		30.29	17.71		1.87	1.61	
福　建	0.51	0.69		15.50	9.68		32.26	33.55		2.08	3.47	
江　西	0.49	0.53		16.48	13.30		30.95	23.00		1.88	1.73	
山　东	0.64	0.94		12.16	17.48		26.26	26.69		2.16	1.53	
河　南	0.44	0.50		14.94	14.80		30.35	20.41		2.03	1.38	
湖　北	0.34	0.30		13.07	11.96		27.67	20.91		2.12	1.75	
湖　南	0.48	0.86		16.92	19.13		35.20	27.97		2.08	1.46	
广　东	0.78	2.34		10.49	6.77		28.47	9.96		2.72	1.47	
广　西	0.88	0.64		7.87	11.86		25.56	22.06		3.25	1.86	
海　南	0.45	0.50		14.49	10.80		29.07	28.00		2.01	2.59	
重　庆	1.28	0.52		13.77	26.00		23.48	41.30		1.71	1.59	
四　川	0.52	0.49		16.10	8.00		41.37	15.95		2.57	1.99	
贵　州	0.38	1.42		10.11	3.45		32.34	10.00		3.20	2.90	
云　南	0.22	0.42		14.05	14.84		57.74	29.14		4.11	1.96	
西　藏	0.24	0.45		8.55	11.89		14.72	11.87		1.72	1.00	
陕　西	0.29	0.19		16.63	16.56		30.83	27.41		1.85	1.66	
甘　肃	0.16	0.38		13.75	8.13		38.69	15.00		2.81	1.84	
青　海	0.20	0.30		15.38	14.00		32.44	34.30		2.11	2.45	
宁　夏	0.20	0.10		8.61	10.00		22.17	10.00		2.57	1.00	
新　疆	0.60	0.75		9.54	6.37		14.52	8.38		1.52	1.31	
台　湾												

各地区使用《中国标准书号》各类图书的平均印数、平均印张、平均定价和平均印张定价（续表17）

S 农业科学

	平均印数(万册/种)			平均印张(印张/册)			平均定价(元/册)			平均印张定价(元/印张)		
	新出	重印	租型	新出	重印	租型	新出	重印	租型	新出	重印	租型
全国总计	**0.56**	**0.64**		**8.27**	**9.13**		**19.86**	**13.09**		**2.40**	**1.43**	
中　央	**0.64**	**0.55**		**8.85**	**10.09**		**20.04**	**14.38**		**2.26**	**1.42**	
地　方	**0.46**	**0.99**		**7.26**	**6.98**		**19.54**	**10.20**		**2.69**	**1.46**	
北　京	1.70	0.07		7.05	3.93		11.39	37.26		1.62	9.49	
天　津	0.45			8.10			30.37			3.75		
河　北	0.23	0.31		17.22	22.40		61.75	22.86		3.59	1.02	
山　西	0.36	0.25		5.96	6.60		12.94	15.40		2.17	2.33	
内蒙古	0.47	0.05		6.12	12.00		10.19	20.00		1.66	1.67	
辽　宁	0.30	1.05		7.26	4.33		33.42	5.55		4.60	1.28	
吉　林	0.65	0.44		11.34	16.38		34.02	14.78		3.00	0.90	
黑龙江	0.31	0.17		9.78	10.30		19.32	28.46		1.98	2.76	
上　海	0.47	0.23		9.78	10.78		29.83	25.36		3.05	2.35	
江　苏	0.46	0.31		6.21	6.45		14.31	11.08		2.30	1.72	
浙　江	0.35	0.37		8.95	5.14		34.83	13.65		3.89	2.66	
安　徽	0.44	0.70		12.81	8.65		22.24	18.67		1.74	2.16	
福　建	0.57	0.64		6.44	6.32		18.08	23.26		2.81	3.68	
江　西	1.01	1.91		6.34	13.83		12.82	25.39		2.02	1.84	
山　东	0.64	0.52		5.37	5.58		17.16	11.01		3.20	1.97	
河　南	0.33	3.47		10.38	6.04		20.65	9.47		1.99	1.57	
湖　北	0.50	0.37		7.13	6.25		18.22	9.93		2.56	1.59	
湖　南	0.85	15.23		4.32	9.10		9.51	9.37		2.20	1.03	
广　东	0.56	0.67		7.09	4.08		29.90	8.33		4.22	2.04	
广　西	0.46	1.97		3.66	5.11		8.70	6.96		2.38	1.36	
海　南	0.37	0.50		4.68	4.12		8.73	6.07		1.87	1.47	
重　庆	0.35	0.23		9.65	9.60		13.44	13.43		1.39	1.40	
四　川	0.74	0.57		5.15	6.65		14.81	11.68		2.88	1.76	
贵　州	0.42	0.20		4.78	14.00		11.82	36.00		2.47	2.57	
云　南	0.39	1.26		10.19	6.45		47.14	18.98		4.63	2.94	
西　藏	0.22			6.58			15.89			2.42		
陕　西	0.32	0.43		9.43	6.27		24.22	9.19		2.57	1.47	
甘　肃	0.35			6.45			14.10			2.19		
青　海	0.34	0.15		16.53	16.00		115.93	46.00		7.01	2.88	
宁　夏	0.34			8.38			18.17			2.17		
新　疆	0.44	1.00		4.65	4.54		7.41	6.87		1.59	1.51	
台　湾												

各地区使用《中国标准书号》各类图书的平均印数、平均印张、平均定价和平均印张定价（续表18）

T 工业技术

	平均印数(万册/种)			平均印张(印张/册)			平均定价(元/册)			平均印张定价(元/印张)		
	新出	重印	租型	新出	重印	租型	新出	重印	租型	新出	重印	租型
全国总计	**0.56**	**0.63**		**16.88**	**16.16**		**34.73**	**23.81**		**2.06**	**1.47**	
中　央	**0.56**	**0.61**		**18.1**	**16.89**		**35.8**	**25.17**		**1.98**	**1.49**	
地　方	**0.55**	**0.73**		**13.56**	**13.55**		**31.8**	**18.96**		**2.35**	**1.4**	
北　京	1.49	0.57		11	11.69		22.57	20.85		2.05	1.78	
天　津	0.53	0.58		14.74	17.7		42.73	30.06		2.9	1.7	
河　北	0.66	10.38		18.75	8.35		29.83	5.71		1.59	0.68	
山　西	0.3	0.41		11.69	16.24		41.42	27.57		3.54	1.7	
内蒙古	0.57	0.7		13.51	15.87		16.51	17.02		1.22	1.07	
辽　宁	0.58	0.67		8.95	12.75		38.28	23.81		4.28	1.87	
吉　林	0.62	1.09		12.75	14.33		20.92	22.71		1.64	1.59	
黑龙江	0.33	0.33		13.26	12.19		31.24	24.6		2.36	2.02	
上　海	0.46	0.44		15.66	16.14		42.48	29.39		2.71	1.82	
江　苏	0.41	0.57		16.22	16.63		36.56	22.71		2.25	1.37	
浙　江	0.75	0.44		10.91	16.46		24.05	26.8		2.2	1.63	
安　徽	0.38	0.66		12.66	17.18		26.74	23.85		2.11	1.39	
福　建	0.53	0.47		8.59	9.37		31.32	24.49		3.65	2.61	
江　西	0.43	0.55		15.74	17.21		36.75	31.41		2.34	1.83	
山　东	0.71	1.46		17.79	15.9		36.23	16.17		2.04	1.02	
河　南	0.34	0.31		15.14	12.52		37.9	24.15		2.5	1.93	
湖　北	0.44	0.38		16.37	18.89		45.59	30.24		2.78	1.6	
湖　南	0.79	2.46		9.67	7.39		26.82	9.47		2.77	1.28	
广　东	1	0.35		9.73	15.85		21.96	25.51		2.26	1.61	
广　西	0.62	1.37		10.14	9.95		29.3	15.02		2.89	1.51	
海　南	0.29			15.15			28.23			1.86		
重　庆	0.71	0.74		9.77	9.94		19.34	16.38		1.98	1.65	
四　川	0.69	0.44		16.91	17.41		22.37	24.6		1.32	1.41	
贵　州	0.34			16.6			49.63			2.99		
云　南	0.56	0.61		12.2	10.72		37.64	33.97		3.09	3.17	
西　藏	0.16			6.48			26.8			4.13		
陕　西	0.4	0.48		17	18.14		26.38	22.12		1.55	1.22	
甘　肃	0.24	0.1		12.52	16		26.75	22.5		2.14	1.41	
青　海	0.11			13.92			34.36			2.47		
宁　夏	0.31			10.25			28.22			2.75		
新　疆	0.28	0.85		16.18	6.47		46.9	10		2.9	1.55	
台　湾												

各地区使用《中国标准书号》各类图书的平均印数、平均印张、平均定价和平均印张定价（续表19）

U 交通运输

	平均印数(万册/种)			平均印张(印张/册)			平均定价(元/册)			平均印张定价(元/印张)		
	新出	重印	租型	新出	重印	租型	新出	重印	租型	新出	重印	租型
全国总计	**0.69**	**0.78**		**12.94**	**13.40**		**28.06**	**26.23**		**2.17**	**1.96**	
中　　央	**0.72**	**0.75**		**13.52**	**14.86**		**30.32**	**29.12**		**2.24**	**1.96**	
地　　方	**0.63**	**0.95**		**11.29**	**6.95**		**21.60**	**13.47**		**1.91**	**1.94**	
北　　京	0.69			15.74			37.00			2.35		
天　　津	0.28	0.37		9.06	15.09		18.30	23.36		2.02	1.55	
河　　北	0.20			16.99			39.25			2.31		
山　　西	0.15	0.30		13.25	6.67		30.00	11.00		2.26	1.65	
内 蒙 古												
辽　　宁	0.47	0.29		15.25	16.77		28.96	30.56		1.90	1.82	
吉　　林	0.38	0.17		12.17	13.65		30.55	28.08		2.51	2.06	
黑 龙 江	0.21	0.58		11.44	10.42		22.44	23.31		1.96	2.24	
上　　海	0.36	4.77		20.78	1.66		61.49	6.61		2.96	3.98	
江　　苏	0.47	0.34		13.98	12.46		24.35	19.33		1.74	1.55	
浙　　江	7.31	1.22		7.89	6.95		8.17	11.21		1.03	1.61	
安　　徽	0.36	3.37		14.33	7.46		27.63	9.87		1.93	1.32	
福　　建	0.32	0.60		6.18	5.08		9.32	23.33		1.51	4.59	
江　　西	0.13			16.35			39.20			2.40		
山　　东	0.76	0.45		19.30	11.56		33.09	20.07		1.71	1.74	
河　　南	0.28	4.15		12.51	13.36		27.89	19.60		2.23	1.47	
湖　　北	0.22	0.33		17.33	18.70		32.03	26.40		1.85	1.41	
湖　　南	0.50	0.30		4.98	10.67		11.12	19.00		2.23	1.78	
广　　东	0.37	0.25		12.84	19.40		31.84	30.20		2.48	1.56	
广　　西	0.05			13.00			60.00			4.62		
海　　南	0.06			9.75			35.00			3.59		
重　　庆	0.47	0.27		8.18	14.37		15.03	20.58		1.84	1.43	
四　　川	0.83	0.34		6.46	12.24		15.70	21.15		2.43	1.73	
贵　　州												
云　　南	0.29	0.90		12.25	7.67		60.09	21.33		4.91	2.78	
西　　藏												
陕　　西	0.37	0.50		18.31	17.20		27.21	21.20		1.49	1.23	
甘　　肃	0.17			23.16			69.93			3.02		
青　　海	1.00			17.75			30.00			1.69		
宁　　夏												
新　　疆												
台　　湾												

各地区使用《中国标准书号》各类图书的平均印数、平均印张、平均定价和平均印张定价（续表20）

V 航空、航天

	平均印数(万册/种)			平均印张(印张/册)			平均定价(元/册)			平均印张定价(元/印张)		
	新出	重印	租型	新出	重印	租型	新出	重印	租型	新出	重印	租型
全国总计	**0.54**	**1.44**		**10.90**	**5.23**		**28.84**	**10.23**		**2.65**	**1.96**	
中　央	**0.33**	**0.41**		**15.54**	**16.55**		**44.36**	**36.71**		**2.85**	**2.22**	
地　方	**1.06**	**2.08**		**7.35**	**3.82**		**16.94**	**6.93**		**2.31**	**1.81**	
北　京	0.53			12.40			40.08			3.23		
天　津												
河　北												
山　西	0.15	0.30		21.25	11.00		42.80	18.00		2.01	1.64	
内蒙古	0.05			14.30			23.00			1.61		
辽　宁	0.40			20.53			24.25			1.18		
吉　林	2.78	0.74		4.93	11.27		9.28	16.96		1.88	1.50	
黑龙江	0.31	0.10		18.00	18.00		48.00	27.00		2.67	1.50	
上　海	0.33			14.77			53.11			3.60		
江　苏												
浙　江												
安　徽												
福　建												
江　西												
山　东	0.30			4.77			18.00			3.77		
河　南												
湖　北	0.38			14.15			36.80			2.60		
湖　南	0.20			51.28			228.50			4.46		
广　东	0.20			18.50			31.00			1.68		
广　西	0.05	41.18		25.76	2.25		38.00	4.70		1.48	2.09	
海　南												
重　庆												
四　川		0.29			8.97			15.30			1.71	
贵　州												
云　南												
西　藏												
陕　西	0.27	0.18		20.74	24.55		38.38	31.64		1.85	1.29	
甘　肃	0.11	0.50		5.25	12.00		18.00	19.80		3.43	1.65	
青　海												
宁　夏												
新　疆												
台　湾												

各地区使用《中国标准书号》各类图书的平均印数、平均印张、平均定价和平均印张定价（续表21）

X 环境科学

	平均印数(万册/种)			平均印张(印张/册)			平均定价(元/册)			平均印张定价(元/印张)		
	新出	重印	租型	新出	重印	租型	新出	重印	租型	新出	重印	租型
全国总计	**0.97**	**4.68**		**8.72**	**4.23**		**20.57**	**7.01**		**2.36**	**1.66**	
中　　央	**0.56**	**0.54**		**13.35**	**17.31**		**32.07**	**26.98**		**2.40**	**1.56**	
地　　方	**2.18**	**20.61**		**5.10**	**2.91**		**11.60**	**4.99**		**2.28**	**1.72**	
北　　京	10.32	0.35		2.70	14.71		6.40	21.71		2.37	1.48	
天　　津	0.38	0.30		33.05	17.83		64.45	25.67		1.95	1.44	
河　　北												
山　　西	0.14	0.30		5.59	10.33		12.97	17.00		2.32	1.65	
内 蒙 古												
辽　　宁	0.87	0.57		6.13	11.01		24.28	13.55		3.96	1.23	
吉　　林	0.74			11.51			11.69			1.02		
黑 龙 江	0.20	0.18		11.61	21.71		30.19	28.71		2.60	1.32	
上　　海	0.35	0.31		14.45	23.23		25.13	32.00		1.74	1.38	
江　　苏	0.28	0.22		17.57	16.40		42.70	23.41		2.43	1.43	
浙　　江	0.34	5.96		11.94	1.38		30.52	2.26		2.56	1.64	
安　　徽	0.18	0.51		17.39	4.16		31.58	6.20		1.82	1.49	
福　　建	0.15			15.01			30.00			2.00		
江　　西	0.22			11.40			38.84			3.41		
山　　东	0.44	0.10		8.90	16.67		18.94	26.00		2.13	1.56	
河　　南	0.38			12.60			26.03			2.07		
湖　　北	17.35	0.25		3.43	19.40		8.08	24.00		2.36	1.24	
湖　　南	1.84	303.70		4.49	2.89		14.38	5.02		3.20	1.74	
广　　东	0.50	0.23		10.70	11.83		23.55	27.04		2.20	2.29	
广　　西	0.29	2.05		19.01	9.17		32.22	10.00		1.70	1.09	
海　　南	0.15	0.80		17.12	3.88		27.00	12.25		1.58	3.16	
重　　庆	0.50			4.50			25.00			5.56		
四　　川	0.63	0.20		5.42	12.50		11.32	17.25		2.09	1.38	
贵　　州	0.42			4.66			10.98			2.35		
云　　南	1.82	0.11		24.10	6.03		48.95	3.73		2.03	0.62	
西　　藏	0.28			5.91			11.45			1.94		
陕　　西	1.07			7.75			9.70			1.25		
甘　　肃	0.29			15.78			42.17			2.67		
青　　海												
宁　　夏												
新　　疆	0.10			22.00			160.00			7.27		
台　　湾												

各地区使用《中国标准书号》各类图书的平均印数、平均印张、平均定价和平均印张定价（续表22）

Z 综合性图书

	平均印数(万册/种)			平均印张(印张/册)			平均定价(元/册)			平均印张定价(元/印张)		
	新出	重印	租型	新出	重印	租型	新出	重印	租型	新出	重印	租型
全国总计	**1.00**	**1.02**		**11.16**	**13.14**		**31.32**	**23.86**		**2.81**	**1.82**	
中　央	**0.99**	**1.11**		**11.75**	**13.23**		**36.26**	**25.56**		**3.09**	**1.93**	
地　方	**1.01**	**0.88**		**10.66**	**12.97**		**27.15**	**20.51**		**2.55**	**1.58**	
北　京	1.21	1.12		17.73	11.42		27.57	18.58		1.56	1.63	
天　津	0.37	1.00		20.38	6.30		50.83	10.00		2.49	1.59	
河　北	0.20	0.51		25.20	26.40		87.67	41.00		3.48	1.55	
山　西	0.39	0.30		28.43	12.00		49.14	18.00		1.73	1.50	
内蒙古	1.22	0.50		19.34	16.20		42.70	19.60		2.21	1.21	
辽　宁	0.56			15.90	24.88		35.83	33.50		2.25	1.35	
吉　林	1.21			12.26			25.92			2.11		
黑龙江	0.95			20.73			34.69			1.67		
上　海	2.12	0.83		3.79	17.70		17.15	27.77		4.53	1.57	
江　苏	0.33	0.82		13.35	15.46		42.50	25.70		3.18	1.66	
浙　江	1.91	1.52		22.27	36.37		37.64	41.22		1.69	1.13	
安　徽	0.35			10.92			41.64			3.82		
福　建	0.31			9.01			51.27			5.69		
江　西		2.30			2.90			4.37			1.51	
山　东	0.38	1.79		21.24	5.80		50.04	22.11		2.36	3.81	
河　南	0.20	1.20		37.24	27.42		141.45	37.50		3.80	1.37	
湖　北	1.02	0.43		10.80	41.06		22.80	55.34		2.11	1.35	
湖　南	2.30	2.07		12.94	12.95		17.94	10.49		1.39	0.81	
广　东	2.53	3.00		15.32	17.13		42.83	18.00		2.80	1.05	
广　西	0.38	0.21		14.12	11.32		47.62	31.11		3.37	2.75	
海　南	0.14			21.83			152.46			6.98		
重　庆		2.00			7.25			25.00			3.45	
四　川	0.99	1.42		10.86	4.27		30.22	9.59		2.78	2.25	
贵　州	0.15			24.07			69.94			2.91		
云　南	0.24	0.33		16.15	15.85		71.89	52.15		4.45	3.29	
西　藏	0.23			31.36			365.14			11.64		
陕　西	0.69	0.18		13.13	11.56		41.72	38.89		3.18	3.37	
甘　肃	0.17	0.50		16.56	15.00		75.16	19.80		4.54	1.32	
青　海	0.22			32.65			62.38			1.91		
宁　夏	0.50			11.25			20.00			1.78		
新　疆	0.65	0.34		3.85	13.73		9.50	18.17		2.47	1.32	
台　湾												

各类课本的平均印数、平均印张和平均定价

	平均印数（万册/种）			平均印张（印张/册）			平均定价（元/册）			平均印张定价（元/印张）		
	新出	重印	租型	新出	重印	租型	新出	重印	租型	新出	重印	租型
课　本　合　计	**1.57**	**4.55**	**15.84**	**10.14**	**7.08**	**6.49**	**13.44**	**8.11**	**5.93**	**1.33**	**1.15**	**0.91**
(1)大专及大专以上课本	0.69	0.88	0.30	18.53	18.40	23.00	26.47	25.06	27.00	1.43	1.36	1.17
(2)中专、技校课本	0.80	1.64		12.97	13.36		18.98	16.15		1.46	1.21	
(3)中学课本	7.85	16.38	19.09	6.74	6.26	8.09	6.47	6.14	7.04	0.96	0.98	0.87
(4)小学课本	9.93	14.74	14.36	3.97	4.26	4.59	4.23	4.50	4.62	1.07	1.06	1.00
(5)业余教育课本	1.18	1.37	13.09	13.67	11.92	3.68	22.11	16.76	3.58	1.62	1.41	0.97
(6)扫盲课本	1.35	2.82		7.07	9.34		12.39	13.89		1.75	1.49	
(7)教学用书	0.86	1.48	0.60	11.12	7.22	7.66	18.86	12.14	6.36	1.70	1.68	0.83

少数民族文字图书出版数量与去年相比增减百分比

	图书总计				使用《中国标准书号》部分							
					书籍				课本			
	种数		印数	印张	种数		印数	印张	种数		印数	印张
	合计	新出			合计	新出			合计	新出		
全国总计	-6.24	-22.63	-1.14	-10.48	36.67	-15.54	280.9	186.28	-61.27	-46.86	-77.11	-81.19
中　央	-11.46	-17.31	9.88	-7.2	-10.27	-16.52	14.38	-5.96	-33.33	-57.14	-26.67	-50.43
地　方	-5.71	-23.69	-1.42	-10.64	45.3	-15.27	312.38	225.3	-61.53	-46.75	-77.26	-81.24

续表

	不使用《中国标准书号》部分--图片合计			
	种数		印数	印张
	合计	新出		
全国总计				
中　央				
地　方				

少数民族文字

	图书总计				使用《中国标			
					书籍			
	种数(种)		印数(万册张)	印张(千印张)	种数(种)		印数(万册张)	印张(千印张)
	合计	新出			合计	新出		
全国总计	**5561**	**2175**	**6444**	**423469**	**4543**	**1821**	**5264**	**357703**
中　央	**479**	**387**	**178**	**20130**	**463**	**384**	**167**	**19795**
民族出版社	424	357	151	17919	424	357	151	17872
中国地图出版社	20	2	15	370	5		4	113
中国旅游出版社	2		1	95	2		1	95
中国藏学出版社	31	26	11	1707	31	26	11	1707
宗教文化出版社	1	1		8	1	1		8
中央民族大学出版社	1	1		31				
地　方	**5082**	**1788**	**6266**	**403339**	**4080**	**1437**	**5097**	**337908**
内蒙古	862	273	836	57670	680	239	563	40105
辽　宁	155	101	62	5043	107	72	35	3965
吉　林	711	218	388	34795	486	168	276	24898
黑龙江	48	45	10	1584	48	45	10	1584
广　西	17	17	5	348	4	4		19
四　川	190	75	114	6220	190	75	114	6220
贵　州	6	6	6	406	2	2	1	28
云　南	26	24	13	1122	23	23	2	150
西　藏	269	89	369	21440	97	48	50	4057
陕　西	16	8	2	148	1	1		3
甘　肃	43	37	9	879	43	37	9	879
青　海	194	132	211	12850	37	37	16	1582
新　疆	2545	763	4241	260834	2362	686	4021	254418

注：本年出版少数民族文字图书的文种有：蒙古文、维吾尔文、哈萨克文、柯尔克孜文、藏文、朝鲜文、锡伯文、彝文、

图书出版数量

准 书 号》 部 分				不使用《中国标准书号》部分 图片合计				附：活页文选、影印书等用纸
课 本								
种数(种)		印数（万册张）	印张（千印张）	种数(种)		印数（万册张）	印张（千印张）	
合计	新出			合计	新出			
1009	**347**	**1175**	**65454**	**9**	**7**	**5**	**52**	**260**
16	**3**	**11**	**288**					**47**
								47
15	2	11	257					
1	1		31					
993	**344**	**1164**	**65166**	**9**	**7**	**5**	**52**	**213**
182	34	273	17565					
40	23	22	1029	8	6	5	49	
225	50	112	9814					83
13	13	5	329					
4	4	5	378					
3	1	11	867					105
171	40	319	17380	1	1		3	
15	7	2	145					
157	95	195	11268					
183	77	220	6391					25

西双版纳傣文、德宏傣文、景颇文、傈僳文、哈尼文、拉祜文、纳西文、佤文、苗文、鄂伦春文、白文等19种。

期刊、报纸出版

全国各地区、各类期刊出版的种数、印数、印张数

	合计				综合				哲学、社会科学			
	种数（种）	平均期印数（万册）	总印数（万册）	总印张（千印张）	种数（种）	平均期印数（万册）	总印数（万册）	总印张（千印张）	种数（种）	平均期印数（万册）	总印数（万册）	总印张（千印张）
全国总计	**9468**	**16697**	**304106**	**15793057**	**479**	**1984**	**44410**	**2140205**	**2339**	**5822**	**99313**	**4912431**
中央	**2640**	**5137**	**88259**	**5179679**	**80**	**243**	**3687**	**251415**	**843**	**2818**	**48796**	**2311983**
地方	**6828**	**11560**	**215847**	**10613378**	**399**	**1741**	**40723**	**1888790**	**1496**	**3004**	**50517**	**2600448**
北京	169	203	3465	240953	1			120	44	68	1326	107536
天津	245	285	3667	184883	14	18	196	16626	39	67	803	34851
河北	226	239	4376	179472	9	1	5	629	56	99	1791	82767
山西	199	282	5641	317043	6	2	26	4065	50	67	1200	66471
内蒙古	148	79	1228	52224	2		4	108	48	40	611	20562
辽宁	322	675	9738	374897	9	7	96	5891	57	362	5643	221443
吉林	236	469	10014	453692	4	21	308	17509	58	147	3857	200893
黑龙江	314	277	4865	238724	9	8	96	4493	68	115	1969	97858
上海	626	1105	18128	850297	10	15	157	17119	130	267	4650	150964
江苏	439	418	8872	356260	22	27	795	23357	66	56	1061	53778
浙江	218	556	8082	328698	27	7	99	6480	44	90	1446	77934
安徽	176	457	6343	244093	22	57	1067	59291	30	71	1042	46082
福建	178	203	2877	133651	7	1	6	370	54	89	1105	54806
江西	162	241	5526	217398	1	3	80	4000	40	44	563	29856
山东	263	440	9870	423238	25	100	2115	106912	58	119	1758	97441
河南	244	447	8632	413629	19	2	12	1302	59	198	3342	192819
湖北	417	1110	23661	1098822	30	616	14700	663901	103	126	2451	120410
湖南	246	439	8864	384449	23	29	394	19172	61	121	2046	82615
广东	379	1126	25969	1495214	37	165	5299	219172	76	217	4170	231693
广西	184	218	4241	172061	25	28	586	30485	39	48	988	37319
海南	40	66	1135	78424	5	10	197	12703	10	16	200	9830
重庆	134	320	6886	452596	4	1	7	540	34	143	2642	230845
四川	334	508	9731	761218	27	92	2506	165113	58	101	1550	121782
贵州	89	91	1377	78203	9	17	316	14935	19	19	218	16716
云南	126	201	2793	136388	10	10	127	9863	32	67	805	32859
西藏	34	18	390	14588	6	8	268	9545	10	3	42	1109
陕西	266	344	5061	307129	6	46	803	54015	50	105	1519	94810
甘肃	131	598	12741	529901	15	438	10318	415195	29	90	1074	55867
青海	43	16	205	11210	2		6	349	12	4	55	3426
宁夏	34	22	334	14780	2		1	67	10	8	108	6077
新疆	206	107	1135	69243	11	12	133	5463	52	37	482	19029
台湾												

注：含高校学报、公报、政报、年鉴1742种，平均期印数386万册、总印数4011万册、总印张264689千印张。

全国各地区、各类期刊出版的种数、印数、印张数（续表1）

	自然科学、技术				文化、教育				文学、艺术			
	种数（种）	平均期印数（万册）	总印数（万册）	总印张（千印张）	种数（种）	平均期印数（万册）	总印数（万册）	总印张（千印张）	种数（种）	平均期印数（万册）	总印数（万册）	总印张（千印张）
全国总计	**4713**	**3314**	**47143**	**3066290**	**1175**	**2756**	**54357**	**2845163**	**613**	**1588**	**33521**	**1771729**
中　　央	**1380**	**1210**	**16948**	**1309112**	**182**	**333**	**5858**	**449731**	**119**	**265**	**6207**	**418711**
地　　方	**3333**	**2104**	**30195**	**1757178**	**993**	**2423**	**48499**	**2395432**	**494**	**1323**	**27314**	**1353018**
北　　京	79	55	680	46757	31	56	803	45272	12	16	461	32935
天　　津	138	59	769	44335	34	56	866	29690	15	71	739	50069
河　　北	110	44	615	33371	31	17	399	18652	14	23	491	21749
山　　西	86	87	1134	88300	33	61	1688	91475	18	43	974	48752
内 蒙 古	55	13	130	8200	19	11	184	8957	22	14	262	13531
辽　　宁	181	85	937	54045	50	73	1026	35540	18	19	356	17986
吉　　林	103	44	534	28866	41	145	2485	83961	26	103	2706	118854
黑 龙 江	168	47	527	31345	46	84	1822	87903	18	11	149	10175
上　　海	361	268	2854	257009	86	160	1983	122773	38	393	8465	302048
江　　苏	249	112	1255	55389	63	152	4301	151212	34	51	866	56444
浙　　江	103	56	529	26110	21	67	1518	66672	14	73	1059	60551
安　　徽	87	50	847	59038	26	258	3116	70225	8	5	93	5360
福　　建	72	19	182	12528	26	44	638	23660	18	48	926	41798
江　　西	73	39	675	24733	29	61	1539	79999	9	19	424	9448
山　　东	132	80	1778	70277	29	58	1907	87742	12	17	399	15084
河　　南	116	66	1259	59976	29	78	1833	79660	16	71	1547	61253
湖　　北	201	96	1003	62195	59	184	3066	140716	23	66	1661	91320
湖　　南	115	70	760	31649	32	192	5176	232538	15	27	488	18475
广　　东	170	401	8631	394804	55	157	2988	299712	35	116	2968	221306
广　　西	68	54	646	36542	36	78	1845	60137	14	9	159	7242
海　　南	13	12	134	7116	10	26	584	47162	2	2	20	1613
重　　庆	79	81	1347	109618	14	86	2672	107020	3	9	218	4573
四　　川	186	124	1583	123221	43	143	2890	264853	17	29	724	67713
贵　　州	34	9	83	5785	16	12	265	8012	9	33	485	32355
云　　南	45	12	114	5225	21	31	732	39127	14	6	36	2232
西　　藏	3			55	5	3	18	1584	8	1	6	335
陕　　西	161	70	712	54406	33	75	961	64275	12	20	334	19397
甘　　肃	60	22	251	16163	20	36	997	38231	5	6	32	1764
青　　海	16	3	8	441	6	3	28	1168	6	5	93	5245
宁　　夏	10	3	32	1922	5	6	90	3752	4	3	53	1694
新　　疆	59	23	186	7757	44	10	79	3752	35	14	120	11717
台　　湾												

全国各地区、各类期刊出版的种数、印数、印张数（续表2）

	少儿读物				画刊			
	种数（种）	平均期印数（万册）	总印数（万册）	总印张（千印张）	种数（种）	平均期印数（万册）	总印数（万册）	总印张（千印张）
全国总计	**98**	**1088**	**22502**	**669547**	**51**	**145**	**2860**	**387692**
中央	**15**	**198**	**5323**	**159944**	**21**	**70**	**1440**	**278783**
地方	**83**	**890**	**17179**	**509603**	**30**	**75**	**1420**	**108909**
北京	1	4	105	5187	1	4	90	3146
天津	4	14	293	9280	1		1	32
河北	4	54	1062	21866	2	1	13	438
山西	5	21	613	17364	1	1	6	616
内蒙古	1	1	36	830	1		1	36
辽宁	7	129	1680	39992				
吉林	4	9	124	3609				
黑龙江	3	11	295	6485	2	1	7	465
上海					1	2	19	384
江苏	4	20	589	15775	1		5	305
浙江	7	263	3427	90844	2		4	107
安徽	3	16	178	4097				
福建	1	2	20	489				
江西	8	70	2123	66302	2	5	122	3060
山东	5	64	1888	44095	2	2	25	1687
河南	4	24	452	11672	1	8	187	6947
湖北	1	22	780	20280				
湖南								
广东	2	35	1140	45744	4	35	773	82783
广西	2	1	17	336				
海南								
重庆								
四川	2	18	475	18201	1	1	3	335
贵州	1		7	288	1	1	3	112
云南	3	63	834	39852	1	12	145	7230
西藏	1	2	50	1512	1	1	6	448
陕西	3	27	726	19582	1	1	6	644
甘肃	2	6	69	2681				
青海	1	1	15	581				
宁夏	2	2	48	1200	1		2	68
新疆	2	11	133	21459	3		2	66
台湾								

各类期刊占期刊出版总数的百分比

	种　数	总印数	总印张
综　合	5.06	14.60	13.55
哲学、社会科学	24.70	32.66	31.11
自然科学、技术	49.78	15.50	19.42
文化、教育	12.41	17.87	18.02
文学、艺术	6.47	11.02	11.22
少儿读物	1.04	7.40	4.24
画　刊	0.54	0.94	2.45

平均期印数在25万册以上的期刊

中　央　　　　单位：册

期刊名称	刊期	平均期印数
半月谈	半月刊	3500000
青年文摘	半月刊	1286503
时事(时事报告中学生版)	月刊	1250000
求是	半月刊	1190000
每周电视	周刊	772000
人生	月刊	757981
中国税务	月刊	700000
半月谈(内部版)	月刊	650000
时事报告(大学生版)	双月刊	600000
时事资料手册	双月刊	550000
中国航空旅游指南	半年刊	500000
中国监察	半月刊	500000
党建研究	月刊	462200
长安	月刊	455100
中国国家地理	月刊	411500
幼儿画报	旬刊	380000
乡镇论坛	旬刊	358000
财务与会计	半月刊	301000
保密工作	月刊	300000
中国消费者	月刊	300000
世界博览	半月刊	286000
党风廉政建设	月刊	280000
世界	月刊	280000
党建	月刊	280000
中国民航	月刊	280000
时尚	半月刊	270000

平均期印数在25万册以上的期刊（续表1）

地　方　　　　单位:册

期刊名称	刊期	平均期印数	期刊名称	刊期	平均期印数
天　津			上海故事	月刊	371538
小说月报	月刊	389008	支部生活	月刊	348161
河　北			**浙　江**		
快乐作文	月刊	336666	幽默大师	月刊	383330
老人世界	月刊	320000	幼儿教育	月刊	273975
辽　宁			小学生时代	月刊	1082772
新少年	月刊	447417	中学生天地	月刊	1049139
共产党员	月刊	1300000	浙江共产党员	月刊	306000
老同志之友	月刊	472000	**安　徽**		
小学生优秀作文	月刊	364250	江淮	月刊	316000
吉　林			初中生必读	月刊	1010000
女人坊	旬刊	400000	小学生导读	月刊	1210000
演讲与口才	半月刊	438000	恋爱·婚姻·家庭	半月刊	380000
意林	旬刊	460000	**福　建**		
作文与考试	半月刊	278058	福建支部生活	月刊	306583
英语通	月刊	450000	**山　东**		
黑龙江			读报参考	旬刊	300000
格言	半月刊	362000	阅读文摘	月刊	460000
党的生活	月刊	300000	支部生活	月刊	500000
上　海			祝你幸福	旬刊	290000
萌芽	月刊	319000	当代小学生	旬刊	322628
故事会	半月刊	2446248	**河　南**		
上海服饰	月刊	401183	老人春秋	月刊	400000

平均期印数在25万册以上的期刊（续表2）

地　方　　　　单位:册

期刊名称	刊期	平均期印数	期刊名称	刊期	平均期印数
招生考试之友	半月刊	280000	**重　庆**		
党的生活	月刊	280208	商界	旬刊	380266
湖　北			当代党员	月刊	286667
打工	半月刊	262000	党员文摘	月刊	491500
知音	旬刊	2250000	课堂内外(初中版)	旬刊	320900
特别关注	月刊	2337869	课堂内外(高中版)	旬刊	341500
小学生天地	旬刊	516236	**四　川**		
知音 · 海外版	月刊	415000	都市丽人	月刊	701000
湖　南			四川人事	旬刊	500000
初中生	旬刊	254247	四川党的建设(农村版)	月刊	328533
小学生导刊	旬刊	450838	**云　南**		
第二课堂	月刊	317742	漫画派对	月刊	600000
广　东			云南支部生活	月刊	400000
家庭	旬刊	953333	**陕　西**		
俏丽	半月刊	300000	女友(校园版)	月刊	256318
红树林	旬刊	300000	**甘　肃**		
城市画报	半月刊	300000	读者	半月刊	4200000
家庭医生	半月刊	1720000	读者 · 原创版	月刊	475000
南方月刊	半月刊	588571	党的建设	月刊	267300
南方人物周刊	旬刊	300000			
人之初	半月刊	1120000			
广　西					
当代广西	半月刊	264000			

各种刊期的期刊出版数量

	月刊				双月刊				季刊			
	种数（种）	平均期印数（万册）	总印数（万册）	总印张（千印张）	种数（种）	平均期印数（万册）	总印数（万册）	总印张（千印张）	种数（种）	平均期印数（万册）	总印数（万册）	总印张（千印张）
全国总计	**3377**	**8196**	**97870**	**5640460**	**3132**	**1164**	**7094**	**481187**	**1562**	**290**	**1165**	**76985**
中　央	**1359**	**2709**	**32364**	**2068486**	**622**	**378**	**2291**	**141278**	**252**	**93**	**371**	**26065**
地　方	**2018**	**5487**	**65506**	**3571974**	**2510**	**787**	**4803**	**339909**	**1310**	**197**	**794**	**50920**
北　京	72	126	1505	89839	45	17	107	6865	24	4	15	1025
天　津	90	193	2285	121333	99	48	289	21101	37	7	26	1814
河　北	53	108	1305	49545	77	20	127	7753	51	6	27	1919
山　西	49	125	1496	98041	61	22	136	8972	39	7	28	1729
内蒙古	45	37	460	15550	46	8	52	2666	37	5	19	1188
辽　宁	109	467	5598	206871	132	47	290	15269	53	6	29	1777
吉　林	81	154	1852	78421	75	18	106	8459	35	4	15	948
黑龙江	104	129	1548	77104	123	27	164	11704	39	5	19	1075
上　海	239	562	6596	437313	229	93	546	35934	85	15	57	2783
江　苏	91	115	1395	65264	185	60	379	28955	115	15	60	4254
浙　江	63	403	4852	203366	86	30	178	11995	42	6	22	1290
安　徽	41	337	4013	120878	84	29	175	11876	35	5	20	1092
福　建	53	122	1404	68489	53	21	159	18625	55	7	30	1955
江　西	48	86	1040	52872	51	11	64	3958	40	6	24	1270
山　东	53	163	1951	100511	110	42	255	16706	55	10	42	2837
河　南	58	180	2155	102217	91	20	123	10649	44	7	27	2127
湖　北	128	538	6453	364163	150	38	233	16383	59	9	36	2659
湖　南	52	206	2472	148921	108	40	239	16190	49	6	25	1777
广　东	144	266	3157	297974	116	31	187	12631	57	9	35	2269
广　西	57	89	1072	51231	58	13	82	4654	42	6	23	1364
海　南	19	31	339	18844	7	3	19	1415	7	1	3	186
重　庆	41	132	1581	72222	54	21	126	8472	12	3	11	501
四　川	93	279	3353	269769	132	34	209	17372	68	10	40	2611
贵　州	23	58	713	51812	34	7	44	3122	20	2	8	495
云　南	36	162	1952	88910	56	16	98	7482	21	3	10	644
西　藏	3	2	29	1157	8	3	22	2068	13	3	12	608
陕　西	82	212	2490	178972	103	29	177	13759	51	8	31	2289
甘　肃	38	125	1500	79387	55	13	77	6509	25	8	33	1900
青　海	7	5	61	2683	11	1	9	674	16	2	9	709
宁　夏	9	9	101	5844	8	2	11	668	8	3	11	749
新　疆	37	65	778	52471	63	21	120	7023	76	12	47	3076
台　湾												

各类期刊的平均印张和平均定价

	每册		每印张定价（元）
	印张	定价（元）	
综合	4.82	4.84	1.01
哲学、社会科学	4.95	5.70	1.15
自然科学、技术	6.50	7.95	1.22
文化、教育	5.23	5.21	1.00
文学、艺术	5.29	4.45	0.84
少儿读物	2.98	3.68	1.24
画刊	13.56	12.68	0.94

全国少数民族文字期刊分类种数、印数、印张数

种数：一种　印数：万册　印张：千印张

	合计				综合				哲学、社会、科学				自然、科学、技术			
	种数	平均期印数	总印数	总印张	种数	平均期印数	总印数	总印张	种数	平均期印数	总印数	总印张	种数	平均期印数	总印数	总印张
全国总计	**192**	**78.6**	**758.2**	**31298**	**5**	**2.7**	**13.3**	**693**	**60**	**49.0**	**528.1**	**19031**	**31**	**8.8**	**62.9**	**2749**
中　　央	**17**	**11.0**	**65.3**	**3270**					**12**	**10.3**	**57.9**	**2677**				
地　　方	**175**	**67.7**	**692.9**	**28029**	**10**	**2.7**	**13.3**	**693**	**48**	**38.7**	**470.1**	**16354**	**31**	**8.8**	**62.9**	**2749**
内蒙古	44	24.1	289.4	9819					18	19.4	249.0	7939	7	1.3	10.9	440
吉　　林	11	3.6	35.3	2207					2	1.2	15.0	908	2	0.5	4.9	295
黑龙江	3	1.3	10.1	455												
广　　西	1	0.2	0.9	27												
四　　川	5	0.3	5.8	238	2	1.2	4.8	179								
西　　藏	14	3.0	21.6	863	2	0.2	0.8	64	5	1.5	15.0	478				
甘　　肃	3	0.3	1.5	87	2	0.2	0.32	24								
新　　疆	94	34.9	328.3	14332	4	1.2	7.38	427	23	16.5	191.1	7028	22	7.0	47.1	2014

续表

	文化、教育				文学、艺术				少儿读物				画刊			
	种数	平均期印数	总印数	总印张	种数	平均期印数	总印数	总印张	种数	平均期印数	总印数	总印张	种数	平均期印数	总印数	总印张
全国总计	**29**	**6.1**	**48.6**	**1946**	**53**	**12.7**	**86.2**	**6238**	**2**	**1.2**	**10.7**	**622.92**	**7**	**0.8**	**8.5**	**631**
中　　央													**5**	**0.6**	**7.4**	**593**
地　　方	**29**	**6.1**	**48.6**	**1946**	**53**	**12.7**	**86.2**	**6238**	**2**	**1.2**	**10.7**	**622.92**	**2**	**0.2**	**1.1**	**38**
内蒙古	5	1.2	13.4	472	14	2.3	16.1	968								
吉　　林	1	0.2	1.2	60	5	1.1	7.4	936	1	0.6	6.8	430.92				
黑龙江	1	0.2	0.3	31	1	0.5	6.0	420	1	0.6	3.8	192				
广　　西					1	0.2	0.9	27								
四　　川					3	0.3	1.0	59								
西　　藏	2	0.6	2.2	102	5	0.9	3.5	219								
甘　　肃					1	0.3	1.2	63								
新　　疆	20	4.1	31.5	1281	23	7.2	50.1	3545					2	0.2	1.1	38

全国少数民族文字期刊出版数量与去年相比增减百分比

	种数	总印数	总印张
全国		16.39	17.90
中央		17.04	22.04
地方		16.33	17.44

全国各级报纸出版数量

	合计				中央及省、自治区、直辖市级			
	种数（种）	平均期印数（万份）	总印数（万份）	总印张（千印张）	种数（种）	平均期印数（万份）	总印数（万份）	总印张（千印张）
全国总计	**1938**	**20545.37**	**4379882**	**170076144**	**1037**	**14931.94**	**2988348**	**112528218**
中　央	**221**	**3076.09**	**635471**	**16341141**	**221**	**3076.09**	**635471**	**16341141**
地　方	**1717**	**17469.28**	**3744411**	**153735003**	**816**	**11855.85**	**2352877**	**96187077**
北　京	35	377.41	95463	5513770	35	377.41	95463	5513770
天　津	27	361.29	92169	5327099	27	361.29	92169	5327099
河　北	66	885.22	232345	5192206	30	664.42	182667	3609457
山　西	60	2576.08	210541	3260133	35	2386.22	178409	2606512
内蒙古	61	144.42	25040	464676	24	104.37	14189	319945
辽　宁	81	660.10	161288	7433492	22	330.22	79288	3996160
吉　林	50	644.69	89897	3399649	26	499.25	59554	2250671
黑龙江	72	384.93	78312	2711016	31	201.1	38688	1180521
上　海	74	844.01	183451	7974961	74	844.01	183451	7974961
江　苏	80	1204.73	282200	11591313	29	651.13	156668	6381684
浙　江	70	1045.35	291048	12917060	27	451.91	110476	5993268
安　徽	51	481.23	106942	3283339	21	292.76	68928	2192557
福　建	43	376.25	99580	3940482	22	214.36	49423	1861427
江　西	40	300.23	67750	2127577	18	190.38	41152	1489767
山　东	85	1041.91	277496	13769036	29	567.97	159420	8787527
河　南	79	891.83	209945	5303316	33	641.29	149154	3503110
湖　北	74	626.44	159133	4837406	27	326.87	80619	3145769
湖　南	50	513.58	109496	3872923	25	373.03	75091	3037479
广　东	101	1786.58	426039	28371149	34	864.77	202626	11835832
广　西	55	255.36	63773	2363952	21	128.46	28762	1374645
海　南	16	104.54	25090	760891	11	89.6	21775	666892
重　庆	26	259.95	53458	3135593	25	258.25	53040	3133505
四　川	85	647.59	155501	6276923	38	399.06	88799	3301049
贵　州	31	107.28	26004	844728	14	43.89	9572	214913
云　南	42	216.49	55747	2959957	19	172.18	42940	2693000
西　藏	23	17.59	3788	59093	11	11.4	2643	36475
陕　西	44	266.15	62430	3236415	29	151.17	34632	2206498
甘　肃	56	179.08	38379	1149684	24	98.91	17880	492739
青　海	25	31.69	8070	214144	12	23.45	5658	148503
宁　夏	15	51.40	11421	270292	7	25.85	4405	94721
新　疆	100	185.87	42615	1172728	36	110.87	25336	816621
台　湾								

全国各级报纸出版数量（续表）

	地、市级				县级			
	种数（种）	平均期印数（万份）	总印数（万份）	总印张（千印张）	种数（种）	平均期印数（万份）	总印数（万份）	总印张（千印张）
全国总计	**882**	**5586.37**	**1384515**	**57437169**	**19**	**27.06**	**7019**	**110757**
中　央								
地　方	**882**	**5586.37**	**1384515**	**57437169**	**19**	**27.06**	**7019**	**110757**
北　京								
天　津								
河　北	35	220.10	49524	1581209	1	0.70	154	1540
山　西	23	185.70	31204	645186	2	4.16	928	8435
内蒙古	34	39.15	10686	143905	3	0.90	165	826
辽　宁	56	328.18	81647	3435568	3	1.70	353	1764
吉　林	24	145.44	30343	1148978				
黑龙江	41	183.83	39624	1530495				
上　海								
江　苏	51	553.60	125532	5209629				
浙　江	41	583.28	177015	6842726	2	10.16	3557	81066
安　徽	30	188.47	38014	1090782				
福　建	21	161.89	50157	2079055				
江　西	20	106.81	26347	634648	2	3.04	251	3162
山　东	56	473.94	118076	4981509				
河　南	46	250.54	60791	1800206				
湖　北	44	295.46	77464	1680475	3	4.11	1050	11162
湖　南	25	140.55	34405	835444				
广　东	67	921.81	223413	16535317				
广　西	34	126.90	35011	989307				
海　南	5	14.94	3315	93999				
重　庆					1	1.70	418	2088
四　川	47	248.53	66702	2975874				
贵　州	17	63.39	16432	629815				
云　南	23	44.31	12807	266957				
西　藏	12	6.19	1145	22618				
陕　西	15	114.98	27798	1029917				
甘　肃	32	80.17	20499	656945				
青　海	12	7.80	2284	65002	1	0.44	128	639
宁　夏	8	25.55	7016	175571				
新　疆	63	74.85	17264	356032	1	0.15	15	75
台　湾								

各级综合报纸出版数量

	合计				中央及省、自治区、直辖市级			
	种数（种）	平均期印数（万份）	总印数（万份）	总印张（千印张）	种数（种）	平均期印数（万份）	总印数（万份）	总印张（千印张）
全国总计	**809**	**9125.91**	**3039068**	**139363301**	**213**	**5646.87**	**1859068**	**87927681**
中　央	**26**	**1315.67**	**376644**	**8292030**	**26**	**1315.67**	**376644**	**8292030**
地　方	**783**	**7810.24**	**2662424**	**131071271**	**187**	**4331.20**	**1482424**	**79635651**
北　京	7	201.88	72924	4798205	7	201.88	72924	4798205
天　津	5	218.34	78109	4916459	5	218.34	78109	4916459
河　北	25	285.93	94466	3769133	4	147.00	51257	2401190
山　西	22	136.33	45416	1396445	5	65.79	20570	912243
内蒙古	33	54.48	16787	293593	5	23.14	7030	167969
辽　宁	39	397.21	137363	7000010	8	191.43	67069	3820178
吉　林	20	167.21	56936	2722657	5	86.60	30396	1673341
黑龙江	30	147.75	48126	2179316	8	60.04	19586	884377
上　海	13	308.66	104228	5734449	13	308.66	104228	5734449
江　苏	47	602.32	215675	10374476	10	337.28	121234	5978881
浙　江	40	630.38	227177	11244977	7	239.80	86034	5631269
安　徽	26	221.90	77285	2766624	5	125.70	45264	1802105
福　建	20	232.08	84233	3479608	6	112.06	40758	1686240
江　西	28	174.76	59122	1950762	7	102.96	34531	1362347
山　东	39	652.92	230028	12529035	8	368.83	129869	8146541
河　南	33	351.78	112480	4186972	3	169.26	56524	2509287
湖　北	35	393.16	140273	4324087	4	193.10	69278	2823112
湖　南	28	228.41	76776	3021768	5	129.95	45708	2269142
广　东	46	1118.81	360717	25398950	8	578.46	171513	9932678
广　西	27	160.19	55037	2202236	6	64.70	22095	1280470
海　南	4	32.33	11517	442595	2	25.90	9227	369096
重　庆	10	128.24	45921	2657252	9	128.24	45503	2655164
四　川	37	312.38	108396	5013956	4	132.18	46453	2204391
贵　州	17	63.96	22234	762130	4	21.89	7657	179800
云　南	29	145.11	48501	2804628	6	100.80	35694	2537671
西　藏	14	13.61	3428	57292	4	7.90	2308	34799
陕　西	18	163.64	53476	2806420	5	76.77	26921	1800962
甘　肃	22	81.31	26886	883375	3	25.41	8812	276096
青　海	11	20.45	7149	195490	3	13.42	4819	130661
宁　夏	7	23.85	8439	168852	2	6.50	2238	47050
新　疆	51	120.29	33319	989519	16	67.22	18815	669478
台　湾								

各级综合报纸出版数量（续表）

	地、市级				县　级			
	种数（种）	平均期印数（万份）	总印数（万份）	总印张（千印张）	种数（种）	平均期印数（万份）	总印数（万份）	总印张（千印张）
全国总计	**578**	**3458.48**	**1175256**	**51393113**	**18**	**20.56**	**4744**	**42507**
中　　央								
地　　方	**578**	**3458.48**	**1175256**	**51393113**	**18**	**20.56**	**4744**	**42507**
北　　京								
天　　津								
河　　北	20	138.93	43055	1366403	1	0.70	154	1540
山　　西	15	70.54	23918	475767	2	4.16	928	8435
内 蒙 古	25	31.34	9592	124798	3	0.90	165	826
辽　　宁	28	205.78	69941	3178068	3	1.70	353	1764
吉　　林	15	80.61	26540	1049316				
黑 龙 江	22	87.71	28540	1294939				
上　　海								
江　　苏	37	265.04	94441	4395595				
浙　　江	32	390.58	139861	5600892	1	3.66	1281.56	12815.6
安　　徽	21	96.20	32021	964519				
福　　建	14	120.02	43475	1793368				
江　　西	19	71.80	24340	585253	2	3.04	251	3162
山　　东	31	284.08	100159	4382494				
河　　南	30	182.52	55956	1677685				
湖　　北	28	200.06	69945	1489813	3	4.11	1050	11162
湖　　南	23	98.46	31068	752626				
广　　东	38	540.35	189204	15466272				
广　　西	21	95.49	32942	921766				
海　　南	2	6.43	2290	73499				
重　　庆					1	1.70	418	2088
四　　川	33	180.20	61943	2809565				
贵　　州	13	42.08	14577	582330				
云　　南	23	44.31	12807	266957				
西　　藏	10	5.71	1120	22493				
陕　　西	13	86.87	26555	1005458				
甘　　肃	19	55.90	18074	607279				
青　　海	7	7.03	2202	64190	1	0.44	128	639
宁　　夏	5	17.35	6201	121802				
新　　疆	34	53.08	14489	319966	1	0.15	15	75
台　　湾								

各级专业报纸出版数量

	合计				中央及省、自治区、直辖市级			
	种数（种）	平均期印数（万份）	总印数（万份）	总印张（千印张）	种数（种）	平均期印数（万份）	总印数（万份）	总印张（千印张）
全国总计	**1129**	**11419.46**	**1340814**	**30712843**	**824**	**9285.07**	**1129280**	**24600537**
中　央	**195**	**1760.42**	**258827**	**8049111**	**195**	**1760.42**	**258827**	**8049111**
地　方	**934**	**9659.04**	**1081987**	**22663732**	**629**	**7524.65**	**870453**	**16551426**
北　京	28	175.53	22539	715565	28	175.53	22539	715565
天　津	22	142.95	14060	410640	22	142.95	14060	410640
河　北	41	599.29	137879	1423073	26	517.42	131410	1208267
山　西	38	2439.75	165125	1863688	30	2320.43	157839	1694269
内蒙古	28	89.94	8253	171083	19	81.23	7159	151976
辽　宁	42	262.89	23925	433482	14	138.80	12219	175982
吉　林	30	477.49	32961	676992	21	412.65	29158	577330
黑龙江	42	237.18	30186	531700	23	141.06	19102	296144
上　海	61	535.35	79223	2240512	61	535.35	79223	2240512
江　苏	33	602.41	66525	1216837	19	313.85	35434	402803
浙　江	30	414.97	63871	1672083	20	212.11	24442	361999
安　徽	25	259.33	29657	516715	16	167.06	23664	390452
福　建	23	144.17	15347	460874	16	102.30	8665	175187
江　西	12	125.47	8628	176815	11	87.42	6621	127420
山　东	46	388.99	47468	1240001	21	199.14	29551	640986
河　南	46	540.05	97465	1116344	30	472.03	92630	993823
湖　北	39	233.28	18860	513319	23	133.77	11341	322657
湖　南	22	285.17	32720	851155	20	243.08	29383	768337
广　东	55	667.77	65322	2972199	26	286.31	31113	1903154
广　西	28	95.17	8736	161716	15	63.76	6667	94175
海　南	12	72.21	13573	318296	9	63.70	12548	297796
重　庆	16	131.72	7537	478341	16	130.01	7537	478341
四　川	48	335.21	47105	1262967	34	266.88	42346	1096658
贵　州	14	43.32	3770	82598	10	22.00	1915	35113
云　南	13	71.38	7246	155329	13	71.38	7246	155329
西　藏	9	3.98	360	1801	7	3.50	335	1676
陕　西	26	102.51	8954	429995	24	74.40	7711	405536
甘　肃	34	97.77	11493	266309	21	73.50	9068	216643
青　海	14	11.24	921	18654	9	10.03	839	17842
宁　夏	8	27.55	2982	101440	5	19.35	2167	47671
新　疆	49	65.58	9296	183209	20	43.65	6521	147143
台　湾								

各级专业报纸出版数量（续表）

	地、市级				县级			
	种数（种）	平均期印数（万份）	总印数（万份）	总印张（千印张）	种数（种）	平均期印数（万份）	总印数（万份）	总印张（千印张）
全国总计	**304**	**2127.89**	**209259**	**6044056**	**1**	**6.51**	**2275**	**68250**
中央								
地方	**304**	**2127.89**	**209259**	**6044056**	**1**	**6.51**	**2275**	**68250**
北京								
天津								
河北	15	81.17	6469	214806				
山西	8	115.16	7286	169419				
内蒙古	9	7.81	1094	19107				
辽宁	28	122.40	11706	257500				
吉林	9	64.84	3803	99662				
黑龙江	19	96.12	11084	235556				
上海								
江苏	14	288.56	31091	814034				
浙江	9	192.70	37154	1241834	1	6.51	2275	68250
安徽	9	92.27	5993	126263				
福建	7	41.87	6682	285687				
江西	1	35.01	2007	49395				
山东	25	189.86	17917	599015				
河南	16	68.02	4835	122521				
湖北	16	95.40	7519	190662				
湖南	2	42.09	3337	82818				
广东	29	381.46	34209	1069045				
广西	13	31.41	2069	67541				
海南	3	8.51	1025	20500				
重庆								
四川	14	68.33	4759	166309				
贵州	4	21.31	1855	47485				
云南								
西藏	2	0.48	25	125				
陕西	2	28.11	1243	24459				
甘肃	13	24.27	2425	49666				
青海	5	0.77	82	812				
宁夏	3	8.20	815	53769				
新疆	29	21.77	2775	36066				
台湾								

中央及省、自治区、直辖市级综合报纸出版数量

印数：万份　印张：千印张

	开张	版数	刊期	期数	平均期印数	总印数	总印张
西部时报	2	16	周二刊	96	3.00	288	11520
经济日报	2	8	日刊	361	47.00	16967	460130
光明日报	2	12	日刊	361	28.71	10363	310901
参考消息	4	8	日刊	365	314.17	114673	1621134
国际先驱导报	4	16	周二刊	98	7.49	734	14675
新华每日电讯	2	8	日刊	365	12.88	4701	96853
华夏时报	2	36	周一刊	141	10.00	1410	140400
京华时报	4	64	日刊	365	62.92	22967	1837334
人民日报	2	16	日刊	365	205.31	74939	2248184
人民日报(海外版)	2	8	周六刊	306	16.50	5049	100980
环球时报	4	16	周五刊	254	116.00	29464	589280
中国日报(英文)	2	16	周六刊	306	13.50	4132	165269
商业周刊(英文)	2	12	周一刊	49	0.34	17	500
北京周末报(英文)	4	20	周一刊	49	2.36	115	2886
21世纪英文报	4	24	周一刊	50	24.70	1235	37050
二十一世纪学生英文报(中学)	4	8	周一刊	50	41.71	2085	20854
二十一世纪学生英文报(小学)	4	8	周一刊	50	15.00	750	7501
人民政协报	2	12	周六刊	296	10.50	3108	93240
世界新闻报	4	24	周二刊	98	11.00	1078	32780
参考消息大字版	2	8	日刊	365	0.91	332	9387
中国新闻报	16	32	日刊	321	0.10	32	321
北京晚报	4	48	日刊	365	78.00	28470	2078310
北京晨报	2	24	日刊	365	15.70	5731	343830
北京日报	2	16	日刊	365	30.00	10950	444600
法制晚报	4	56	日刊	365	25.63	9355	654847
北京青年报	2	32	日刊	365	37.05	13522	1081799
今日北京(英文)	4	24	周一刊	52	2.00	104	3120
北京娱乐信报	4	32	日刊	355	13.50	4793	191700
天津日报	2	16	日刊	365	32.90	12009	480340
城市快报	2	28	日刊	365	22.00	8030	562100
大众生活报	4	16	周一刊	48	5.00	240	4800
每日新报	4	56	日刊	365	60.40	22046	1543220
今晚报	2	26	日刊	365	98.04	35785	2325999

中央及省、自治区、直辖市级综合报纸出版数量（续表1）

印数：万份　印张：千印张

	开张	版数	刊期	期数	平均期印数	总印数	总印张
都市时讯	4	16	周五刊	256	22.00	5632	112640
河北日报	2	12	日刊	365	26.00	9490	284700
燕赵都市报	4	48	日刊	365	90.00	32850	1971000
燕赵都市报冀东版	4	8	日刊	365	9.00	3285	32850
山西日报	2	12	日刊	365	16.48	6016	180486
三晋都市报	4	32	周六刊	290	15.91	4613	184505
人民代表报	2	8	周三刊	156	6.10	952	19032
山西晚报	4	48	日刊	350	25.00	8750	525000
山西政协报	2	4	周二刊	104	2.30	239	3220
内蒙古商报	4	16	日刊	260	2.10	546	10920
内蒙古日报	2	8	日刊	365	4.82	1759	35186
北方新报	4	24	周六刊	295	9.80	2891	86730
内蒙古日报(蒙)	2	4	日刊	365	0.42	153	1533
内蒙古晨报	4	16	周六刊	280	6.00	1680	33600
北方晨报	4	24	日刊	304	7.00	2128	63840
辽宁日报	2	16	日刊	365	17.00	6205	248200
半岛晨报	4	56	日刊	360	28.00	10080	705600
辽沈晚报	4	48	日刊	356	82.90	29512	1770744
华商晨报	2	24	日刊	355	38.00	13490	809400
时代商报	2	16	日刊	365	15.00	5475	219000
友报	2	8	周一刊	52	3.10	161	3224
吉林日报	2	12	日刊	365	13.50	4928	147825
城市晚报	4	48	日刊	351	39.60	13900	833976
新文化报	2	24	日刊	349	33.00	11517	691020
协商新报	2	4	周二刊	104	0.50	52	520
远东经贸导报	4	8	周一刊	52	1.20	62	624
黑龙江晨报	4	40	日刊	350	16.50	5775	288750
北方时报	2	8	周三刊	143	1.07	154	3071
黑龙江日报	2	12	日刊	343	11.97	4106	103301
生活报	4	32	日刊	342	24.99	8548	454023
新都市报	4	32	周六刊	280	3.00	840	33600
解放日报	2	16	日刊	365	36.38	13277	531079
新闻晨报	4	74	日刊	365	40.15	14654	1355466
新闻晚报	4	40	日刊	365	24.20	8833	441643
上海商报	4	48	日刊	301	3.71	1116	66976
上海英文星报	4	16	周一刊	50	2.04	102	2039
青年报	4	48	日刊	365	16.32	5957	357423
上海侨报	4	32	周一刊	50	1.59	80	3185
新民晚报	4	48	日刊	365	100.43	36658	2199509

中央及省、自治区、直辖市级综合报纸出版数量(续表2)

印数：万份　印张：千印张

	开张	版数	刊期	期数	平均期印数	总印数	总印张
上海日报	4	48	周六刊	311	2.73	848	50906
东方早报	4	56	日刊	363	14.73	5347	374299
联合时报	2	8	周二刊	102	1.83	187	3735
新闻午报	4	48	日刊	353	10.00	3530	211800
人民日报(华东版)	2	4	周五刊	250	54.55	13639	136387
新华日报	2	16	日刊	360	64.51	23222	928892
扬子晚报	4	48	日刊	360	148.25	53371	3202245
江南晚报	4	40	日刊	357	13.50	4820	240975
南京晨报	4	48	日刊	358	15.02	5377	322630
现代快报	4	32	日刊	365	79.00	28835	1153400
江南时报	4	24	日刊	360	7.50	2700	81000
海门日报	4	16	周六刊	300	2.27	681	13620
靖江日报	4	16	周六刊	324	2.38	771	15422
浙江日报	2	12	日刊	365	40.91	14932	447972
联谊报	2	4	周三刊	143	6.30	901	12222
钱江晚报	4	64	日刊	365	96.58	35252	2820180
今日早报	4	56	日刊	365	50.60	18469	1292830
青年时报	4	48	日刊	365	26.00	9490	569400
现代金报	2	32	日刊	361	16.38	5913	473054
安徽日报	4	8	日刊	365	20.50	7483	74825
安徽商报	4	32	日刊	360	32.00	11520	460800
福建日报	2	12	日刊	365	23.23	8480	188649
东南快报	4	40	日刊	365	14.37	5244	262183
海峡都市报	4	45	日刊	365	41.12	15009	844233
海峡导报	16	40	日刊	357	15.52	5540	69253
海峡都市报(闽南版)	4	45	日刊	365	14.53	5303	298272
江西日报	2	8	日刊	365	21.58	7877	157535
经济晚报	4	24	周五刊	260	8.00	2080	62400
信息日报	4	24	日刊	345	25.00	8625	258750
光华时报	2	4	周二刊	101	1.80	182	1818
都市消费报	4	24	日刊	344	6.08	2090	62694
江南都市报	4	48	日刊	345	39.50	13628	817650
江西商报	4	24	周一刊	50	1.00	50	1500
大众日报	2	12	日刊	365	37.00	13505	327820
齐鲁晚报	4	40	日刊	358	166.76	59699	3276799
山东商报	4	48	周六刊	310	40.00	12400	744000
联合日报	2	4	周六刊	288	4.95	1427	14267
城市信报	4	36	日刊	360	2.00	720	32400
生活日报	4	34	日刊	358	10.69	3828	189949

中央及省、自治区、直辖市级综合报纸出版数量(续表3)

印数：万份　印张：千印张

	开张	版数	刊期	期数	平均期印数	总印数	总印张
半岛都市报	4	80	日刊	358	92.00	32936	3293600
鲁中晨报	4	40	日刊	347	15.43	5354	267707
河南日报	2	12	日刊	365	28.26	10315	309447
东方今报	4	48	周六刊	303	58.00	17574	1054440
大河报	4	32	日刊	345	83.00	28635	1145400
湖北日报	2	8	日刊	365	21.25	7756	155117
楚天都市报	4	32	日刊	358	114.00	40812	1632480
楚天金报	4	40	日刊	358	57.85	20710	1035515
潇湘晨报	2	24	日刊	362	52.00	18824	1129440
当代商报	4	24	日刊	352	3.28	1155	34637
湘声报	2	4	周二刊	104	4.57	475	4751
湖南日报	2	8	日刊	365	28.42	10374	207486
三湘都市报	2	24	日刊	357	41.68	14880	892828
南方日报	2	20	日刊	365	85.00	31025	1551250
南方周末	2	32	周一刊	52	120.00	6240	499200
羊城晚报	2	32	日刊	365	125.00	45625	3650000
南方都市报	4	24	日刊	365	140.00	51100	1533000
人民日报(华南版)	2	4	周五刊	247	17.50	4323	43225
新快报	4	64	日刊	365	90.96	33200	2656003
广西日报	2	8	日刊	365	18.10	6607	132130
南国早报	4	64	日刊	365	23.70	8651	692040
当代生活报	4	48	日刊	365	8.00	2920	175200
南国今报	4	64	日刊	365	9.40	3431	274480
广西政协报	2	4	周三刊	156	2.00	312	3120
华声晨报	4	16	周一刊	50	3.50	175	3500
海南日报	2	16	日刊	365	14.00	5110	204400
南国都市报	4	32	日刊	346	11.90	4117	164696
三峡都市报	4	24	日刊	353	5.00	1765	52950
巴渝都市报	2	16	日刊	346	1.70	588	23528
重庆日报	2	16	日刊	365	16.48	6017	240675
重庆晚报	2	32	日刊	360	20.00	7200	576000
重庆晨报	4	32	日刊	360	23.00	8280	331200
重庆商报	2	32	日刊	359	19.56	7020	561620
重庆时报	2	24	日刊	359	35.50	12745	764670
重庆青年报	4	64	日刊	247	4.51	1113	89021
四川日报	2	8	日刊	365	28.08	10249	192054
四川政协报	2	4	周三刊	3	3.30	10	99
华西都市报	2	24	日刊	360	82.00	29520	1771200
天府早报	4	32	日刊	355	18.80	6675	241038

中央及省、自治区、直辖市级综合报纸出版数量(续表4)

印数：万份　印张：千印张

	开张	版数	刊期	期数	平均期印数	总印数	总印张
贵州日报	2	8	日刊	365	13.95	5091	86483
贵州都市报	4	48	日刊	358	2.00	716	37100
贵州商报	4	32	日刊	358	4.24	1517	51219
贵州政协报	2	4	周四刊	196	1.70	333	4998
云南日报	2	4	日刊	365	16.69	6093	60928
春城晚报	2	48	日刊	365	30.74	11220	1346394
云南政协报	2	8	周二刊	104	2.47	257	5145
都市时报	4	56	日刊	357	30.70	10959	767156
生活新报	4	40	日刊	358	20.00	7160	358000
西藏日报	2	8	日刊	365	2.04	743	14868
西藏日报(藏)	2	4	日刊	365	2.36	862	8621
西藏商报	4	24	周六刊	312	1.00	312	9360
学习周报	4	4	周三刊	156	2.50	390	1950
陕西日报	2	8	日刊	360	20.30	7308	146160
各界导报	2	12	周六刊	300	3.00	900	27000
华商报	2	35	日刊	350	52.47	18363	1606802
三秦都市报	2	24	日刊	350	1.00	350	21000
甘肃日报	2	8	日刊	365	13.00	4745	94900
西部商报	4	36	日刊	352	11.41	4015	180676
民主协商报	2	4	周一刊	52	1.00	52	520
青海日报	2	8	日刊	365	3.70	1350	27003
青海日报(藏)	2	4	双日刊	90	0.23	20	203
西海都市报	4	24	日刊	363	9.50	3449	103455
宁夏日报	2	8	日刊	365	5.50	2008	40150
华兴时报	2	12	周五刊	230	1.00	230	6900
新疆日报	2	8	日刊	353	7.06	2491	49813
新疆日报(维)	2	8	日刊	350	5.66	1980	39609
新疆日报(哈)	2	4	日刊	350	1.30	456	4560
新疆日报(蒙)	2	4	日刊	353	0.42	149	1495
生活晚报	4	8	周二刊	100	2.21	221	2212
亚洲中心时报	2	12	周三刊	152	0.90	137	4104
亚洲中心时报(维)	2	4	周一刊	52	0.51	27	267
新早报	4	16	周二刊	104	1.00	104	2080
新疆都市报	4	40	周六刊	300	12.80	3840	191978
参考消息(维)	4	4	周六刊	302	0.81	245	1224
参考消息(哈)	4	4	周六刊	302	0.10	30	149
都市消费晨报	4	56	周六刊	312	12.91	4027	281900
青年快报	4	16	周三刊	139	10.40	1445	28899
兵团日报	2	4	日刊	355	6.80	2414	24140
兵团日报(维)	4	4	周一刊	52	0.34	18	88

各种刊期的报纸出版数量

	日刊			每周六刊			每周五刊			每周四刊		
	种数（种）	总印数（万份）	总印张（千印张）	种数（种）	总印数（万份）	总印张（千印张）	种数（种）	总印数（万份）	总印张（千印张）	种数（种）	总印数（万份）	总印张（千印张）
全国总计	**505**	**2982461**	**198891301**	**248**	**396450**	**11360623**	**178**	**234590**	**4575993**	**68**	**60029**	**1034101**
中　央	**21**	**340447**	**69864310**	**17**	**56933**	**3028405**	**29**	**92509**	**1731800**	**8**	**11925**	**398590**
地　方	**484**	**2642014**	**129026991**	**231**	**339517**	**8332218**	**149**	**142081**	**2844193**	**60**	**48104**	**635511**
北　京	9	79755	5108584	2	3888	34560	3	2378	93009	1	53	531
天　津	5	79927	4932239							3	1693	16932
河　北	15	182112	4030392	15	21780	476300	5	6981	140330	5	3461	82306
山　西	16	54524	1333711	11	14093	519309	4	2125	32287	2	1658	30190
内蒙古	14	8127	103794	13	9412	198648	6	3379	57343	6	720	7145
辽　宁	17	119783	6524657	12	13741	412277	10	6720	112647	1	612	6120
吉　林	15	63005	3086169	5	1981	19813	1	375	3750	2	217	4090
黑龙江	11	39675	1912743	17	17349	424975	6	8224	162372	7	2748	21177
上　海	15	119806	6461087	1	848	50906	5	28210	686285	4	3033	30936
江　苏	36	206233	10183175	17	18676	373257	5	7309	181046	4	18153	168937
浙　江	39	255503	12168374	9	9484	164144	2	3001	35108	2	4401	62213
安　徽	13	70996	2772368	12	11011	131250	7	4438	77902	2	1095	15110
福　建	23	89985	3721370									
江　西	12	49994	1751844	8	5114	101018	5	4212	105047	1	251	1256
山　东	32	211133	11690085	10	27492	1067451	7	11590	209077	1	1200	36000
河　南	13	74167	2824677	19	93924	1890508	13	14920	284788	2	896	8956
湖　北	23	132348	4153205	8	6077	101825	7	3191	86495	2	424	3522
湖　南	19	71349	2944440	3	2762	33848	3	2547	47126			
广　东	39	350504	24929983	5	14240	708814	7	11545	214219			
广　西	20	50592	2170043	5	5301	62326	1	1005	10214			
海　南	6	18296	620385	3	3624	101478				1	52	1560
重　庆	8	44728	2639664	1	775	15500	3	1059	14842			
四　川	26	112280	5406489	14	17840	252086	6	3333	86365	4	3759	46529
贵　州	10	18664	711394	6	3237	45738	2	806	8141	1	333	4998
云　南	13	43428	2730266	7	4628	87013	3	1559	22786	2	1084	26500
西　藏	3	2263	43199	1	312	9360						
陕　西	6	41450	2567352	9	10096	219770	4	3192	38436			
甘　肃	13	26941	968090	5	2219	41254	9	3396	48329			
青　海	3	6923	194178	1	128	639				1	451	6762
宁　夏	4	7756	155125				4	1011	20111	2	824	23076
新　疆	6	9767	187909	12	19485	788151	21	5575	66138	4	986	30665
台　湾												

全国少数民族文字报纸出版数量

	合计				其中：省、自治区、直辖市级			
	种数(种)	平均期印数(万份)	总印数(万份)	总印张(千印张)	种数(种)	平均期印数(万份)	总印数(万份)	总印张(千印张)
全国总计	**82**	**66.84**	**12740**	**145255**	**28**	**30.24**	**5643**	**75519**
内蒙古	12	3.71	794	7482	3	1.62	214	2045
辽宁	2	0.90	85	1626	1	0.80	80	1600
吉林	6	4.58	500	7580	1	1.20	186	1860
黑龙江	1	1.10	165	3300	1	1.10	165	3300
四川	2	0.65	97	968				
云南	6	1.06	61	474				
西藏	9	6.38	1285	11205	4	5.20	1073	9673
青海	5	2.08	87	712	4	1.98	84	694
新疆	39	46.38	9666	111908	14	18.34	3841	56347

全国少数民族文字报纸出版数量与去年相比增减百分比

	合计				其中：省、自治区、直辖市级			
	种数	平均期印数	总印数	总印张	种数	平均期印数	总印数	总印张
全国		3.51	16.18	19.74		4.01	14.55	19.88
中央								
地方		3.51	16.18	19.74		4.01	14.55	19.88

音像、电子出版物出版

按载体形式分类全国各地区录音制品出版品种、数量及发行总量

单位：种、万盒、万张

	录音制品合计					录音带(AT)			
	合计		其中：新版		发行数量	合计		其中：新版	
	种数	数量	种数	数量		种数	数量	种数	数量
全国总计	**15314**	**20568.60**	**8642**	**12069.12**	**20004.84**	**6989**	**14652.81**	**2466**	**7129.71**
中　央	**4517**	**13192.84**	**2788**	**7894.62**	**11885.14**	**1929**	**10218.39**	**697**	**5431.45**
地　方	**10797**	**7375.76**	**5854**	**4174.50**	**8119.70**	**5060**	**4434.42**	**1769**	**1698.26**
北　京	334	417.25	319	401.95	392.11	236	357.13	233	350.13
天　津	155	95.09	151	92.51	90.02	16	6.18	12	3.60
河　北	26	21.40	26	21.40	21.37	4	0.78	4	0.78
山　西	16	24.42	15	23.97	23.80	16	24.42	15	23.97
内蒙古	96	123.71	96	123.71	131.86				
辽　宁	393	149.69	391	149.09	148.41	109	34.94	108	34.64
吉　林	72	58.05	72	58.05	58.05	19	13.80	19	13.80
黑龙江	35	12.70	33	10.60	9.95	21	8.70	20	6.90
上　海	4843	2399.20	1287	754.93	2363.34	2652	1702.58	344	254.79
江　苏	517	559.75	388	141.91	508.66	122	384.13	46	21.91
浙　江	196	172.99	64	31.23	173.35	160	155.91	46	21.08
安　徽	41	16.53	35	15.14	13.71	15	4.58	10	3.74
福　建	74	49.21	50	26.14	49.03	42	20.36	37	20.09
江　西	159	183.63	135	172.83	183.68	64	113.55	63	113.52
山　东	486	229.46	423	161.61	228.68	106	107.35	49	40.91
河　南	127	7.43	24	3.03	5.63	105	4.92	15	0.88
湖　北	195	145.62	167	130.90	111.71	103	99.23	92	92.61
湖　南	453	685.61	138	135.51	711.32	306	613.35	69	97.17
广　东	1720	1292.23	1324	1069.73	2178.48	544	294.00	283	177.10
广　西	158	48.00	129	29.15	47.04	115	31.35	87	13.70
海　南	82	127.80	82	127.80	123.00	60	109.50	60	109.50
重　庆	90	38.59	47	20.17	38.78	56	23.46	16	6.01
四　川	172	60.11	157	54.40	55.56	49	13.77	48	13.74
贵　州	47	13.52	47	13.52	12.83	1	0.20	1	0.20
云　南	82	34.94	78	34.36	34.92	18	4.62	15	4.34
西　藏	3	3.50	3	3.50	3.19				
陕　西	176	359.23	124	321.26	355.59	101	297.51	57	265.05
甘　肃	13	2.60	13	2.60	2.13	2	0.40	2	0.40
青　海									
宁　夏	15	3.50	15	3.50	3.50	1	0.10	1	0.10
新　疆	21	40.00	21	40.00	40.00	17	7.60	17	7.60
台　湾									

按载体形式分类全国各地区录音制品出版品种、数量及发行总量（续表）

单位：种、万盒、万张

	激光唱盘(CD)				高密度激光唱盘(DVD-A)及其他			
	合计		其中：新版		合计		其中：新版	
	种数	数量	种数	数量	种数	数量	种数	数量
全国总计	**7475**	**5195.86**	**5558**	**4518.56**	**850**	**719.93**	**618**	**420.85**
中　央	**2139**	**2514.08**	**1810**	**2260.27**	**449**	**460.37**	**281**	**202.9**
地　方	**5336**	**2681.78**	**3748**	**2258.29**	**401**	**259.56**	**337**	**217.95**
北　京	93	50.1	82	42.8	5	10.02	4	9.02
天　津	130	87.7	130	87.7	9	1.21	9	1.21
河　北	22	20.62	22	20.62				
山　西								
内蒙古	95	123.61	95	123.61	1	0.1	1	0.1
辽　宁	187	60.04	186	59.74	97	54.71	97	54.71
吉　林	53	44.25	53	44.25				
黑龙江	14	4	13	3.7				
上　海	2069	592.41	850	412.14	122	104.21	93	88
江　苏	395	175.62	342	120				
浙　江	36	17.08	18	10.15				
安　徽	22	10.23	22	10.23	4	1.72	3	1.17
福　建	32	28.85	13	6.05				
江　西	95	70.08	72	59.31				
山　东	379	121.61	373	120.2	1	0.5	1	0.5
河　南	22	2.51	9	2.15				
湖　北	36	25.95	33	24.55	56	20.44	42	13.74
湖　南	124	50.52	52	26.25	23	21.74	17	12.09
广　东	1125	972.22	998	871.82	51	26.01	43	20.81
广　西	41	16.25	40	15.05	2	0.4	2	0.4
海　南	22	18.3	22	18.3				
重　庆	34	15.13	31	14.16				
四　川	121	44.34	107	38.66	2	2	2	2
贵　州	45	12.97	45	12.97	1	0.35	1	0.35
云　南	63	30.02	62	29.72	1	0.3	1	0.3
西　藏	3	3.5	3	3.5				
陕　西	49	45.87	46	42.66	26	15.85	21	13.55
甘　肃	11	2.2	11	2.2				
青　海								
宁　夏	14	3.4	14	3.4				
新　疆	4	32.4	4	32.4				
台　湾								

按内容分类全国录音制品出版品种、数量

单位：种、万盒(张)

	AT				DVD-A			
	合计		其中：新版		合计		其中：新版	
	种数	数量	种数	数量	种数	数量	种数	数量
全国总计	**6989**	**14652.81**	**2466**	**7129.71**	**56**	**39.41**	**44**	**32.88**
其中:少儿	840	374.33	303	189.95	1	0.3	1	0.3
一、自编节目	**6785**	**14205.62**	**2366**	**6786.01**	**51**	**34.41**	**39**	**28.48**
歌曲	341	105.53	95	69.13	8	3.56	6	2.95
乐曲	109	22.23	60	16.21	11	10.5	9	6.88
戏曲	570	26.05	32	2.91	7	5.13	7	5.13
曲艺	97	2.57	4	0.6				
教育	3628	9672.59	1481	5079.43	5	8.21	5	8.21
文学	225	14.78	17	5.26				
语言	1746	4318.5	623	1570.53	11	2.21	5	1.01
科技	2	0.09						
经济								
体育	4	0.22			1	0.01		
医药卫生	9	1.8	4	1	1	0.1	1	0.1
综合	13	4.44	13	4.44	2	3.5	2	3.5
其他	41	36.82	37	36.5	5	1.19	4	0.7
二、引进节目	**199**	**441.72**	**96**	**342**	**5**	**5**	**5**	**4.4**
歌曲	109	338.9	86	337.97	3	3.8	3	3.8
乐曲	11	0.14	3	0.03	2	1.2	2	0.6
教育	18	24.16						
语言	61	78.52	7	4				
文学								
经济								
科技								
医药卫生								
体育								
其他								
三、对外合作	**5**	**5.47**	**4**	**1.7**				

按内容分类全国录音制品出版品种、数量(续表)

单位：种、万盒(张)

	CD				其它			
	合计		其中：新版		合计		其中：新版	
	种数	数量	种数	数量	种数	数量	种数	数量
全国总计	**7475**	**5195.86**	**5558**	**4518.56**	**794**	**680.52**	**574**	**387.97**
其中:少儿	605	238.46	399	178.79	2	0.71	1	0.21
一、自编节目	**6314**	**3873.27**	**4815**	**3293.71**	**771**	**663.37**	**564**	**381.05**
歌曲	2560	1508.37	2222	1388.53	2	2.61	1	1.74
乐曲	1365	677.49	993	542.88	10	9.01	7	3.88
戏曲	405	86.58	219	73.1				
曲艺	163	90.58	107	85.18				
教育	773	719.95	517	606.2	224	206.37	187	99.44
文学	195	102.95	93	70.62				
语言	676	582.59	515	435.41	529	443.01	365	274.63
科技	2	0.02	2	0.02	2	0.5	2	0.5
经济	1	1.2	1	1.2				
体育	1	0.01						
医药卫生	10	4.52	1	0.61				
综合	39	11.68	36	10.38				
其他	124	87.33	109	79.58	4	1.87	2	0.86
二、引进节目	**1146**	**1311.89**	**728**	**1214.15**	**23**	**17.15**	**10**	**6.92**
歌曲	793	1006.68	513	971.87	1	2		
乐曲	280	185.43	161	156.47				
教育	17	15.64	17	14.14	5	3.02	5	3.02
语言	45	54	32	22.95	17	12.13	5	3.9
文学								
经济								
科技								
医药卫生								
体育	1	0.4	1	0.4				
其他	10	49.74	4	48.32				
三、对外合作	**15**	**10.7**	**15**	**10.7**				

按内容分类全国各地区录音制品出版品种、数量 (AT)

单位：种、万盒

	自编节目合计		歌曲		乐曲		戏曲	
	种数	出版数量	种数	出版数量	种数	出版数量	种数	出版数量
全国总计	**6785**	**14205.62**	**341**	**105.53**	**109**	**22.23**	**667**	**28.62**
中　央	**1848**	**9819.22**	**17**	**30.20**	**2**	**0.71**		
地　方	**4937**	**4386.40**	**324**	**75.33**	**107**	**21.52**	**667**	**28.62**
北　京	236	357.13						
天　津	15	5.58						
河　北	4	0.78						
山　西	16	24.42						
内蒙古								
辽　宁	107	34.14					3	0.90
吉　林	19	13.80	8	2.40				
黑龙江	21	8.70						
上　海	2547	1668.20	148	25.57	33	1.74	536	19.21
江　苏	122	384.13	10	12.43	2	1.00		
浙　江	156	154.21	9	1.35	8	0.89	5	1.60
安　徽	15	4.58						
福　建	42	20.36						
江　西	64	113.55						
山　东	104	102.81			1	0.80		
河　南	105	4.92					99	4.32
湖　北	103	99.23			4	1.20		
湖　南	306	613.35	2	0.50				
广　东	536	288.03	120	25.11	56	15.42	4	0.39
广　西	115	31.35	2	0.24				
海　南	60	109.50						
重　庆	55	23.43			2	0.27		
四　川	49	13.77	15	3.13			20	2.20
贵　州	1	0.20			1	0.20		
云　南	18	4.62	8	2.40				
西　藏								
陕　西	101	297.51						
甘　肃	2	0.40						
青　海								
宁　夏	1	0.10						
新　疆	17	7.60	2	2.20				
台　湾								

按内容分类全国各地区录音制品出版品种、数量（续表1）(AT)

单位：种、万盒

	教育		语言		科技		其他		其中(少儿)	
	种数	出版数量	种数	出版数量	种数	出版数量	种数	出版数量	种数	出版数量
全国总计	**3628**	**9672.59**	**1746**	**4318.50**	**2**	**0.09**	**292**	**58.06**	**840**	**374.33**
中　　央	**764**	**7009.17**	**1055**	**2777.25**			**10**	**1.89**	**107**	**74.13**
地　　方	**2864**	**2663.42**	**691**	**1541.25**	**2**	**0.09**	**282**	**56.17**	**733**	**300.20**
北　　京	236	357.13							11	10.10
天　　津	11	2.68	4	2.90					8	2.30
河　　北	4	0.78							3	0.18
山　　西	6	16.30	10	8.12					1	0.10
内 蒙 古										
辽　　宁	61	19.41	42	13.43			1	0.40	4	1.60
吉　　林	11	11.40								
黑 龙 江	15	5.90	6	2.80					6	2.80
上　　海	1396	1473.49	186	131.77	1	0.07	247	16.35	313	34.02
江　　苏	36	7.83	74	362.87					36	7.06
浙　　江	47	16.43	87	133.94					99	132.38
安　　徽	10	3.74	4	0.82	1	0.02				
福　　建	7	0.45	35	19.91						
江　　西	52	80.18	1	1.00			11	32.37	29	37.50
山　　东	90	97.31	7	3.20			6	1.50		
河　　南	6	0.60							5	0.50
湖　　北	98	95.03	1	3.00					47	28.00
湖　　南	289	139.89	13	471.46			2	1.50	7	6.10
广　　东	253	228.82	90	14.39			13	3.90	140	26.94
广　　西	91	27.25	22	3.86					11	0.80
海　　南			60	109.50						
重　　庆	52	22.76	1	0.40					3	1.67
四　　川	7	7.32	7	1.12					6	7.60
贵　　州										
云　　南	10	2.22								
西　　藏										
陕　　西	59	40.70	41	256.76			1	0.05	3	0.35
甘　　肃	2	0.40							1	0.20
青　　海										
宁　　夏							1	0.10		
新　　疆	15	5.40								
台　　湾										

按内容分类全国各地区录音制品出版品种、数量（续表2）
(AT)

单位：种、万盒

	引进节目合计		歌曲		乐曲		教育		语言	
	种数	出版数量	种数	出版数量	种数	出版数量	种数	出版数量	种数	出版数量
全国总计	**199**	**441.72**	**109**	**338.90**	**11**	**0.14**	**18**	**24.16**	**61**	**78.52**
中　　央	**81**	**399.17**	**22**	**321.40**					**59**	**77.77**
地　　方	**118**	**42.55**	**87**	**17.50**	**11**	**0.14**	**18**	**24.16**	**2**	**0.75**
北　　京										
天　　津	1	0.60							1	0.60
河　　北										
山　　西										
内 蒙 古										
辽　　宁	2	0.80	2	0.80						
吉　　林										
黑 龙 江										
上　　海	105	34.38	77	10.73	11	0.14	16	23.36	1	0.15
江　　苏										
浙　　江										
安　　徽										
福　　建										
江　　西										
山　　东	1	0.77					1	0.77		
河　　南										
湖　　北										
湖　　南										
广　　东	8	5.97	8	5.97						
广　　西										
海　　南										
重　　庆	1	0.03					1	0.03		
四　　川										
贵　　州										
云　　南										
西　　藏										
陕　　西										
甘　　肃										
青　　海										
宁　　夏										
新　　疆										
台　　湾										

按内容分类全国各地区录音制品出版品种、数量（续表3）(AT)

单位：种、万盒

	文学		经济		科技		其他		对外合作	
	种数	出版数量	种数	出版数量	种数	出版数量	种数	出版数量	种数	出版数量
全国总计									**5**	**5.47**
中　　央										
地　　方									**5**	**5.47**
北　　京										
天　　津										
河　　北										
山　　西										
内 蒙 古										
辽　　宁										
吉　　林										
黑 龙 江										
上　　海										
江　　苏										
浙　　江									4	1.70
安　　徽										
福　　建										
江　　西										
山　　东									1	3.77
河　　南										
湖　　北										
湖　　南										
广　　东										
广　　西										
海　　南										
重　　庆										
四　　川										
贵　　州										
云　　南										
西　　藏										
陕　　西										
甘　　肃										
青　　海										
宁　　夏										
新　　疆										
台　　湾										

按内容分类全国各地区录音制品出版品种、数量（续表4）
(CD)

单位：种、万张

	自编节目合计		歌曲		乐曲	
	种数	出版数量	种数	出版数量	种数	出版数量
全国总计	**6314**	**3873.27**	**2560**	**1508.37**	**1365**	**677.49**
中　央	**1807**	**1719.28**	**520**	**542.21**	**565**	**366.58**
地　方	**4507**	**2153.99**	**2040**	**966.16**	**800**	**310.91**
北　京	93	50.10	11	4.30	20	13.00
天　津	130	87.70	21	7.60		
河　北	22	20.62	13	11.59	1	1.03
山　西						
内蒙古	27	9.11	22	4.51	1	0.20
辽　宁	175	56.04	63	20.32	99	27.61
吉　林	53	44.25	42	23.20	2	1.50
黑龙江	14	4.00	10	2.80	3	0.90
上　海	1444	318.98	513	68.05	311	72.66
江　苏	393	175.07	260	58.96	43	25.35
浙　江	36	17.08	6	1.81	4	1.51
安　徽	22	10.23	5	2.26	7	3.13
福　建	32	28.85	5	2.25	18	22.10
江　西	95	70.08	16	16.31	3	2.20
山　东	376	120.70	275	63.00	29	6.80
河　南	22	2.51	3	0.25	1	0.10
湖　北	35	24.95	19	13.90	2	1.00
湖　南	106	46.67	22	10.74	39	27.24
广　东	1026	842.87	532	579.87	177	88.51
广　西	41	16.25	12	4.54	3	1.30
海　南	22	18.30	12	8.30		
重　庆	33	14.93	3	0.70		0.17
四　川	121	44.34	77	21.44	12	4.91
贵　州	45	12.97	24	7.75	16	3.70
云　南	63	30.02	43	21.30	5	2.00
西　藏	3	3.50	2	2.00		1.20
陕　西	49	45.87	10	3.91	2	0.29
甘　肃	11	2.20	4	0.80	1	0.50
青　海						
宁　夏	14	3.40	13	3.30		
新　疆	4	32.40	2	0.40	1	2.00
台　湾						

按内容分类全国各地区录音制品出版品种、数量（续表5）（CD）

单位：种、万张

	戏曲		曲艺		教育	
	种数	出版数量	种数	出版数量	种数	出版数量
全国总计	**405**	**86.58**	**163**	**90.58**	**773**	**719.95**
中　　央	**30**	**16.17**	**3**	**3.40**	**235**	**374.00**
地　　方	**375**	**70.41**	**160**	**87.18**	**538**	**345.95**
北　　京	6	3.40	1	0.30	29	9.20
天　　津	25	2.50	69	68.50	14	8.90
河　　北						
山　　西						
内 蒙 古	1	1.20				
辽　　宁					6	5.41
吉　　林					9	19.55
黑 龙 江					1	0.30
上　　海	199	18.02	64	8.08	153	79.37
江　　苏	7	2.80			41	50.95
浙　　江	10	1.60			3	3.34
安　　徽	6	3.20			1	0.60
福　　建	2	1.90			7	2.60
江　　西			2	2.00	54	18.57
山　　东					27	40.10
河　　南	18	2.16				
湖　　北					12	9.65
湖　　南					41	5.15
广　　东	73	23.13	17	4.80	66	55.26
广　　西	4	3.30	3	3.00	10	1.10
海　　南						
重　　庆	1	0.30			22	9.16
四　　川			4	0.50	18	6.29
贵　　州					3	1.50
云　　南	3	1.50			10	4.00
西　　藏						
陕　　西	14	4.50			11	14.95
甘　　肃	6	0.90				
青　　海						
宁　　夏						
新　　疆						
台　　湾						

按内容分类全国各地区录音制品出版品种、数量（续表6）
(CD)

单位：种、万张

	语言		科技		其他		其中(少儿)	
	种数	出版数量	种数	出版数量	种数	出版数量	种数	出版数量
全国总计	**676**	**582.59**	**2**	**0.02**	**370**	**207.69**	**605**	**238.46**
中　央	**377**	**359.84**			**77**	**57.08**	**104**	**53.46**
地　方	**299**	**222.75**	**2**	**0.02**	**293**	**150.61**	**501**	**185.00**
北　京	24	17.40			2	2.50	13	5.10
天　津	1	0.20					4	0.80
河　北	8	8.00						
山　西								
内蒙古					3	3.20		
辽　宁	7	2.70					10	6.60
吉　林							1	0.40
黑龙江							1	0.30
上　海	98	62.57			106	10.23	162	23.65
江　苏	40	35.50			2	1.51	25	26.78
浙　江	13	8.82					20	11.52
安　徽					3	1.04	2	1.41
福　建							7	2.60
江　西	19	19.50			1	11.50	54	18.57
山　东	30	7.60			15	3.20	12	2.80
河　南								
湖　北					2	0.40	9	9.90
湖　南	2	1.54			2	2.00		
广　东	18	9.88			143	81.42	131	46.08
广　西					9	3.01	10	1.10
海　南	10	10.00						
重　庆	7	4.60					1	0.10
四　川	10	11.20					30	9.29
贵　州			2	0.02				
云　南	2	1.22					5	7.00
西　藏	1	0.30						
陕　西	9	21.72			3	0.50	4	11.00
甘　肃								
青　海								
宁　夏					1	0.10		
新　疆					1	30.00		
台　湾								

按内容分类全国各地区录音制品出版品种、数量（续表7）
(CD)

单位：种、万张

	引进节目合计		歌曲		乐曲		曲艺		教育	
	种数	出版数量	种数	出版数量	种数	出版数量	种数	出版数量	种数	出版数量
全国总计	**1146**	**1311.89**	**793**	**1006.68**	**280**	**185.43**	**1**	**1.22**	**17**	**15.64**
中　央	**319**	**788.30**	**181**	**638.38**	**100**	**85.09**			**6**	**2.30**
地　方	**827**	**523.59**	**612**	**368.30**	**180**	**100.34**	**1**	**1.22**	**11**	**13.34**
北　京										
天　津										
河　北										
山　西										
内蒙古	66	110.30	62	103.70	4	6.60				
辽　宁	12	4.00	12	4.00						
吉　林										
黑龙江										
上　海	625	273.43	449	138.70	143	80.29	1	1.22	11	13.34
江　苏	2	0.55	2	0.55						
浙　江										
安　徽										
福　建										
江　西										
山　东	3	0.91			1	0.40				
河　南										
湖　北	1	1.00	1	1.00						
湖　南	18	3.85			18	3.85				
广　东	99	129.35	85	120.15	14	9.20				
广　西										
海　南										
重　庆	1	0.20	1	0.20						
四　川										
贵　州										
云　南										
西　藏										
陕　西										
甘　肃										
青　海										
宁　夏										
新　疆										
台　湾										

按内容分类全国各地区录音制品出版品种、数量（续表8）
(CD)

单位：种、万张

	语言		经济		科技		其他		对外合作	
	种数	出版数量	种数	出版数量	种数	出版数量	种数	出版数量	种数	出版数量
全国总计	**45**	**54.00**					**10**	**48.92**	**15**	**10.7**
中　　央	**23**	**14.02**					**9**	**48.51**	**13**	**6.5**
地　　方	**22**	**39.98**					**1**	**0.41**	**2**	**4.2**
北　　京										
天　　津										
河　　北										
山　　西										
内 蒙 古									2	4.2
辽　　宁										
吉　　林										
黑 龙 江										
上　　海	21	39.88								
江　　苏										
浙　　江										
安　　徽										
福　　建										
江　　西										
山　　东	1	0.10					1	0.41		
河　　南										
湖　　北										
湖　　南										
广　　东										
广　　西										
海　　南										
重　　庆										
四　　川										
贵　　州										
云　　南										
西　　藏										
陕　　西										
甘　　肃										
青　　海										
宁　　夏										
新　　疆										
台　　湾										

按内容分类全国各地区录音制品出版品种、数量（续表9）
(DVD-A及其他)

单位：种、万张

	自编节目合计		歌曲		乐曲		戏曲		曲艺	
	种数	出版数量	种数	出版数量	种数	出版数量	种数	出版数量	种数	出版数量
全国总计	**822**	**697.78**	**10**	**6.17**	**21**	**19.51**	**7**	**5.13**		
中　央	**431**	**447.24**	**5**	**3.01**	**6**	**3.80**				
地　方	**391**	**250.54**	**5**	**3.16**	**15**	**15.71**	**7**	**5.13**		
北　京	5	10.02								
天　津	9	1.21								
河　北										
山　西										
内蒙古	1	0.10								
辽　宁	97	54.71	1	0.90						
吉　林										
黑龙江										
上　海	118	101.29								
江　苏										
浙　江										
安　徽	4	1.72								
福　建										
江　西										
山　东	1	0.50								
河　南										
湖　北	54	18.34								
湖　南	23	21.74	1	0.61	14	15.51	7	5.13		
广　东	47	22.01								
广　西	2	0.40								
海　南										
重　庆										
四　川	2	2.00	1	1.00						
贵　州	1	0.35	1	0.35						
云　南	1	0.30	1	0.30						
西　藏										
陕　西	26	15.85			1	0.20				
甘　肃										
青　海										
宁　夏										
新　疆										
台　湾										

按内容分类全国各地区录音制品出版品种、数量（续表10）
(DVD-A及其他)

单位：种、万张

	教育		语言		科技		其他		其中(少儿)	
	种数	出版数量	种数	出版数量	种数	出版数量	种数	出版数量	种数	出版数量
全国总计	**229**	**214.58**	**540**	**445.22**	**1**	**0.5**	**14**	**6.67**	**3**	**1.01**
中　央	**78**	**143.44**	**332**	**292.44**			**10**	**4.55**	**1**	**0.21**
地　方	**151**	**71.14**	**208**	**152.78**	**1**	**0.5**	**4**	**2.12**	**2**	**0.80**
北　京	3	8.90	1	1.00			1	0.12		
天　津	9	1.21								
河　北										
山　西										
内蒙古	1	0.10								
辽　宁	6	2.90	90	50.91					1	0.30
吉　林										
黑龙江										
上　海	26	17.03	91	84.25			1	0.01		
江　苏										
浙　江										
安　徽			4	1.72						
福　建										
江　西										
山　东	1	0.50								
河　南										
湖　北	53	18.04	1	0.30						
湖　南							1	0.49		
广　东	45	20.01			1	0.5	1	1.50		
广　西	2	0.40								
海　南										
重　庆									1	0.50
四　川			1	1.00						
贵　州										
云　南										
西　藏										
陕　西	5	2.05	20	13.60						
甘　肃										
青　海										
宁　夏										
新　疆										
台　湾										

按内容分类全国各地区录音制品出版品种、数量（续表11）
(DVD-A及其他)

单位：种、万张

	引进节目合计		歌曲		乐曲		教育		语言	
	种数	出版数量	种数	出版数量	种数	出版数量	种数	出版数量	种数	出版数量
全国总计	**28**	**22.15**	**4**	**5.8**	**2**	**1.2**	**5**	**3.02**	**17**	**12.13**
中　央	**18**	**13.13**	**1**	**1**					**17**	**12.13**
地　方	**10**	**9.02**	**3**	**4.8**	**2**	**1.2**	**5**	**3.02**		
北　京										
天　津										
河　北										
山　西										
内蒙古										
辽　宁										
吉　林										
黑龙江										
上　海	4	2.92					4	2.92		
江　苏										
浙　江										
安　徽										
福　建										
江　西										
山　东										
河　南										
湖　北	2	2.1	1	2			1	0.1		
湖　南										
广　东	4	4	2	2.8	2	1.2				
广　西										
海　南										
重　庆										
四　川										
贵　州										
云　南										
西　藏										
陕　西										
甘　肃										
青　海										
宁　夏										
新　疆										
台　湾										

按载体形式分类全国各地区录像制品出版品种、数量及发行总量

单位：种、万盒、万张

	录像制品合计					激光数码视盘(VCD)			
	合计		其中：新版		发行数量	合计		其中：新版	
	种数	数量	种数	数量		种数	数量	种数	数量
全国总计	**16641**	**28529.42**	**12516**	**24145.95**	**23610.07**	**10561**	**16722.37**	**7276**	**14113.81**
中　　央	**5878**	**9461.71**	**4481**	**7543.32**	**6621.82**	**3475**	**5265.66**	**2323**	**3763.45**
地　　方	**10763**	**19067.71**	**8035**	**16602.63**	**16988.25**	**7086**	**11456.71**	**4953**	**10350.36**
北　　京	262	391.64	260	388.54	337.73	149	252.05	148	251.45
天　　津	114	44	114	44	43.58	13	20.3	13	20.3
河　　北	169	449.4	168	449.2	408.40	135	338.25	134	338.05
山　　西	39	50.55	37	28.48	25.81	32	48.5	30	26.43
内 蒙 古	33	35.01	33	35.01	32.57	8	7.5	8	7.5
辽　　宁	1308	1251.41	1304	1249.77	1076.93	839	856.7	839	856.7
吉　　林	163	119	163	119	118.95	121	85.32	121	85.32
黑 龙 江	96	33.23	96	33.23	19.44	45	17.8	45	17.8
上　　海	1190	404.06	330	237.88	370.19	917	242.79	147	99.64
江　　苏	508	339.52	467	283.99	259.64	419	212.85	380	158.63
浙　　江	354	160.19	325	152	159.01	165	100.66	137	93.27
安　　徽	93	82.35	93	82.35	55.70	85	79.6	85	79.6
福　　建	672	1991.36	206	709	1394.03	158	450.13	89	284.8
江　　西	235	199.81	143	161.42	199.81	214	174.83	123	136.98
山　　东	781	1053.08	767	1046.06	1053.08	574	714.21	563	709.1
河　　南	270	353.22	174	79.4	325.06	173	330.96	98	58.8
湖　　北	313	373.4	288	351.46	299.66	192	280.2	175	275.9
湖　　南	847	624.22	163	448.62	493.80	770	372.55	87	197.55
广　　东	1572	9397.2	1404	9137.49	8781.62	914	5752.49	802	5628.58
广　　西	283	335.47	176	290	337.98	184	218.88	81	194.99
海　　南	35	27.1	35	27.1	22.48	35	27.1	35	27.1
重　　庆	195	226.11	86	164.41	221.84	177	217.66	69	156.95
四　　川	497	164.12	480	162.48	150.15	294	99.49	277	97.85
贵　　州	118	383.5	116	352.5	332.79	62	157.75	62	157.75
云　　南	252	195.63	251	195.03	195.18	175	112.01	174	111.41
西　　藏	4	12.8	4	12.8	11.50	2	10.6	2	10.6
陕　　西	175	200.87	170	197.16	84.11	112	132.27	110	129.26
甘　　肃	48	24.96	45	19.75	24.71	32	16.36	29	11.15
青　　海	23	7.9	23	7.9	7.90	23	7.9	23	7.9
宁　　夏	35	5.8	35	5.8	5.80	8	1.5	8	1.5
新　　疆	79	130.8	79	130.8	138.80	59	117.5	59	117.5
台　　湾									

按载体形式分类全国各地区录像制品出版品种、数量及发行总量（续表）

单位：种、万盒、万张

	高密度激光视盘(DVD–V)				录像带(VT)及其他			
	合计		其中：新版		合计		其中：新版	
	种数	数量	种数	数量	种数	数量	种数	数量
全国总计	**5959**	**11585.33**	**5147**	**9841.03**	**121**	**221.72**	**93**	**191.11**
中　　央	**2369**	**4173.51**	**2139**	**3763.35**	**34**	**22.54**	**19**	**16.52**
地　　方	**3590**	**7411.82**	**3008**	**6077.68**	**87**	**199.18**	**74**	**174.59**
北　　京	113	139.59	112	137.09				
天　　津	101	23.70	101	23.70				
河　　北	34	111.15	34	111.15				
山　　西	7	2.05	7	2.05				
内 蒙 古	25	27.51	25	27.51				
辽　　宁	463	393.67	459	392.03	6	1.04	6	1.04
吉　　林	42	33.68	42	33.68				
黑 龙 江	51	15.43	51	15.43				
上　　海	264	159.12	180	136.24	9	2.15	3	2.00
江　　苏	89	126.67	87	125.36				
浙　　江	188	59.13	187	58.33	1	0.40	1	0.40
安　　徽	8	2.75	8	2.75				
福　　建	514	1541.23	117	424.20				
江　　西	20	24.44	20	24.44	1	0.54		
山　　东	204	336.46	202	335.56	3	2.41	2	1.40
河　　南	97	22.26	76	20.60				
湖　　北	120	93.00	112	75.36	1	0.20	1	0.20
湖　　南	52	123.07	51	122.87	25	128.60	25	128.20
广　　东	658	3644.71	602	3508.91				
广　　西	63	56.34	62	55.96	36	60.25	33	39.05
海　　南								
重　　庆	17	7.46	17	7.46	1	0.99		
四　　川	202	64.33	202	64.33	1	0.30	1	0.30
贵　　州	54	223.75	52	192.75	2	2.00	2	2.00
云　　南	77	83.62	77	83.62				
西　　藏	2	2.20	2	2.20				
陕　　西	62	68.30	60	67.90	1	0.30		
甘　　肃	16	8.60	16	8.60				
青　　海								
宁　　夏	27	4.30	27	4.30				
新　　疆	20	13.30	20	13.30				
台　　湾								

按内容分类全国录像制品出版品种、数量

单位：种、万盒(张)

	VT				DVD-V			
	合计		其中：新版		合计		其中：新版	
	种数	数量	种数	数量	种数	数量	种数	数量
全 国 总 计	**24**	**5.47**	**8**	**2.5**	**5959**	**11585.33**	**5147**	**9841.03**
其中:少儿	4	0.8	4	0.8	463	1114.85	399	808.99
一、自编节目	**23**	**5.17**	**7**	**2.2**	**4375**	**8165.08**	**3944**	**7627.2**
故事片					574	684.07	459	597.05
电视剧					431	3935.56	420	3857.22
戏曲片					366	110.32	321	93.87
风光片					91	63.44	89	57.44
卡通片					42	500.55	40	494.05
音乐舞蹈	3	1.52			303	219.39	283	207.62
卡拉OK					79	44.38	75	42.98
MTV					53	30.82	52	29.02
社会科学					136	126.54	134	126.34
教育	16	3.6	7	2.2	909	1592.19	768	1343.56
语言	4	0.05			50	110.59	45	108.58
科技					23	11.82	23	11.82
经济					31	46.57	22	24.05
体育					98	77.5	95	75.2
文学					9	4.7	9	4.7
医药卫生					504	99.94	465	90.31
农业科学					51	6.63	51	6.63
工业技术					43	8.59	43	8.59
交通					4	1.8	4	1.8
航空					2	1.4	2	1.4
军事					45	69.27	37	43.07
综合					277	252.43	262	237.79
其他					254	166.58	245	164.11
二、引进节目	**1**	**0.3**	**1**	**0.3**	**1549**	**3392.62**	**1176**	**2189.32**
故事片	1	0.3	1	0.3	1101	1955.21	804	1059.39
卡通片					164	474.13	106	176.67
音乐舞蹈					42	134.97	36	132.64
卡拉OK					25	16.04	20	15.51
教育					60	15.56	54	8.5
科技					1	0.3	1	0.3
经济								
体育					7	65.4	7	65.4
文学								
医药卫生					2	0.4	2	0.4
其他					147	730.61	146	730.51
三、对外合作					**35**	**27.63**	**27**	**24.51**

按内容分类全国录像制品出版品种、数量(续表)

单位：种、万盒(张)

	VCD				其它			
	合计		其中：新版		合计		其中：新版	
	种数	数量	种数	数量	种数	数量	种数	数量
全 国 总 计	**10561**	**16722.37**	**7276**	**14113.81**	**97**	**216.25**	**85**	**188.61**
其中:少儿	1092	1666.54	841	1517.17	22	9.6	15	4.79
一、自编节目	**9604**	**14415.53**	**6544**	**12031.19**	**87**	**203.05**	**75**	**175.41**
故事片	309	754.9	293	735.09				
电视剧	305	5683.86	301	5588.65	22	121.8	22	121.8
戏曲片	1346	983.21	982	872.99	1	0.8	1	0.8
风光片	63	200.99	60	197.94				
卡通片	110	283.81	65	263.54				
音乐舞蹈	628	375.74	564	335.77	2	3.7	1	2.2
卡拉OK	629	216	570	197.98				
MTV	129	58.61	126	58.14				
社会科学	211	264.98	171	251.83	3	1.6	3	1.6
教育	3465	4067.6	1770	2333.66	21	28.02	12	3.02
语言	147	132.91	92	104.75	2	0.42	2	0.42
科技	56	77.19	29	72.67				
经济	114	291.82	78	184.48				
体育	177	159.61	149	144.36				
文学	65	43.13	48	42.8				
医药卫生	555	129.67	445	90.92				
农业科学	426	140.71	125	63.19	1	0.14		
工业技术	129	26.99	100	20.86				
交通	9	2.12	4	0.49	1	0.2	1	0.2
航空								
军事	10	7	6	4.6				
综合	245	199.64	227	191.58	5	2.76	5	2.56
其他	476	315.04	339	274.9	29	43.61	28	42.81
二、引进节目	**885**	**2245.44**	**714**	**2045.02**	**10**	**13.2**	**10**	**13.2**
故事片	533	1539.26	477	1449.67	3	6.8	3	6.8
卡通片	165	340.03	96	245.88				
音乐舞蹈	43	71.26	35	68.07				
卡拉OK	13	11.37	8	10.65				
教育	69	34.31	48	26.65	7	1.4	7	1.4
科技	1	0.1	1	0.1				
经济								
体育	8	45.4	7	40.9				
文学								
医药卫生	2	0.2	2	0.2				
其他	51	203.51	40	202.9		5		5
三、对外合作	**72**	**61.4**	**18**	**37.6**				

按内容分类全国各地区录像制品出版品种、数量
(VT及其他)

单位：种、万盒

	自编节目合计		故事片		电视剧		戏曲片		音乐舞蹈	
	种数	出版数量	种数	出版数量	种数	出版数量	种数	出版数量	种数	出版数量
全国总计	**110**	**208.22**			**22**	**121.8**	**1**	**0.8**	**5**	**5.22**
中　央	**28**	**16.34**							**3**	**3.22**
地　方	**82**	**191.88**			**22**	**121.8**	**1**	**0.8**	**2**	**2**
北　京										
天　津										
河　北										
山　西										
内蒙古										
辽　宁	6	1.04								
吉　林										
黑龙江										
上　海	9	2.15								
江　苏										
浙　江	1	0.4					1	0.4		
安　徽										
福　建										
江　西	1	0.54						0.4		
山　东	3	2.41								
河　南										
湖　北										
湖　南	22	121.8			22	121.8				
广　东										
广　西	36	60.25								
海　南										
重　庆	1	0.99								
四　川										
贵　州	2	2							2	2
云　南										
西　藏										
陕　西	1	0.3								
甘　肃										
青　海										
宁　夏										
新　疆										
台　湾										

按内容分类全国各地区录像制品出版品种、数量（续表1）
(VT及其他)

单位：种、万盒

	社会科学		教育		语言		其他		其中(少儿)	
	种数	出版数量	种数	出版数量	种数	出版数量	种数	出版数量	种数	出版数量
全国总计	**3**	**1.6**	**37**	**31.62**	**6**	**0.47**	**36**	**46.71**	**26**	**10.4**
中　央	**3**	**1.6**	**10**	**4.03**	**4**	**0.43**	**8**	**7.06**	**20**	**8.39**
地　方			**27**	**27.59**	**2**	**0.04**	**28**	**39.65**	**6**	**2.01**
北　京										
天　津										
河　北										
山　西										
内蒙古										
辽　宁			6	1.04					4	0.8
吉　林										
黑龙江										
上　海			6	1.11	2	0.04	1	1		
江　苏										
浙　江										
安　徽										
福　建										
江　西							1	0.14		
山　东			1	0.4			2	2.01	1	1.01
河　南										
湖　北									1	0.2
湖　南										
广　东										
广　西			12	23.75			24	36.5		
海　南										
重　庆			1	0.99						
四　川										
贵　州										
云　南										
西　藏										
陕　西			1	0.3						
甘　肃										
青　海										
宁　夏										
新　疆										
台　湾										

按内容分类全国各地区录像制品出版品种、数量（续表2）
（VT及其他）

单位：种、万盒

	引进节目合计		电视剧		教育		其他		对外合作	
	种数	出版数量	种数	出版数量	种数	出版数量	种数	出版数量	种数	出版数量
全国总计	**11**	**13.5**	**3**	**6.8**	**6**	**1.4**	**2**	**5.3**		
中　　央	**6**	**6.2**			**5**	**1.2**	**1**	**5**		
地　　方	**5**	**7.3**	**3**	**6.8**	**1**	**0.2**	**1**	**0.3**		
北　　京										
天　　津										
河　　北										
山　　西										
内 蒙 古										
辽　　宁										
吉　　林										
黑 龙 江										
上　　海										
江　　苏										
浙　　江										
安　　徽										
福　　建										
江　　西										
山　　东										
河　　南										
湖　　北	1	0.2			1	0.2				
湖　　南	3	6.8	3	6.8						
广　　东										
广　　西										
海　　南										
重　　庆										
四　　川	1	0.3					1	0.3		
贵　　州										
云　　南										
西　　藏										
陕　　西										
甘　　肃										
青　　海										
宁　　夏										
新　　疆										
台　　湾										

按内容分类全国各地区录像制品出版品种、数量（续表3）
(DVD-V)

单位：种、万张

	自编节目合计		故事片		电视剧		戏曲片		音乐舞蹈	
	种数	出版数量	种数	出版数量	种数	出版数量	种数	出版数量	种数	出版数量
全国总计	**4375**	**8165.08**	**574**	**684.07**	**431**	**3935.56**	**366**	**110.32**	**303**	**219.39**
中　　央	**1850**	**3001.73**	**156**	**92.54**	**91**	**701.18**	**54**	**17.34**	**78**	**74.45**
地　　方	**2525**	**5163.35**	**418**	**591.53**	**340**	**3234.38**	**312**	**92.98**	**225**	**144.94**
北　　京	113	139.59	12	18.42	3	24.05	3	0.4	2	0.2
天　　津	101	23.7	1	7			92	11.9	4	3.6
河　　北	9	16.35	5	7.55	1	6				
山　　西	7	2.05								
内 蒙 古	20	14.91	3	2.6					6	5.06
辽　　宁	194	226.47	18	6.77	20	75.6	7	7.45	31	17.36
吉　　林	42	33.68							4	0.7
黑 龙 江	51	15.43	23	7.2					1	0.3
上　　海	233	139.3	6	3.22	8	8.04	32	6.36	20	5.42
江　　苏	84	119.87	6	1.32			38	7.26	9	1.27
浙　　江	168	47.83					28	9.55	5	1.2
安　　徽	8	2.75	2	0.6			1	0.3	1	0.05
福　　建	139	126.28	92	90.8	2	0.8	5	4.7	9	8.2
江　　西	20	24.44			4	0.44			2	1.42
山　　东	182	330.46	15	5.5	88	236.8	16	10.1	1	0.2
河　　南	97	22.26					24	2.36		
湖　　北	66	54.4	1	2	2	2.5			5	0.99
湖　　南	50	115.07	9	2.5	18	92			14	10.67
广　　东	530	3265.31	182	356.95	156	2606.75	26	19.7	49	60
广　　西	60	54.94			2	10.1	13	7.8	6	2.65
海　　南										
重　　庆	17	7.46			1	1	1	0.3		
四　　川	87	26.93	12	2.9	1	1.2	5	0.7	11	4
贵　　州	43	173.55	3	62	6	100	1	0.1	5	4.1
云　　南	77	83.62			19	50.5			32	13.24
西　　藏	2	2.2								
陕　　西	62	68.3	27	14	7	13.6	1	0.5	6	2.31
甘　　肃	16	8.6					3	1.3	1	0.5
青　　海										
宁　　夏	27	4.3	1	0.2			16	2.2		
新　　疆	20	13.3			2	5			1	1.5
台　　湾										

按内容分类全国各地区录像制品出版品种、数量（续表4）(DVD-V)

单位：种、万张

	社会科学		教育		医药卫生		其他		其中(少儿)	
	种数	出版数量	种数	出版数量	种数	出版数量	种数	出版数量	种数	出版数量
全国总计	**136**	**126.54**	**909**	**1592.19**	**504**	**99.94**	**1152**	**1397.07**	**463**	**1114.85**
中　央	**102**	**104.57**	**376**	**1109.80**	**483**	**81.02**	**510**	**820.83**	**163**	**459.26**
地　方	**34**	**21.97**	**533**	**482.39**	**21**	**18.92**	**642**	**576.24**	**300**	**655.59**
北　京	1	0.90	58	81.72	1	3.30	33	10.60		
天　津			1	0.30	1	0.10	2	0.80		
河　北	1	0.10	1	0.20			1	2.50		
山　西			7	2.05						
内蒙古			3	0.15			8	7.10		
辽　宁	1	6.40	27	8.39	2	6.40	88	98.10	70	70.39
吉　林	6	1.80	4	17.40			28	13.78	1	0.50
黑龙江			13	3.23			14	4.70	4	0.40
上　海	2	0.80	99	41.77	5	1.41	61	72.28	8	6.67
江　苏			22	98.51	2	1.41	7	10.10	8	10.01
浙　江	1	0.80	107	27.57			27	8.71	44	11.42
安　徽							4	1.80		
福　建	1	0.20	3	3.10	1	0.20	26	18.28	62	376.75
江　西	2	0.37	2	13.44			10	8.77		
山　东			4	51.46	2	0.60	56	25.80	1	0.20
河　南	1	0.10	67	19.20			5	0.60		
湖　北			55	48.20			3	0.71	38	6.40
湖　南	2	1.30					7	8.60		
广　东	6	4.20	18	24.90			93	192.81	31	155.55
广　西	1	2.00	5	0.99	6	5.20	27	26.20	4	1.30
海　南										
重　庆	1	0.20					14	5.96	1	1.20
四　川	2	0.20	5	1.60			51	16.33	25	7.60
贵　州	1	0.60	1	0.10			26	6.65		
云　南	3	1.40	3	4.44	1	0.30	19	13.74	1	5.00
西　藏							2	2.20		
陕　西			7	25.27			14	12.62	1	0.40
甘　肃	2	0.60	5	5.60			5	0.60		
青　海										
宁　夏							10	1.90		
新　疆			16	2.80			1	4.00	1	1.80
台　湾										

按内容分类全国各地区录像制品出版品种、数量（续表5）
(DVD-V)

单位：种、万张

	引进节目合计		故事片		卡通片		其他		对外合作	
	种数	出版数量	种数	出版数量	种数	出版数量	种数	出版数量	种数	出版数量
全国总计	**1549**	**3392.62**	**1046**	**1722.84**	**164**	**474.13**	**339**	**1195.65**	**35**	**27.63**
中　　央	**502**	**1164.38**	**308**	**152.45**	**50**	**10.80**	**144**	**1001.13**	**17**	**7.40**
地　　方	**1047**	**2228.24**	**738**	**1570.39**	**114**	**463.33**	**195**	**194.52**	**18**	**20.23**
北　　京										
天　　津										
河　　北	25	94.80	23	89.20			2	5.60		
山　　西										
内 蒙 古	5	12.60					5	12.60		
辽　　宁	261	153.27	178	66.69	45	55.57	38	31.01	8	13.93
吉　　林										
黑 龙 江										
上　　海	31	19.82			2	2.61	29	17.21		
江　　苏	5	6.80					5	6.80		
浙　　江	10	5.00					10	5.00	10	6.30
安　　徽										
福　　建	375	1414.95	315	1047.50	59	364.25	1	3.20		
江　　西										
山　　东	22	6.00	4	0.40			18	5.60		
河　　南										
湖　　北	54	38.60	13	17.50			41	21.10		
湖　　南	2	8.00					2	8.00		
广　　东	128	379.40	101	317.60	7	40.40	20	21.40		
广　　西	3	1.40	1	0.60	1	0.50	1	0.30		
海　　南										
重　　庆										
四　　川	115	37.40	103	30.90			12	6.50		
贵　　州	11	50.20					11	50.20		
云　　南										
西　　藏										
陕　　西										
甘　　肃										
青　　海										
宁　　夏										
新　　疆										
台　　湾										

按内容分类全国各地区录像制品出版品种、数量（续表6）
(VCD)

单位：种、万张

	自编节目合计		故事片		电视剧		音乐舞蹈		卡拉OK.MTV	
	种数	出版数量	种数	出版数量	种数	出版数量	种数	出版数量	种数	出版数量
全国总计	**9604**	**14415.53**	**309**	**754.9**	**305**	**5683.86**	**628**	**375.74**	**749**	**272.4**
中　央	**3099**	**4387.28**	**54**	**133.2**	**32**	**618.72**	**70**	**29.72**	**43**	**24.1**
地　方	**6505**	**10028.25**	**255**	**621.7**	**273**	**5065.14**	**558**	**346.02**	**706**	**248.3**
北　京	149	252.05	10	30.1	1	50				
天　津	13	20.3	1	4						
河　北	112	170.05	12	17.2	5	6.4	1	0.4		
山　西	32	48.5								
内蒙古	6	2.7					6	2.7		
辽　宁	639	582.85	5	12.8	17	172.18	76	50.15	347	107.9
吉　林	118	83.12					3	0.8	7	9.28
黑龙江	45	17.8	16	9.9			1	0.3	3	0.9
上　海	803	153.38			3	2.68	45	5.56	16	0.82
江　苏	417	212.25	1	0.6			44	9.86	6	4.99
浙　江	165	100.66					5	2		
安　徽	85	79.6	2	1.2			1	0.5		
福　建	114	246.43	2	7	1	22	14	19.3		
江　西	214	174.83	4	3.4	1	0.11	1	1.41		
山　东	512	703.21	35	18.7	64	487.6	25	12.8	140	47.4
河　南	170	319.96			1	0.6				
湖　北	173	240.8	1	4			10	23	3	3
湖　南	768	344.55	3	1.8	19	103.52	5	4.78		
广　东	837	5165.99	123	412.9	129	4042.75	106	110.01	68	32.44
广　西	182	217.28	1	1	1	10	3	0.8		
海　南	35	27.1	13	12.8			14	6.1		
重　庆	177	217.66	3	0.3	1	1	1	0.04	1	0.5
四　川	290	98.49	8	1.7	1	0.3	8	3	111	39.52
贵　州	38	150.55	3	74	3	52	15	8.8	3	1.25
云　南	175	112.01			10	25.2	126	67.31	1	0.3
西　藏	2	10.6			1	10				
陕　西	112	132.27	11	4.1	5	57	17	2.6		
甘　肃	32	16.36					1	0.5		
青　海	23	7.9					15	4.4		
宁　夏	8	1.5	1	0.2						
新　疆	59	117.5		4	10	21.8	15	8.9		
台　湾										

按内容分类全国各地区录像制品出版品种、数量（续表7）(VCD)

单位：种、万张

	社会科学		教育		语言		其他		其中(少儿)	
	种数	出版数量	种数	出版数量	种数	出版数量	种数	出版数量	种数	出版数量
全国总计	**211**	**264.98**	**3465**	**4067.6**	**147**	**132.91**	**3790**	**2863.14**	**1092**	**1666.54**
中　央	**157**	**206.44**	**1185**	**2435.06**	**60**	**33.08**	**1498**	**906.96**	**340**	**507.42**
地　方	**54**	**58.54**	**2280**	**1632.54**	**87**	**99.83**	**2292**	**1956.18**	**752**	**1159.12**
北　京	4	10	95	125.25			39	36.7	46	20.6
天　津			4	8.3			8	8	3	0.3
河　北			5	2.3			89	143.75	5	2.1
山　西			22	40.76			10	7.74	1	2.89
内蒙古										
辽　宁	1	12.8	37	12.45	17	23.3	139	191.27	117	177.98
吉　林			48	33.7			60	39.34	9	21.5
黑龙江	1	0.2	1	0.5			23	6	2	0.6
上　海	1	0.02	329	70.31	28	10.73	381	63.26	50	15.04
江　苏	1	0.8	118	130	6	5.36	241	60.64	82	46.69
浙　江	2	0.3	109	26.95			49	71.41	29	25.69
安　徽			5	4.1			77	73.8	2	1.3
福　建			12	13.63			85	184.5	20	122.5
江　西	1	0.51	63	77.52	1	1	143	90.88	12	13.05
山　东	2	0.3	48	24.51	1	0.2	197	111.7	53	17.91
河　南			108	279.76			61	39.6	7	1.28
湖　北	2	4	105	169.38	10	15	42	22.42	62	157.68
湖　南	2	0.4	658	161.99			81	72.06	3	3.5
广　东	6	16.7	175	215.81	6	5.77	224	329.61	130	377.29
广　西			107	26.1			70	179.38	4	2.41
海　南							8	8.2		
重　庆	15	4.21	102	101.23	1	0.65	53	109.73	67	116.71
四　川	11	3.1	65	25.38	3	7.6	83	17.89	24	16.2
贵　州			3	1			11	13.5		
云　南	1	0.5	20	6.05			17	12.65	2	0.4
西　藏							1	0.6		
陕　西			16	15.1	14	30.22	49	23.25	10	7
甘　肃	2	0.6	10	10.26			19	5		
青　海	1	0.1					7	3.4		
宁　夏							7	1.3		
新　疆	1	4	15	50.2			18	28.6	12	8.5
台　湾										

按内容分类全国各地区录像制品出版品种、数量（续表8）
(VCD)

单位：种、万张

	引进节目合计		故事片		卡通片		其他		对外合作	
	种数	出版数量	种数	出版数量	种数	出版数量	种数	出版数量	种数	出版数量
全国总计	**885**	**2245.44**	**485**	**1082.11**	**165**	**340.03**	**235**	**823.3**	**72**	**61.4**
中　央	**307**	**831.58**	**198**	**199.3**	**43**	**17.3**	**66**	**614.98**	**69**	**46.8**
地　方	**578**	**1413.86**	**287**	**882.81**	**122**	**322.73**	**169**	**208.32**	**3**	**14.6**
北　京										
天　津										
河　北	23	168.2	22	168			1	0.2		
山　西										
内蒙古	2	4.8					2	4.8		
辽　宁	198	259.85	113	82.72	45	104.08	40	73.05	2	14
吉　林	3	2.2	3	2.2						
黑龙江										
上　海	114	89.41	6	0.09	59	74.05	49	15.27		
江　苏	2	0.6					2	0.6		
浙　江										
安　徽										
福　建	44	203.7	34	108.9	10	94.8				
江　西										
山　东	61	10.4	25	5	1	0.2	35	5.2	1	0.6
河　南	3	11					3	11		
湖　北	19	39.4	13	37			6	2.4		
湖　南	2	28					2	28		
广　东	77	586.5	65	476.3	7	49.6	5	60.6		
广　西	2	1.6	2	1.6						
海　南										
重　庆										
四　川	4	1	4	1						
贵　州	24	7.2					24	7.2		
云　南										
西　藏										
陕　西										
甘　肃										
青　海										
宁　夏										
新　疆										
台　湾										

全国电子出版物出版品种、数量汇总表

单位：种、万张

	电子出版物				只读光盘(CD-ROM)			
	合计		其中：新版		合计		其中：新版	
	种数	数量	种数	数量	种数	数量	种数	数量
全国总计	**8652**	**13584.04**	**6834**	**8420.98**	**7845**	**11658.35**	**6104**	**6626.00**
中　央	**5820**	**7695.17**	**4498**	**5062.55**	**5298**	**6348.93**	**4042**	**3830.44**
地　方	**2832**	**5888.87**	**2336**	**3358.43**	**2547**	**5309.42**	**2062**	**2795.56**
北　京	376	361.01	375	360.91	327	313.89	326	313.79
天　津	206	143.66	180	93.30	146	119.16	120	68.80
河　北	14	6.00	14	6.00	12	5.70	12	5.70
山　西	47	16.36	47	16.36	47	16.36	47	16.36
内蒙古								
辽　宁	38	75.41	38	75.41	38	75.41	38	75.41
吉　林	101	87.40	101	87.40	92	77.90	92	77.90
黑龙江	40	8.90	40	8.90	20	4.50	20	4.50
上　海	441	2525.11	281	521.13	393	2487.60	239	496.16
江　苏	160	481.09	80	399.34	152	465.05	74	385.80
浙　江	164	65.10	129	51.76	162	62.10	127	48.76
安　徽	7	18.05	7	18.05	7	18.05	7	18.05
福　建	68	11.31	65	8.91	68	11.31	65	8.91
江　西	82	203.18	62	181.18	82	203.18	62	181.18
山　东	323	247.60	306	220.75	265	216.56	251	191.25
河　南	3	0.50	3	0.50	3	0.50	3	0.50
湖　北	214	168.77	162	82.50	204	167.90	152	81.63
湖　南	67	16.98	9	2.42	67	16.98	9	2.42
广　东	50	105.92	49	91.66	48	95.92	47	81.66
广　西	21	952.00	16	754.70	18	572.00	13	374.70
海　南	9	6.40	9	6.40	9	6.40	9	6.40
重　庆	98	222.76	88	217.81	93	217.75	83	212.80
四　川	143	73.97	141	73.67	143	73.97	141	73.67
贵　州								
云　南	28	3.80	28	3.80	28	3.80	28	3.80
西　藏								
陕　西	127	86.74	101	74.72	118	76.58	92	64.56
甘　肃	5	0.85	5	0.85	5	0.85	5	0.85
青　海								
宁　夏								
新　疆								
台　湾								

全国电子出版物出版品种、数量汇总表（续表）

单位：种、万张

	高密度只读光盘(DVD-ROM)				交互式光盘(CD-I)及其他			
	合计		其中：新版		合计		其中：新版	
	种数	数量	种数	数量	种数	数量	种数	数量
全国总计	**421**	**934.38**	**387**	**913.12**	**386**	**991.31**	**343**	**881.86**
中　　央	**270**	**433.05**	**241**	**415.83**	**252**	**913.19**	**215**	**816.28**
地　　方	**151**	**501.33**	**146**	**497.29**	**134**	**78.12**	**128**	**65.58**
北　　京	42	44.12	42	44.12	7	3.00	7	3.00
天　　津	6	1.10	6	1.10	54	23.40	54	23.40
河　　北	1	0.20	1	0.20	1	0.10	1	0.10
山　　西								
内 蒙 古								
辽　　宁								
吉　　林	1	3.00	1	3.00	8	6.50	8	6.50
黑 龙 江	20	4.40	20	4.40				
上　　海	20	8.50	20	8.50	28	29.01	22	16.47
江　　苏	8	16.04	6	13.54				
浙　　江	2	3.00	2	3.00				
安　　徽								
福　　建								
江　　西								
山　　东	29	16.64	26	15.10	29	14.40	29	14.40
河　　南								
湖　　北	8	0.66	8	0.66	2	0.21	2	0.21
湖　　南								
广　　东	2	10.00	2	10.00				
广　　西	3	380.00	3	380.00				
海　　南								
重　　庆	5	5.01	5	5.01				
四　　川								
贵　　州								
云　　南								
西　　藏								
陕　　西	4	8.66	4	8.66	5	1.50	5	1.50
甘　　肃								
青　　海								
宁　　夏								
新　　疆								
台　　湾								

出版物发行

全国新华书店系统、出版社自办发行单位出版物发行进、销、存情况

单位：万册(张、份、盒)、万元

	购进		销售		库存	
	数量	金额	数量	金额	数量	金额
全国总计	**1615739**	**14060746**	**1611944**	**13666742**	**447828**	**5659045**
中　　央	**193224**	**3261361**	**194739**	**3126573**	**110573**	**2296345**
地　　方	**1422515**	**10799385**	**1417205**	**10540169**	**337255**	**3362700**
北　　京	18377	365158	17675	337157	9267	184476
天　　津	14217	135892	14448	136694	4291	75110
河　　北	52235	348017	56000	354132	13036	104715
山　　西	34758	233473	30307	217468	11151	55821
内 蒙 古	13803	109399	19905	119940	2424	20776
辽　　宁	31549	317588	30952	311965	10888	153432
吉　　林	25985	185088	31059	197101	11932	94870
黑 龙 江	19625	152601	19828	152753	5198	51842
上　　海	64369	837449	65164	820553	20923	417581
江　　苏	162196	1238801	161021	1180461	30303	254675
浙　　江	83638	748719	79218	707749	31687	350488
安　　徽	75893	496912	79086	484532	8499	105885
福　　建	43029	296091	42058	285899	4992	57070
江　　西	55031	323784	52500	318135	8918	63214
山　　东	96766	720620	90934	693063	33857	220243
河　　南	99318	585459	98201	558004	25707	182334
湖　　北	45468	361696	43365	345287	9087	114611
湖　　南	78974	510102	80865	530957	20691	127073
广　　东	60516	569801	59402	558611	18663	221691
广　　西	62734	379629	62680	376207	6219	61993
海　　南	11224	97775	11500	98074	3274	26052
重　　庆	42175	322429	40235	299799	6723	72611
四　　川	49134	349135	50028	356109	9805	115352
贵　　州	34269	159666	33966	158532	1781	13208
云　　南	33563	223240	35867	229080	5483	50985
西　　藏	644	3889	533	3232	574	2530
陕　　西	42852	323429	41989	311172	11960	96454
甘　　肃	38580	193504	37380	188137	3838	25317
青　　海	2527	14468	2644	15171	432	3070
宁　　夏	4858	30723	4737	29865	1340	8919
新　　疆	24208	164848	23658	164330	4312	30302
台　　湾						

注：1.本表中购进、销售为总购进、总销售(按国家商品流通企业统计口径，包括新华书店系统内购销)。
2.纯销售额：指向读者实际销售的出版物以及直接向国外出口的出版物。

全国新华书店系统、出版社自办发行单位出版物纯销售情况

单位：万元

	总计	零售			批给县以下单位或个人	其他	出口
		合计	市、县	县以下			
全国总计	**5126213**	**4293952**	**3405455**	**888497**	**618122**	**190865**	**23274**
中　　央	**670885**	**312863**	**308939**	**3924**	**278485**	**63683**	**15854**
地　　方	**4455328**	**3981089**	**3096516**	**884573**	**339637**	**127182**	**7420**
北　　京	155352	138023	135040	2983	8875	8448	6
天　　津	58644	45019	42880	2139	12413		1212
河　　北	167874	165044	118456	46588	2366	464	
山　　西	118835	112708	73083	39625	4756	1371	
内 蒙 古	62369	58526	58526		1712	2131	
辽　　宁	127985	107288	102250	5038	10076	10621	
吉　　林	64555	63725	54561	9164	128	702	
黑 龙 江	72253	69366	67057	2309	1290	1597	
上　　海	189385	144116	136520	7596	20560	19342	5367
江　　苏	425138	405221	212299	192922	14734	5104	79
浙　　江	297655	274840	251909	22931	6103	16697	15
安　　徽	189135	179703	126973	52730	9432		
福　　建	138442	122102	92593	29509	1928	13751	661
江　　西	148265	144003	115010	28993	3478	784	
山　　东	301926	285014	200089	84925	10967	5945	
河　　南	245785	204773	102754	102019	41000	12	
湖　　北	107666	85087	72477	12610	15988	6591	
湖　　南	227370	216711	172960	43751	2844	7771	44
广　　东	308174	232061	228148	3913	73067	3046	
广　　西	146713	82250	65461	16789	63676	784	3
海　　南	30475	19168	19168		109	11198	
重　　庆	106684	101729	82876	18853	2072	2883	
四　　川	236040	232866	195461	37405	469	2672	33
贵　　州	77579	53690	40000	13690	19334	4555	
云　　南	117430	117126	82566	34560	237	67	
西　　藏	590	567	567			23	
陕　　西	153964	142868	117548	25320	10626	470	
甘　　肃	75406	74446	41586	32860	807	153	
青　　海	6295	6295	6295				
宁　　夏	13864	13864	13276	588			
新　　疆	83480	82890	68127	14763	590		
台　　湾							

全国新华书店系统、出版社自办发行单位出版物销售分类情况

单位：万(册、张、份、盒)、万元

	2006年		2007年		增减(%)		2006年各类所占百分比		2007年各类所占百分比	
	数量	金额	数量	金额	数量	金额	数量	金额	数量	金额
总　　计	**1565333**	**12909439**	**1611944**	**13666742**	**2.98**	**5.87**	**100.00**	**100.00**	**100.00**	**100.00**
哲学、社会科学	47757	882817	57451	1028575	20.30	16.51	3.05	6.84	3.56	7.53
文化、教育	466260	3438128	457510	3668486	-1.88	6.70	29.79	26.63	28.38	26.84
文学、艺术	42473	644445	45096	695241	6.18	7.88	2.71	4.99	2.80	5.09
自然科学、技术	50310	925792	48766	1011652	-3.07	9.27	3.21	7.17	3.03	7.40
少年儿童读物	35106	341027	40287	402044	14.76	17.89	2.24	2.64	2.50	2.94
大中专教材	54188	1027220	68683	1192101	26.75	16.05	3.46	7.96	4.26	8.72
中小学课本	786150	4819099	793995	4661890	1.00	-3.26	50.22	37.33	49.26	34.11
其他	17157	282466	27530	393413	60.46	39.28	1.10	2.19	1.71	2.88
期刊	26889	211888	30476	229252	13.34	8.19	1.72	1.64	1.89	1.68
报纸	15239	23322	12049	23890	-20.93	2.44	0.97	0.18	0.75	0.17
音像制品	20981	254187	26970	300679	28.54	18.29	1.34	1.97	1.67	2.20
电子出版物	2829	59045	3131	59527	10.68	0.82	0.18	0.46	0.19	0.44
非出版物商品		128386		203958		58.86				

注：1.文化、教育类内含教辅读物数量305222万册，金额2094185万元。

2.非出版物商品销售额不含在销售总额中。

全国出版物发行机构数和网点人数

单位：处、人

	发行机构								新华书店系统出版社自办发行从业人数	
	合计	国有书店及国有发行点	供销社	出版社	网上书店	文化教育广电邮政系统	二级民营批发	集个体零售	全部职工	其中：国有书店及国有发行点
全国总计	**167254**	**10726**	**2103**	**562**	**936**	**32016**	**5946**	**114965**	**153599**	**140797**
中　央	**201**	**6**		**195**					**3888**	**1693**
地　方	**167053**	**10720**	**2103**	**367**	**936**	**32016**	**5946**	**114965**	**149711**	**139104**
北　京	12585	149		4	926	3059	1261	7186	7700	4584
天　津	2137	108		26			117	1886	2198	1995
河　北	7240	440		7		572	149	6072	5113	5001
山　西	2495	401	61	7			102	1924	5964	5808
内蒙古	1547	256	1	7			48	1235	2898	2872
辽　宁	5707	210	314	18		720	295	4150	4665	4281
吉　林	2372	180		17		217	228	1730	3577	3224
黑龙江	2886	244	198	13		10	148	2273	4686	4328
上　海	7839	223	10	51	6	2407	261	4881	4804	4106
江　苏	11974	1011		11		1837	170	8945	6284	6156
浙　江	10438	365		15	1	2200	257	7600	6229	6087
安　徽	6024	507		10		1517	290	3700	5223	5113
福　建	4086	276	66	15	1	812	148	2768	4264	4025
江　西	2008	284	91	5		16	32	1580	4884	4677
山　东	8448	903	279	4		1688	90	5484	10220	9812
河　南	10382	1155		13		2579	210	6425	14128	13941
湖　北	6382	428	10	41		419	260	5224	4723	4096
湖　南	8946	445		5		5212	168	3116	5615	5615
广　东	16830	547	939	24		1200	320	13800	12305	10287
广　西	4630	289	128	17		309	61	3826	5222	4758
海　南	549	20		4		401	6	118	1278	1260
重　庆	4190	302		8		823	212	2845	3345	3230
四　川	9958	303		7	1	3270	214	6163	6696	6615
贵　州	2566	362		1		586	151	1466	2139	2135
云　南	6144	288		3		1794	104	3955	3747	3722
西　藏	177	85		1		8		83	327	325
陕　西	3361	270		25	1		245	2820	4581	4291
甘　肃	2291	341		2		97	177	1674	2649	2564
青　海	372	71				55	54	192	813	813
宁　夏	1000	62		3		208	25	702	1277	1237
新　疆	1489	195	6	3			143	1142	2157	2146
台　湾										

出版物印刷

全国出版物印刷生产情况

指标名称	企业家数	工业销售产值	印刷产量		装订产量	用纸量	
			黑白	彩色			
计量单位	个	万元	万令	万对开色令	万令	万令	万吨
全国总计	**6427**	**8283628.01**	**20182.27**	**129156.97**	**23061.54**	**48405.69**	**1629.83**
北京	603	734594.97	2965.80	13432.81	2511.86	4841.24	162.29
天津	111	138224.75	264.40	2580.34	150.54	700.68	26.91
河北	231	190673.60	1105.06	2721.16	1102.51	2441.61	53.84
山西	168	102660.27	499.55	1008.72	245.30	588.07	19.80
内蒙古	112	26419.00	113.41	251.82	125.89	195.35	4.74
辽宁	155	125371.54	370.85	949.23	399.63	668.44	12.64
吉林	198	85264.09	345.41	756.62	545.75	973.05	29.88
黑龙江	145	103079.85	202.99	2599.45	181.33	475.14	12.46
上海	256	624076.00	606.67	3410.64	371.50	1184.86	39.00
江苏	301	440637.25	1929.82	3649.33	1245.96	3708.85	109.28
浙江	464	1197472.36	1234.09	16134.42	1621.14	4649.84	226.51
安徽	229	215580.93	579.65	2434.26	868.37	1048.75	32.36
福建	169	264642.91	378.55	1579.09	258.20	1229.45	30.60
江西	137	89630.96	322.24	997.06	422.98	513.76	18.08
山东	351	544772.27	1680.10	9898.56	1774.99	2543.76	80.34
河南	329	214853.69	813.44	2414.77	753.48	1227.53	41.17
湖北	308	531115.84	1278.85	6442.32	970.38	2123.28	75.19
湖南	361	381065.82	545.80	2904.10	732.11	1001.10	69.55
广东	568	1355841.60	1881.28	43668.48	5308.55	12139.86	424.94
广西	177	151960.18	474.03	2138.25	460.59	1239.21	22.40
海南	27	17815.00	36.57	259.41	31.27	96.36	2.28
重庆	51	44777.25	266.91	1109.39	251.78	468.79	10.23
四川	184	170603.56	702.51	4180.75	1289.26	1101.82	28.77
贵州	84	53285.15	107.85	743.03	138.38	190.59	5.93
云南	124	162640.09	339.09	813.14	195.94	774.86	20.20
西藏	7	5142.58	6.53	27.49	10.12	13.43	0.39
陕西	198	127946.72	481.55	1135.31	510.37	1066.10	32.10
甘肃	100	53714.52	342.87	387.51	337.97	667.69	21.26
青海	40	17444.08	121.09	135.71	110.12	143.44	1.72
宁夏	56	60961.11	87.77	266.22	80.33	163.13	4.08
新疆	183	51360.07	97.55	127.60	54.94	225.62	10.90

全国出版物印刷企业财务情况

地　区	单位数	资产年末合　计	负债年末合　计	所有者权益年末合计	主营业务收　入	营业利润	利润总额	年末平均人　数	增加值
全国总计	**6427**	**12798625**	**6543101**	**6255524**	**9690887**	**386249**	**405097**	**595507**	**2783372**
北　京	603	1545000	865553	679447	882169	21102	27524	54529	321245
天　津	111	274671	177622	97048	116099	-19959	7412	9035	15772
河　北	231	319347	168953	150394	218348	12309	5448	23144	72520
山　西	168	174512	94588	79924	103291	4774	4893	12621	38804
内蒙古	112	68264	47390	20874	34528	-489	-29	5890	17048
辽　宁	155	244676	142471	102206	113606	10623	3683	11000	43059
吉　林	198	153322	68419	84903	83606	-105	2340	13872	37638
黑龙江	145	139036	77569	61467	93377	2941	2972	9973	28489
上　海	256	1119688	476438	643249	722126	25364	33760	23314	192631
江　苏	301	675386	401170	274216	531948	26749	29833	36169	270604
浙　江	464	1113629	573631	539998	1207080	56432	52503	35073	242243
安　徽	229	358953	198439	160514	230855	13010	7686	20499	69355
福　建	169	349495	164755	184740	313975	17030	19402	16257	84983
江　西	137	241493	149380	92114	123222	-1773	-77	14211	31436
山　东	351	752288	408337	343950	537151	29207	12836	42568	174869
河　南	329	347923	173161	174761	223500	5499	7335	30064	74770
湖　北	308	707378	426506	280872	563864	17206	14320	32217	101424
湖　南	361	315946	142294	173652	401907	64610	53129	16216	142504
广　东	568	2231596	923222	1308374	2093421	44178	63210	89377	435068
广　西	177	178601	92627	85974	141192	4785	6639	9929	40165
海　南	27	46205	18728	27477	17973	1511	1391	1250	6612
重　庆	51	201990	108752	93238	133438	7861	9290	11928	45903
四　川	184	309963	187486	122477	235096	20424	22219	20957	88212
贵　州	84	107629	58057	49573	51072	-1170	45	6025	15287
云　南	124	204007	89617	114390	122215	2056	6135	8701	45017
西　藏	7	6431	2002	4430	4343	184	483	509	3069
陕　西	198	276114	154104	122010	163693	15132	9266	16011	62898
甘　肃	100	121426	60935	60491	70146	300	781	8117	26071
青　海	40	34161	20680	13481	31577	-2722	-2502	6066	9774
宁　夏	56	70810	29235	41575	57495	2116	1727	6389	19150
新　疆	183	108686	40981	67705	68571	7065	1443	3597	26754

出版物进出口

全国图书、期刊、报纸进出口情况

		出口			进口		
		种数（种次）	数量（万册、份）	金额（万美元）	种数（种次）	数量（万册、份）	金额（万美元）
总计		1155765	1027.83	3787.46	815233	2385.99	21105.44
图书	合计	1104293	714.14	3298.39	771582	366.38	7812.91
	哲学、社会科学	213147	114.93	762.85	136518	42.80	1222.78
	文化、教育	217106	167.77	647.06	99867	86.03	1122.95
	文学、艺术	253035	157.80	749.80	130027	87.77	1292.56
	自然、科学技术	119442	62.28	333.42	263488	66.52	3104.16
	少儿读物	50338	71.49	137.32	52719	42.25	407.22
	综合性图书	251224	139.87	667.93	88964	41.00	663.25
期刊		50149	235.57	354.68	42630	424.71	11188.10
报纸		1324	78.12	134.39	1021	1594.91	2104.43

全国音像、电子出版物进出口情况

		出口			进口		
		种数（种次）	数量（盒、张）	金额（万美元）	种数（种次）	数量（盒、张）	金额（万美元）
总计		51875	637396	180.51	8348	150906.00	4340.26
录音	合计	7296	176403	42.08	6933	104852	88.06
	录音带	38	906	0.15			
	激光唱盘	7258	175497	41.93	6933	104852	88.06
录像	合计	42046	451278	123.89	41	410	0.76
	DVD-V	25956	378512	109.01			
	VCD	16090	72766	14.88	41	410	0.76
电子出版物		2533	9715	14.54	1374	45644	4251.44

版权管理及贸易

全国版权管理情况

版权执法

案件查处情况

项　目	上年度数量	本年度数量	同比增减(%)
行政处罚数量(件)	8524	9816	15.16
案件移送数量(件)	235	268	14.04
检查经营单位数量(个)	371144	548646	47.83
取缔违法经营单位数量(个)	10293	13170	27.95
查获地下窝点数量(个)	1127	1224	8.61
罚款金额(人民币元)	7617869	19096455.5	150.68

全国版权管理情况（续表）

版权执法				版权管理			
收缴盗版品情况				版权合同登记		作品自愿登记	
项目	上年度数量(册、盒、张、件)	本年度数量(册、盒、张、件)	同比增减(%)	类别	数量(份)	类别	数量(份)
合 计	73716111	75696954	2.69	合 计	11164	合 计	133789
图 书	18364263	11212722	-38.94	图 书	9515	文字作品	2390
期 刊	1121941	1843304	64.30	期 刊	305	口述作品	
软 件	3904722	3009210	-22.93	音像制品	431	音乐作品	2193
音像制品	48146109	52498769	9.04	电子出版物	389	曲艺作品	29
电子出版物	2021420	2074964	2.65	软 件	515	舞蹈作品	18
其 他	246309	5057985	1953.51	电 影	1	杂技作品	6
				电视节目		美术作品	17681
				其 他	8	摄影作品	110030
						建筑作品	6
						影视作品	457
						设计图	481
						地 图	44
						模型作品	108
						其他作品	346

全国引进版权情况

	合计	图书	录音制品	录像制品	电子出版物	软件	电影	电视节目	其他
引进版权总数(项)	**11101**	**10255**	**270**	**106**	**130**	**337**	**1**		**2**
原版权所在国家或地区名称									
美国	4069	3878	59	36	37	58			1
英国	1667	1635	10	2	9	11			
德国	657	585	59	12	1				
法国	412	393	2	4	12	1			
俄罗斯	96	92	1	2	1				
加拿大	39	33	2	3	1				
新加坡	240	228	8		1	2			1
日本	912	822	51	13	18	8			
韩国	454	416		3	25	10			
香港地区	467	268	1	9		189			
澳门地区	25		25						
台湾地区	966	892	36	11	17	9	1		
其他	1097	1013	16	11	8	49			

全国输出版权情况

	合计	图书	录音制品	录像制品	电子出版物	软件	电影	电视节目	其他
输出版权总数(项)	**2593**	**2571**		**19**	**1**			**2**	
版权输出国家或地区名称									
美国	215	196		19					
英国	109	109							
德国	14	14							
法国	50	50							
俄罗斯	100	100							
加拿大	13	13							
新加坡	171	171							
日本	73	73							
韩国	335	334			1				
香港地区	116	116							
澳门地区	38	38							
台湾地区	630	630							
其他	729	727						2	

出版机构、人员及单位名录

各地区图书、音像、出版物印刷、物资机构数及职工人数

单位：处、人

	图书出版社		出版物印刷厂	印刷物资公司		音像出版单位	
	单位数	职工人数	单位数	单位数	职工人数	单位数	职工人数
全国合计	**578**	**58849**	**6427**	**28**	**2722**	**363**	**6327**
中　　央	**220**	**25730**				**147**	**2315**
地　　方	**358**	**33119**	**6427**	**28**	**2722**	**215**	**4012**
北　　京	17	891	603			11	261
天　　津	12	1075	111	1	81	7	119
河　　北	7	887	231			5	94
山　　西	8	657	168	2	193	3	102
内 蒙 古	7	559	112			1	15
辽　　宁	18	1371	155	1	179	11	244
吉　　林	15	1376	198	1	75	8	85
黑 龙 江	13	904	145	1	79	4	61
上　　海	38	3965	256	1	95	24	633
江　　苏	18	1534	301	1	196	7	92
浙　　江	13	920	464	1	48	6	86
安　　徽	10	989	229	1	37	5	94
福　　建	11	804	169	1	25	6	180
江　　西	7	716	137	1	52	5	79
山　　东	17	1380	351	1	197	12	78
河　　南	12	1115	329	1	138	5	214
湖　　北	14	1547	308	2	282	7	139
湖　　南	13	1275	361	2	174	9	155
广　　东	20	1506	568	1	134	24	398
广　　西	8	1663	177	1	152	9	185
海　　南	4	429	27			2	20
重　　庆	3	1239	51			6	79
四　　川	16	1653	184	1	97	11	173
贵　　州	5	333	84	1	40	3	40
云　　南	8	844	124	1	31	6	55
西　　藏	2	63	7			1	10
陕　　西	17	1661	198	1	157	9	119
甘　　肃	9	489	100	1	36	3	91
青　　海	2	94	40	1	40	2	10
宁　　夏	3	195	56	1	54	1	5
新　　疆	11	985	183	1	130	2	96
台　　湾							

注：全国图书出版社578家，其中含副牌社34家。

全国图书出版社名录

中央出版社

出版社名称	出版社名称	出版社名称
人民出版社	光明日报出版社	人民邮电出版社
东方出版社(副牌)	国际文化出版公司	社会科学文献出版社
生活·读书·新知三联书店	国家行政学院出版社	石油工业出版社
人民文学出版社	海洋出版社	时事出版社
外国文学出版社(副牌)	航空工业出版社	世界知识出版社
商务印书馆	红旗出版社	台海出版社
中华书局	华龄出版社	团结出版社
人民美术出版社	华文出版社	外文出版社
人民音乐出版社	华夏出版社	华语教学出版社
华乐出版社(副牌)	化学工业出版社	海豚出版社
中国大百科全书出版社	机械工业出版社	万国学术出版社
知识出版社(副牌)	教育科学出版社	世界图书出版公司
中国对外翻译出版公司	金城出版社	文化艺术出版社
印刷工业出版社	经济管理出版社	文物出版社
现代出版社	经济科学出版社	五洲传播出版社
荣宝斋出版社(副牌)	经济日报出版社	西苑出版社
连环画出版社(副牌)	九洲出版社	线装书局
中国书籍出版社	开明出版社	新华出版社
中国盲文出版社	科学出版社	新世界出版社
中国ISBN中心	龙门书局(副牌)	新星出版社
商务印书馆国际有限公司	科学技术文献出版社	学习出版社
东方出版中心	科学普及出版社	学苑出版社
北京图书馆出版社	中国科学技术出版社(副牌)	冶金工业出版社
兵器工业出版社	煤炭工业出版社	中国宇航出版社
朝华出版社	民主与建设出版社	语文出版社
大众文艺出版社	民族出版社	原子能出版社
当代世界出版社	企业管理出版社	中共党史出版社
当代中国出版社	气象出版社	中共中央党校出版社
党建读物出版社	群言出版社	中国标准出版社
地震出版社	群众出版社	中国财政经济出版社
地质出版社	人民法院出版社	中国藏学出版社
电子工业出版社	人民交通出版社	中国城市出版社
法律出版社	人民教育出版社	中国大地出版社
方志出版社	人民日报出版社	中国档案出版社
高等教育出版社	人民体育出版社	中国地图出版社
中国工商出版社	人民卫生出版社	测绘出版社(副牌)

全国图书出版社名录(续表1)

中央出版社

出版社名称	出版社名称	出版社名称
中华地图学社	中国少年儿童出版社	北京大学医学出版社
中国电力出版社	中国摄影出版社	对外经济贸易大学出版社
中国电影出版社	中国社会出版社	清华大学出版社
中国商务出版社	中国社会科学出版社	外语教学与研究出版社
中国发展出版社	中国时代经济出版社	中国农业大学出版社
中国法制出版社	中国石化出版社	中国人民大学出版社
中国方正出版社	中国水利水电出版社	中国人民公安大学出版社
中国纺织出版社	中国税务出版社	中国政法大学出版社
中国妇女出版社	中国铁道出版社	中央广播电视大学出版社
中国工人出版社	中国统计出版社	中央民族大学出版社
中国广播电视出版社	中国文联出版社	解放军出版社
中国国际广播出版社	中国文史出版社	长虹出版公司(副牌)
中国和平出版社	中国市场出版社	解放军文艺出版社
中国华侨出版社	中国物资出版社	昆仑出版社(副牌)
中国画报出版社	中国戏剧出版社	金盾出版社
中国环境科学出版社	中国协和医科大学出版社	军事科学出版社
中国计划出版社	中国言实出版社	军事医学科学出版社
中国计量出版社	中国医药科技出版社	军事谊文出版社
中国检察出版社	中国友谊出版公司	蓝天出版社
中国建材工业出版社	中国致公出版社	人民军医出版社
中国建筑工业出版社	中国中医药出版社	星球地图出版社
中国金融出版社	中华工商联合出版社	长城出版社
中国经济出版社	中信出版社	长征出版社
中国劳动社会保障出版社	中央编译出版社	国防大学出版社
中国林业出版社	中央文献出版社	国防工业出版社
中国旅游出版社	中医古籍出版社	新时代出版社(副牌)
中国民航出版社	知识产权出版社	海潮出版社
中国民主法制出版社	紫禁城出版社	中国航海图书出版社(副牌)
中国民族摄影艺术出版社	宗教文化出版社	华艺出版社
中国农业出版社	作家出版社	研究出版社
农村读物出版社(副牌)	北京大学出版社	中国海关出版社
中国农业科学技术出版社	中国传媒大学出版社	北京交通大学出版社
中国青年出版社	北京航空航天大学出版社	人民武警出版社
中国轻工业出版社	北京理工大学出版社	中国长安出版社
中国人口出版社	北京师范大学出版社	中央音乐学院出版社
中国人事出版社	北京体育大学出版社	现代教育出版社
中国三峡出版社	北京邮电大学出版社	
中国商业出版社	北京语言大学出版社	

全国图书出版社名录（续表2）

地方出版社

出版社名称	出版社名称	出版社名称
北京	**河北**	辽宁科学技术出版社
北京出版社	河北人民出版社	辽宁美术出版社
北京古籍出版社(副牌)	河北教育出版社	辽宁民族出版社
北京教育出版社(副牌)	河北科学技术出版社	辽宁少年儿童出版社
北京美术摄影出版社(副牌)	河北美术出版社	大连出版社
北京少年儿童出版社(副牌)	河北少年儿童出版社	沈阳出版社
北京十月文艺出版社(副牌)	花山文艺出版社	大连海事大学出版社
文津出版社(副牌)	河北大学出版社	大连理工大学出版社
同心出版社	**山西**	东北财经大学出版社
北京科学技术出版社	山西人民出版社	东北大学出版社
北京工艺美术出版社	书海出版社(副牌)	辽宁大学出版社
北京燕山出版社	北岳文艺出版社	辽宁师范大学出版社
京华出版社	山西古籍出版社	白山出版社
中国书店	山西教育出版社	**吉林**
北京工业大学出版社	山西经济出版社	吉林出版集团有限责任公司
首都经济贸易大学出版社	山西科学技术出版社	吉林人民出版社
首都师范大学出版社	希望出版社	北方妇女儿童出版社
旅游教育出版社	**内蒙古**	吉林教育出版社
天津	内蒙古人民出版社	吉林科学技术出版社
天津人民出版社	内蒙古科学技术出版社	吉林美术出版社
百花文艺出版社	内蒙古少年儿童出版社	吉林摄影出版社
天津古籍出版社	内蒙古文化出版社	吉林文史出版社
天津教育出版社	远方出版社	时代文艺出版社
新蕾出版社	内蒙古大学出版社	长春出版社
天津科学技术出版社	内蒙古教育出版社	延边人民出版社
天津人民美术出版社	**辽宁**	延边教育出版社
天津社会科学院出版社	辽宁人民出版社	东北师范大学出版社
天津杨柳青画社	春风文艺出版社(副牌)	吉林大学出版社
天津科技翻译出版公司	辽海出版社	延边大学出版社
南开大学出版社	万卷出版公司	**黑龙江**
天津大学出版社	辽宁教育出版社	黑龙江人民出版社

全国图书出版社名录(续表3)

地方出版社

出版社名称	出版社名称	出版社名称
北方文艺出版社	上海科学技术文献出版社	南京师范大学出版社
黑龙江朝鲜民族出版社	上海科学普及出版社	苏州大学出版社
黑龙江教育出版社	立信会计出版社	中国矿业大学出版社
黑龙江美术出版社	上海财经大学出版社	广陵书社
黑龙江少年儿童出版社	上海社会科学院出版社	**浙江**
哈尔滨出版社	文汇出版社	浙江人民出版社
哈尔滨地图出版社	复旦大学出版社	杭州出版社
黑龙江科学技术出版社	华东理工大学出版社	宁波出版社
东北林业大学出版社	华东师范大学出版社	浙江古籍出版社
黑龙江大学出版社	上海交通大学出版社	浙江教育出版社
哈尔滨工程大学出版社	上海外语教育出版社	浙江科学技术出版社
哈尔滨工业大学出版社	同济大学出版社	浙江人民美术出版社
上海	上海大学出版社	浙江少年儿童出版社
上海人民出版社	上海中医药大学出版社	浙江摄影出版社
百家出版社	东华大学出版社	浙江文艺出版社
格致出版社	第二军医大学出版社	西泠印社出版社
上海人民美术出版社	上海音乐学院出版社	浙江大学出版社
上海三联书店	中国福利会出版社	中国美术学院出版社
上海辞书出版社	**江苏**	**安徽**
上海古籍出版社	江苏人民出版社	安徽人民出版社
上海锦绣文章出版社	凤凰出版社	安徽教育出版社
上海教育出版社	江苏教育出版社	安徽科学技术出版社
上海科技教育出版社	江苏科学技术出版社	安徽美术出版社
上海科学技术出版社	江苏美术出版社	安徽少年儿童出版社
上海书店	江苏少年儿童出版社	安徽文艺出版社
上海书画出版社	江苏文艺出版社	黄山书社
上海文艺出版社	译林出版社	安徽大学出版社
上海文化出版社(副牌)	南京出版社	中国科学技术大学出版社
上海音乐出版社(副牌)	古吴轩出版社	合肥工业大学出版社
上海译文出版社	东南大学出版社	**福建**
上海远东出版社	河海大学出版社	福建人民出版社
少年儿童出版社	江苏大学出版社	鹭江出版社(副牌)
学林出版社	南京大学出版社	福建科学技术出版社

全国图书出版社名录(续表4)

地方出版社

出版社名称	出版社名称	出版社名称
福建美术出版社	黄河出版社	湖南科学技术出版社
福建少年儿童出版社	**河南**	湖南美术出版社
海潮摄影艺术出版社	河南人民出版社	湖南少年儿童出版社
海峡文艺出版社	文心出版社(副牌)	湖南文艺出版社
福建教育出版社	大象出版社	岳麓书社
福建省地图出版社	海燕出版社	湖南大学出版社
厦门大学出版社	河南科学技术出版社	湖南师范大学出版社
海风出版社	河南美术出版社	中南大学出版社
江西	河南文艺出版社	国防科技大学出版社
江西人民出版社	中原农民出版社	湘潭大学出版社
百花洲文艺出版社	中州古籍出版社	**广东**
二十一世纪出版社	河南大学出版社	广东人民出版社
江西教育出版社	郑州大学出版社	广东教育出版社
江西科学技术出版社	黄河水利出版社	广东经济出版社
江西美术出版社	**湖北**	广东科技出版社
江西高校出版社	湖北人民出版社	花城出版社
山东	崇文书局	岭南美术出版社
山东人民出版社	长江文艺出版社	广东新世纪出版社
齐鲁书社(副牌)	湖北教育出版社	广东高等教育出版社
明天出版社	湖北科学技术出版社	广东旅游出版社
山东画报出版社	湖北美术出版社	广东省地图出版社
山东教育出版社	湖北少年儿童出版社	广州出版社
山东科学技术出版社	武汉出版社	海天出版社
山东美术出版社	中国地质大学出版社	珠海出版社
山东文艺出版社	华中科技大学出版社	汕头大学出版社
山东友谊出版社	华中师范大学出版社	中山大学出版社
泰山出版社	武汉大学出版社	华南理工大学出版社
济南出版社	武汉理工大学出版社	暨南大学出版社
青岛出版社	长江出版社	羊城晚报出版社
山东省地图出版社	**湖南**	南方日报出版社
中国海洋大学出版社	湖南人民出版社	深圳报业集团出版社
山东大学出版社	湖南地图出版社	**广西**
中国石油大学出版社	湖南教育出版社	广西人民出版社

全国图书出版社名录(续表5)

地方出版社

出版社名称	出版社名称	出版社名称
漓江出版社(副牌)	**贵州**	西北工业大学出版社
广西教育出版社	贵州人民出版社	第四军医大学出版社
广西科学技术出版社	贵州教育出版社	西北农林科技大学出版社
广西美术出版社	贵州科学技术出版社	**甘肃**
接力出版社	贵州民族出版社	甘肃人民出版社
广西民族出版社	贵州大学出版社	甘肃少年儿童出版社(副牌)
广西师范大学出版社	**云南**	甘肃教育出版社(副牌)
海南	云南人民出版社	甘肃科学技术出版社(副牌)
海南出版社	晨光出版社	甘肃民族出版社(副牌)
三环出版社(副牌)	云南教育出版社	甘肃人民美术出版社
南方出版社	云南科学技术出版社	敦煌文艺出版社
南海出版公司	云南美术出版社	甘肃文化出版社
重庆	德宏民族出版社	兰州大学出版社
重庆出版社	云南民族出版社	**青海**
重庆大学出版社	云南大学出版社	青海人民出版社
西南师范大学出版社	**西藏**	青海民族出版社(副牌)
四川	西藏人民出版社	**宁夏**
四川人民出版社	藏文古籍出版社	宁夏人民出版社
巴蜀书社	**陕西**	宁夏少年儿童出版社
成都地图出版社	陕西人民出版社	宁夏人民教育出版社
成都时代出版社	三秦出版社	**新疆**
四川辞书出版社	陕西科学技术出版社	新疆人民出版社
四川教育出版社	陕西人民教育出版社	喀什维吾尔文出版社
四川科学技术出版社	陕西人民美术出版社	新疆人民卫生出版社
四川美术出版社	太白文艺出版社	新疆科学技术出版社
四川民族出版社	未来出版社	新疆美术摄影出版社
四川少年儿童出版社	西安出版社	克孜勒苏柯尔克孜文出版社
四川文艺出版社	陕西旅游出版社	新疆教育出版社
天地出版社	西安地图出版社	新疆青少年出版社
电子科技大学出版社	陕西师范大学出版社	伊犁人民出版社
四川大学出版社	西安电子科技大学出版社	新疆大学出版社
西南财经大学出版社	西安交通大学出版社	新疆生产建设兵团出版社
西南交通大学出版社	西北大学出版社	

全国音像出版单位名录

中央出版社

出版社名称	出版社名称	出版社名称
中国唱片总公司	中国民族音像出版社	中国青年教育音像出版社
中影音像出版社	国际文化交流音像出版社	中国文联音像出版社(中华文艺音像出版社)
中国国际电视总公司	建设音像出版社	中国音乐家音像出版社
中国广播音像出版社	国家电网公司电化教育中心	中国文采声像出版公司
中国传媒大学电子音像出版社	中国电子音像出版社	中国科学技术协会声像中心
中国国际广播音像出版社	中国音像制品评价制作中心	中国康艺音像出版社
北京北影录音录像公司	北京航宇音像出版社	中共中央党校求索音像出版社
中国长城艺术文化中心	北京伟地电子音像出版社	开明文教音像出版社
北京电影学院音像出版社	化工音像出版中心	学苑音像出版社
中央新影音像出版社	中水音像制作出版中心	解放军音像出版社
中国录音录像出版总社	农业教育声像出版社	中国华艺音像实业有限公司
北京东方影音公司	中国农影音像出版社	解放军卫生音像出版社
北京中录同方音像出版社	北京协和医学音像出版社	中国三环音像社
电化教育音像出版社	中华医学电子音像出版社	武警音像出版社
北京外语音像出版社	北京中体音像出版中心	北京科影音像出版社
中央教育科学研究所音像出版社	中国人口音像出版社	华盛音像出版社
清华大学音像出版社	北京南海音像出版社	北京环球音像出版社
中央广播电视大学音像出版社	语文音像出版社	九洲音像出版公司
北京大学音像出版社	中国卫生科教音像出版社	新华音像中心
北京师范大学音像出版社	中国核工业音像出版社	北京财经电子音像出版社
中经录音录像中心	煤炭工业音像出版社	中新音像出版社
中国科学文化音像出版社	北方科技声像出版社	法制音像出版社
北京天盛科学技术音像出版社	中国职工音像出版社	金融电子音像出版社

全国音像出版单位名录(续表1)

中央出版社

出版社名称	出版社名称	出版社名称
中国青少年电子音像出版社	奔流电子音像出版社(水利水电)	当代中国音像出版社
国家行政学院音像出版社	隆兴音像出版社(中国农村读物)	社会科学文献电子音像出版社
中央纪委监察部华方音像出版社	文物音像出版社	中国标准出版社音像部
北京世界知识音像电子出版社	新世界出版社音像部	中国国际传播音像出版社(中国国际广播出版社)
英华电子音像出版社	外文出版社音像部	世图音像电子出版社
三辰影库音像出版社有限公司	中国广播影视音像出版中心	中国妇女音像出版社
金报电子音像出版中心	人民卫生电子音像出版社	学习音像电子出版社
大恒电子音像出版社	人民体育音像出版社	人民邮电音像电子出版社
中纺音像出版社	北京体育大学音像出版社	五洲传播音像出版社
北京中唱时代音像出版有限公司	中国计量音像出版社	商务印书馆国际有限公司音像电子出版部
人民教育电子音像出版社	人民音乐音像出版社	金盾音像出版社
高等教育电子音像出版社	商务印书馆电子音像出版中心	中国电力音像电子出版社
中国人民大学音像出版社	中国对外翻译音像出版公司	中国大百科全书电子音像出版社
北京语言大学电子音像出版社	中国旅游出版社	东方音像电子出版社
国防工业音像出版社	中国医药科技音像出版社	三联书店音像电子出版社
民族音像出版社	金城音像出版社	中国盲文出版社有声读物部
国际文化出版公司(北京国际音像)	龙门音像出版社(科学社)	红旗音像电子出版社
中国劳动社会保障音像电子出版社	中国青年音像出版社	中国时代经济音像电子出版社
国土资源电子音像出版社	中国少年儿童音像出版社	纵横音像出版社
时代传播音像出版社(机械工业)	中国文联音像出版公司	北京交通大学音像电子出版社
华信音像出版社(电子工业)	中国电影音像出版社	北京理工大学出版社
北京中轻生活音像出版社(中国轻工)	中国和平音像出版社	对外经济贸易大学出版社音像部
先行音像出版社(中国铁道)	中国检察出版社音像中心	人民法院电子音像出版社
人民交通音像电子出版社	中央文献音像出版社	华录电子音像出版有限公司

全国音像出版单位名录（续表2）

地方出版社

出版社名称	出版社名称	出版社名称
北京	**山西**	**黑龙江**
北京音像公司	山西教育音像出版社	黑龙江省教育音像出版社
北京文化艺术音像出版社	山西音像出版社	哈尔滨工业大学音像教材出版社
北京普教音像出版社	山西春秋音像出版社	黑龙江商学院音像教材出版社
北京高教音像出版社	**内蒙古**	黑龙江文化电子音像出版社
北京市青少年音像出版社	内蒙古文化音像出版社	**上海**
北京法制教育音像出版社	**辽宁**	中国唱片上海公司
北京电视艺术中心音像出版社	半岛音像出版社	上海音像公司
北京外文音像出版社	实用医学音像出版社	上海录像公司
北京电子音像出版社	大连音像出版社	上海声像出版社
天津	辽宁教育音像出版社	上海外语音像出版社
天津音像公司	辽宁文化艺术音像出版社	上海高教音像电子出版社
天津文化艺术音像出版社	辽宁广播电视音像出版社	上海音像出版社
天津北洋音像出版社	东北大学音像出版社	海文音像出版社
新蕾音像出版社	辽宁音像出版社	上海教育音像出版社
南开大学电子音像出版社	大连理工大学电子音像出版社	上海计划生育宣传教育中心
天津外语音像出版社	**吉林**	上海电影音像出版社
天津大学电子出版社音像部	吉林省长白山音像出版社	少年儿童电子音像出版社
河北	吉林民族音像出版社	上海译文音像出版社
河北音像出版社	吉林文化音像出版社	上海科技音像出版社
河北百灵音像出版社	长春电影制片厂银声音像出版社	上海教育声像出版社
河北文化音像出版社	东北师范大学音像出版社	上海交通大学电子音像出版社
河北教育音像出版社	吉林大学音像出版社	复旦大学电子音像出版社
方圆电子音像出版社	吉林音像出版社	同济大学电子音像出版社

全国音像出版单位名录(续表3)

地方出版社

出版社名称	出版社名称	出版社名称
华东师范大学音像出版社	**福建**	河南省文化艺术音像出版社
上海文艺音像出版社	福建省音像出版社	河南电子音像出版社
上海中医药大学音像出版社	福建教育音像出版社	**湖北**
上海信息传播音像出版社	福建省长龙影视公司	扬子江音像出版社
华东理工大学电子音像出版社	厦门音像出版社	武汉音像出版社
上海外语教育出版社	福建省文艺音像出版社	湖北音像艺术出版社
江苏	福建电子音像出版社	武汉大学电子音像出版社
江苏音像出版社	**江西**	九通电子音像出版社
南京音像出版社	江西音像出版社	华中科技大学电子音像出版社
江苏文化音像出版社	江西文化音像出版社	**湖南**
东南大学电子音像出版社	红星电子音像出版社	湖南金锋音像出版社
江苏电子音像出版社	江西教育音像电子出版社	潇湘电影制片厂音像出版社
南京大学电子音像出版社	二十一世纪音像电子出版社	湖南电子音像出版社
江南音像出版社	**山东**	湖南省教育音像出版社
浙江	齐鲁电子音像出版社	湖南文化音像出版社
浙江音像出版社	山东文化音像出版社	湖南文艺出版社音像部
浙江文艺音像出版社	山东电子音像出版社	中南大学音像出版社
浙江大学电子音像出版社	山东农业大学电子音像出版社	湖南少年儿童音像出版社
浙江省电子音像出版社	山东教育电子音像出版社	**广东**
安徽	青岛电子音像出版社	太平洋影音公司
安徽音像出版社	山东大学音像出版社	中国唱片广州 公司
中国科学技术大学音像出版社	**河南**	广州外语音像出版社
安徽文化音像出版社	黄河音像出版社	广东音像教材出版社
安徽电子音像出版社	河南省教育音像出版社	华南理工大学音像教材出版社
安徽教育电子音像出版社	解放军外语音像出版社	汕头海洋音像出版社

全国音像出版单位名录(续表4)

地方出版社

出版社名称	出版社名称	出版社名称
广东音像出版社	**海南**	云南人民电子音像出版社
珠海特区音像出版社	南方音像出版社	云南教育音像电子出版社
广东嘉应音像出版社	海南电子音像出版社	云南大学电子音像出版社
广州新时代影音公司	**重庆**	**西藏**
中山大学音像出版社	重庆音像出版社	西藏音像出版社
珠江电影制片厂白天鹅音像出版社	西南师范大学音像出版社	西藏国际文化影视公司
广东省科技音像出版社	重庆电子音像出版社	**陕西**
广东珠江音像出版社	天健电子音像出版社	陕西音像出版社
广东惠州音像出版社	重庆大学电子音像出版社	西安电影制片厂录音录像出版社
深圳市激光节目出版发行公司	**四川**	陕西文化音像出版社
广州音像出版社	中国唱片成都公司	新世纪音像出版社
深圳音像公司	四川音像出版社	西安交通大学音像出版社
广东省语言音像电子出版社	峨嵋电影制片厂音像出版社	西安外语音像教材出版社
中国唱片深圳公司	成都音像出版社	西北工业大学音像出版社
南海潮音像出版社	四川省教育电子音像出版社	陕西电子音像出版社
广东海燕电子音像出版社	四川文艺音像出版社	**甘肃**
广东新世纪影像电子出版社	四川大学音像出版社	甘肃省音像出版社
珠海百年电子音像出版社	四川电子音像 出版中心	甘肃省声像教材音像出版社
广东新世纪音像电子出版社	西南交通大学音像出版社	甘肃人民音像出版社
广西	四川党建音像出版社	**青海**
广西音像出版社	华科音像出版社	青海昆仑音像出版社
广西壮族自治区音像教材出版社	**贵州**	西海民族音像出版社
广西电影音像出版社	贵州东方音像出版社	**宁夏**
广西文化音像出版社	贵州广播电视大学音像教材出版社	宁夏大地音像出版社
广西民族音像出版社	贵州文化音像出版社	**新疆**
广西金海湾电子音像出版社	**云南**	新疆音像出版社
接力电子音像出版社	云南音像出版社	新疆电子音像出版社
贝贝特音像电子出版有限公司	云南民族文化音像出版社	